iHuman

成为更好的人

[万物]

Helen Scales

SPIRALS IN TIME

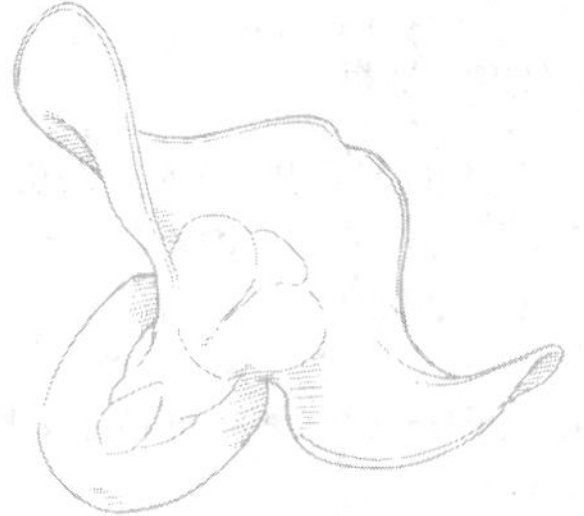

The
Secret Life
and Curious
Afterlife
of Seashells

时间的螺旋

贝壳里的人类史

[英] 海伦·斯凯尔斯——著
刘利平 李慷——译

GUANGXI NORMAL UNIVERSITY PRESS
广西师范大学出版社
·桂林·

时间的螺旋：贝壳里的人类史
SHIJIAN DE LUOXUAN: BEIKE LI DE RENLEISHI

图书在版编目（CIP）数据

时间的螺旋：贝壳里的人类史 / （英）海伦·斯凯尔斯 (Helen Scales)著；刘利平，李慷译．—桂林：广西师范大学出版社，2019.9
（万物）
书名原文: Spirals in Time: The Secret Life and Curious Afterlife of Seashells
ISBN 978-7-5495-6292-3

Ⅰ．①时… Ⅱ．①海…②刘…③李… Ⅲ．①文化人类学－通俗读物 Ⅳ．①C912.4-49

中国版本图书馆 CIP 数据核字（2019）第 003117 号

广西师范大学出版社出版发行
（广西桂林市五里店路 9 号　邮政编码：541004
网址：http://www.bbtpress.com）
出版人：张艺兵
全国新华书店经销
广西广大印务有限责任公司印刷
（桂林市临桂区秧塘工业园西城大道北侧广西师范大学出版社集团有限公司创意产业园内　邮政编码：541199）
开本：889 mm × 1 194 mm　1/32
印张：10.5　　插页：4　　字数：236 千字
2019 年 9 月第 1 版　　2019 年 9 月第 1 次印刷
定价：58.00 元

献给凯蒂和露丝

权威推荐

科学松鼠会成员、科普作家　史军

与很多朋友一样，童年的我也执着于收藏各种贝壳，去海滩的唯一任务就是捡贝壳。可以装进海风的海螺，可以舀起海水的贝壳，每一组凸起，每一道螺旋，满满的都是历经风雨打磨之后的时间记忆。而这些记忆，化作本书精美的图片和有趣的文字，从时间的长河中一涌而出。时间的螺旋就是我们走进生命的阶梯。

科学松鼠会成员、科普作家　孙亚飞

软体与硬壳的完美结合，远古与当今的错综交织。不断进化的生物，让我们能够领略蓝色地球的美，而我们所要做的，是让这个时间的螺旋，永远地旋转下去。

独立贝壳学家　冈瓦纳

任何生命，只要你仔细观察，总会引起强烈的兴趣和思考。贝壳是种特别便于观察的生命留存形式，因此被更多的人热爱。收藏贝壳赏玩贝壳已经是很多人生活中的重要内容，而且这个人群还一直在快速扩大。对于贝壳爱好者们来说，这本书提供了更广的观察和欣赏贝壳藏品的角度，也提供了从自然史到文化史的进阶路径!

《华盛顿邮报》（*Washington Post*）

透过一枚小小的贝壳，海洋生物学家海伦·斯凯尔斯窥探出一片广阔而复杂的天地……这是一部包罗万象的自然史……令人叹为观止。

《柯克斯书评》（*Kirkus Reviews*）

斯凯尔斯展现出了广博的知识……一段迷人的、通俗易懂的贝壳世界之旅，揭示了贝壳在自然界的处境和意义。

《出版商周刊》（*Publishers Weekly*）

斯凯尔斯……用海洋生物学家的专业眼光，以及作为贝壳迷的满腔热忱，对贝壳进行了深入思考……（她）以兼收并蓄的视角对沟通了人类世界与自然界的这座古老桥梁进行了考察，我们从中可以看到她的好奇心和鉴赏力。

《经济学人》（*The Economist*）

海伦·斯凯尔斯，一位具有海洋生物学背景的科普作家，作了一番充满热情且令人信服的讲述……字里行间洋溢着（她）对贝壳的深刻见解和由衷热爱。

《西雅图时报》（*The Seattle Times*）

海伦·斯凯尔斯给出了一种可能的解释……不仅记述了那些小动物们做了什么，同时也记载了人类利用它们做了什么……引人入胜。

《**科学**》（*Science*）

海伦·斯凯尔斯……带领我们在奇特而迷人的软体动物世界进行一场美妙的巡游。全书考证严谨，妙趣横生……“狠”有意思。

《**发现**》（*Discover*）

海洋生物学家斯凯尔斯以诗人的气质，从司空见惯的海岸景物中挖掘出最迷人的细节，化平凡为不凡。

《**卫报**》（*The Guardian*）

对另一个世界的惊鸿一瞥，这里充满了奇特而隐秘的生物……描写得淋漓尽致，纤毫毕现。猜不到后面还会讲些什么。书中的描写让我仿佛看见了海底的奇异生物，它们在斑驳的阳光下熠熠生辉。

《**观察者**》（*The Spectator*）

（本书）就像芋螺发射毒镖一样戳穿了那些假说。

《**新科学家**》（*New Scientist*）

非常精彩……斯凯尔斯显然对海螺情有独钟——她以巨大的热情对此进行了优雅而完美的阐释……她是现代软体动物研究领域最有才华的集大成者。

《**星期日快报**》（*Sunday Express*）

斯凯尔斯是一个富有魅力的讲述者，拥有无限的热情和敏于观察的眼睛，使得本书的内容充满活力。集生物学、历史学和生态学于一体，这是最动人的自然写作。

《电讯报》（*The Telegraph*）

《时间的螺旋》中的故事，包括1770年代在西非用几袋贝壳购买奴隶，以及开创性地将芋螺毒液应用于医疗，这些故事极具吸引力，同时又让人感到不可思议。

《泰晤士文学增刊》（*Times Literary Supplement*）

……对这些神奇物种作了详尽的介绍。作者的满腔热忱洋溢在字里行间……本书是暑期的理想读物，海滩的拾获将因它而增添一个新的维度。

推荐序

贝壳的前世今生

接到邀约为《时间的螺旋：贝壳里的人类史》这本图书写序，原以为是一本学术专著型图书，面对的是专业读者，无论语言还是内容可能都较为专业且晦涩，没想到本书却是以通俗易懂的文字，为广大读者打开一扇通往贝类世界的大门的科普图书，便欣然接受了邀约。图书翻译是将一种语言信息转变成另一种语言信息的行为，原著本身的内容是灵魂，好的翻译版本能让原著锦上添花，让广大的本国读者饶有兴味地享受阅读之美。本人虽未与原著作者谋面，但因着对本书译者、我的学生——上海海洋大学刘利平教授的了解（之前他翻译了普林斯顿大学科学文库图书《贝壳的自然史》），便对本译作充满兴趣与信心；此外，得知李慷博士为利平的学生，更是增加了一份期待。

大多数人对贝壳的认知可能都始于以贝壳为材料制作的工艺品，比如小贝壳粘成的帆船、串成的风铃；抑或来自餐桌上的美食，如炭烤生蚝、辣炒花甲、粉丝扇贝，但除此之外，似乎对贝壳缺少更深入的了解。

海伦·斯凯尔斯是英国知名海洋生物学家、英国皇家地理学会科学顾问、剑桥大学导师，擅长撰写科普读物，著作颇丰。她的《11次奇妙自然探索之旅》(*11 Explorations into Life on Earth*)，是英国皇家科学院2016年的年度新作，被誉为“欧洲殿堂级科普读物”，现已引进中文版本。

这本《时间的螺旋》则从贝壳的形成说起，一开始就告诉读者，软体动物是贝壳真正的筑造者。该书介绍了地球上无处不在的软体动物是如何分布、进化的。地球上已知的软体动物种类已经超过5万种，它们至少存在了5亿年，在考古学家不断的挖掘和发现中，有关软体动物祖先的记录也一直被刷新。显然，想要在环境发生剧烈变化的地球生存繁衍5亿年，它们也必须不断地演化，以适应千变万化的生存环境，如更有效地摄取食物、减少体力损耗，从而达到“开源节流”。就是在这样的过程中，大部分软体动物开始筑造自己的堡垒——贝壳，为自己的存活创造条件。书中，作者向读者揭示了贝壳形成的奥秘：软体动物通过什么来建造贝壳？为什么会出现成千上万种形状各异的贝壳？为什么大多数螺旋状贝壳的螺纹都朝右旋转？许多有关贝壳形成的疑问都在本书得到了解答，而且都用生动的例子把道理说个明白。

《时间的螺旋》以人们生活中常见的贝壳为切入点，重点论述了贝壳背后的故事。是谁创造了贝壳？又是什么原因让贝壳具有千变万化的形状？为什么鹦鹉螺身上有等角螺线这种迷人的结构？贝壳虽小，却演绎着生命的壮丽。本书以小见大，从贝壳的生长、繁殖、栖息入手，为读者描述了一个生机勃勃的海洋世界，并将这个世界的奇妙故事栩栩如生地展示给大家。译者带领我们进入软体动物的领域，以新奇的眼光审视着那里的一切，比如在水下依靠“翅膀”飞行的海蝴蝶，疑似贝壳大盗的章鱼等。

当然，作者不会忘了谈及软体动物与人类的关系，包括希腊神话中用来制作“金羊毛”的江珧蛤足丝，以及被当作药物挽救人类生命的软体动物；这些都很能激发人们对贝类的兴趣，从而更多地去了解、欣赏和呵护贝类。具有各种天然优良属性的贝壳，随着人类历史的发展，也在其中扮演了不同角色。比如珍贵的装饰品、至高无上权利的象征，甚至是直接作为货币来使用。作为地球上最重要的物种之一，软体动物也一直是人类重要的食物来源。这本译著自然少不了介绍贝类美食，我想这部分描绘也会勾起很多读者的食欲。不过也请不要忘记，在享受软体动物美味的同时，也要关注保护这些自然资源，使其维持可持续的生态平衡。

作者在讲述自己与贝壳相关故事的时候，也在不断启示我们去思考人与贝壳、人与海洋之间的关系。因此，当您读了这些故事后，或许已对贝壳产生了兴趣。那么您可以按照图书最后提供的贝壳收集指南去野外收集您喜欢的贝壳，在读书之余走向自然，去和贝类亲密接触，也可以贡献自己的力量去保护生态、保护海洋。

我本人对贝类也有浓厚兴趣。我工作所在的中国科学院海洋研究所拥有一座海洋生物标本馆，其收藏的亚洲海洋生物标本数量为世界之最。其中保存完好的琳琅满目、形形色色的贝壳，深受一批批前来接受科普教育的孩子们喜爱，他们提出的种种有关贝类的问题，既童真有趣又发人深省。我也参观过亚洲展品最多的大连贝壳博物馆，内里收藏了15000多种现生和古生的贝壳，许多独特稀有的贝壳实在令人叹为观止，真正地展示了贝类的前世今生。我早先的学生——大连海洋大学常亚青教授如数家珍地向我讲解了这些美丽、奇特而珍贵的贝壳的来源和许多鲜为人知的逸闻趣事。我想，无论是学有所成的贝类学大师还是正在从事贝类创新研究的新秀，无疑都从小就受到美丽贝壳的诱惑和启示。

这本图文并茂、深入浅出的科普读物给广大读者提供了一个很好的媒介，激发读者对贝类产生更多的兴趣，同时也弥补了此类书籍的空白。祝愿译者能精益求精，根据读者的反馈和自己的反思，不断完善，更希望早日有新作问世。

相建海

中国科学院海洋研究所　原所长

目　录

序　言

神话传说

“不带上贝壳的话，哪都不要去。”这是半神特里同（Triton）的人生名言。特里同是希腊神话中的人鱼，上半身是人，下半身是鱼，因此不算是一个完全化形成功的神。尽管如此，特里同外出巡海时还是会尽全力吹奏他的小号，那小号的原型是一只大海螺的贝壳，壳顶被削去了一点。当他吹响这只海螺时，就会发出震耳欲聋的呼啸声，足以吓跑大海怪，号令四海。特里同的父亲是海神波塞冬（Poseidon），母亲是神后安菲特里忒（Amphitrite）。与大名鼎鼎的父母相比，特里同的名气略逊一筹，其光彩甚至也被家族中的其他神灵所掩盖。海神波塞冬是这个大家族的父亲，他的后代中有形形色色的神灵，例如，其中有一位会吃人的独眼巨人，有一头能搅动漩涡吞噬海岛的怪兽，有一头会说人话的种马，还有一位能操纵滔天巨浪的仙女——这位仙女后来嫁给了一位拥有1000只手和50个头的巨人。

以海螺为法器的半神特里同，其法力或许不如他的兄弟姐妹那般酷炫，但他也不是一个好招惹的人物。传说中，特洛伊城的凡人米瑟努斯（Misenus）自认为是一个了不起的天才号手，他轻率地向特里同发起挑战，要和对方来一场音乐比赛。特里同被米瑟努斯的自吹自擂激怒了，把他推进海里淹死了。由此看来，特里同对他的海螺法器还是相当在意的。

除了出现在神话和故事里，贝壳还在人类世界拥有崇高的地位。史前时代的人类就已经知道贝壳，他们把贝壳拾起来细心研究，观赏它们的美丽形状，揣测它们神秘的海洋故乡，将其视为珍宝。几个世纪以来，悠扬的法螺之音回荡在喜马拉雅山脉诸峰之间，召唤着藏传佛教的一众僧侣参与祈祷。人们将印度洋的海螺带到几百英里[①]外的内陆，对它们进行复杂的雕刻，饰以各种宝石、黄金和五颜六色的彩带。僧侣们站在寺庙的屋顶之上，朝着天空吹响法螺，以对抗即将到来的暴风雨，赶走各种恶魔。

装饰品乱象

令人遗憾的是，近代以来，人们丧失了对贝壳的敬畏。辉煌渐渐成为过去，贝壳沦为劣质的工艺品。当我在搜索引擎里打上“海贝”和“小雕像”这两个关键词时，电脑屏幕上出现了一件件劣质的工艺品，其中有一件小人贝壳雕塑一直在我脑海中挥之不去。这个小人的身体是一只体形较大的黄宝螺，头部也是一只黄

① 1英里约等于1.61千米。——编者注

宝螺，不过尺寸较小，其狭长的壳口让它看起来就像是在呵呵傻笑。小人头顶还粘有一顶鸟蛤贝壳做成的帽子。小人的胳膊和腿由四个螺旋塔楼状的贝壳制成，它们以奇怪的角度伸展开来；小人的坐骑是一头海星制成的大象，海星的腕足充当了抬起的象鼻，象耳则由蛤蜊壳制成（估计海星也希望自己变成一头大象吧）。另一种劣质工艺品是一些陶制小人，但它们的售价可不低。这些陶制小人头上戴着杂七杂八的贝壳，身上还挂有珍珠串、如鹿角般的珊瑚和用闪亮水钻做成的海马。它们就像是不幸掉进波塞冬百宝箱的美人鱼，在慌乱地爬起来后，随手捡了身边的宝贝当衣服。

我在一个意想不到的地方见到了更多贝壳工艺品。那是位于伦敦的自然历史博物馆，我被邀请参观地下室。这个博物馆中藏有各种各样的贝壳，标本多达数百万件，全都分门别类、整整齐齐地排放在橱柜里。我走进去后首先看到的是一个透明的玻璃橱柜，里面放满了各种奇怪的物品。博物馆的馆长称它为“恐怖的橱柜”，里面藏的都是他们多年来搜集到的贝壳物品，既有真正的贝壳，也有塑料仿制品。在这些物品中，我还看到了一件帆船装饰品，船帆是用扇贝的壳做成的，船身则是电话形状的海螺，十分形象地阐释了“想和你说句悄悄话”(a word in your shell-like）这一俗语（在维多利亚时代，人们发现人类耳朵的耳蜗结构是螺旋状的，就像贝壳那样）。橱柜里还有一台被贝壳覆盖的小钢琴，以及一堆黄宝螺。那些黄宝螺都嵌有一双塑料眼睛，还戴上了金丝眼镜，看起来就像是只好学乌龟。我想，给黄宝螺镶上一对会转动的眼睛乍看起来没什么问题，但怎么说都与人类把贝壳当作死者陪葬品以示尊重和哀悼的传统相去甚远。我不是说要让人们把贝壳放回坟墓里，只是觉得发生这样的变化很有趣。

就算贝壳没被雕成骇人的辟邪道具，它们也获得了某种名声，成为俗气老套的海滩的象征，以及一切航海事物的纪念品。如今，因为网络的广泛使用，住在城市里的人们即使看到那些镶着黄宝螺的人字拖或贝壳项链，或由牡蛎壳做成的灯罩，也不会觉得奇怪。不过，大多数人都不知道这些东西从何而来，更不知道它们有可能是从活生生的动物身上取下来的。

现代贡献

在忙碌的都市生活中，人们偶尔也会为贝壳停下来思考片刻。在海边度假时，我们从海滩捡起贝壳，感受着把它们放在手中的美好，还把它们放到耳边，倾听是否真有海浪声被困在里面。我们会把它们带回家中，安放在书架上或浴室里，以提醒我们不要忘记在海边度过的美好时光，建立起和大海的微妙连接。可以说，贝壳既可以是姿态优雅的装饰品，也可以是我们在海边找到的小宝藏，它还会小声地引导我们思考一些问题：贝壳从何而来？是什么雕刻了它们？它们是如何制造出来的？或许更有趣的是，它们为何是如今这副模样？

本书将回答以上问题，并讲述一些更有趣的事情。我希望可以去掉贝壳仅仅是小装饰品的印象，让它们重新回到应当在的位置：作为荣耀的象征，它们可以告诉人们许多信息。我将告诉读者，贝壳是怎样让我们观察到远古祖先的思想，怎么领略美、美是如何形成的以及如何满足我们对地球生命的好奇心。此外，我还会记录一些为贝壳奉献一生的人的故事，正是他们的努力，才让贝壳变得如此迷人。我还会把软体动物放回贝壳之中，揭示它们造壳的非凡历程。

以大法螺（Giant Triton）为例，这种著名的贝壳以希腊半神特里同的名字命名，人们常常用它们来制作小号。人们时不时地可以看到大法螺拖着巨大的贝壳，在印度洋和太平洋的珊瑚礁地带大摇大摆地溜达。大法螺的贝壳刻有美丽、狭长的斑纹，就像是抛光过的龟甲（Tortoise Shell），整体比小号还要大一些；可以说，它们是最大、最漂亮的贝壳了。大法螺会从壳口处伸出带褐色斑点的强健单足，以及一对装饰着黑黄相间的耀眼条纹的触手和一双小眼睛。它们的触手非常敏感，可以快速察觉水中一种危险动物——棘冠海星——的气息。

棘冠海星的身体大如车轮，身上布满毒棘。它们会爬到珊瑚礁上方，从嘴巴里喷出胃袋，包裹住身体下方的倒霉猎物，最后慢慢把它们消化掉。这些海星是可怕的海洋野兽，而它们的天敌就是大法螺。如果你把海星放进一个水族箱，然后往箱中倒入刚浸泡过大法螺的海水，一向淡定的海星会立刻意识到威胁，然后想尽办法爬出水族箱疯狂逃窜。在野外，大法螺会追捕棘冠海星，海星的毒棘对它们完全不起作用。大法螺会用巨大的足部裹住海星，然后在其坚硬的皮肤上咬出一个洞，再往其中注入唾液使其麻痹。接下来，就到了大法螺的进餐时间了。

大法螺特别喜欢吃那些以珊瑚虫为食的海星，因此，它们可以在维护珊瑚礁生态系统的健康运转上发挥重要作用。澳大利亚的大堡礁曾出现过棘冠海星大量繁殖的情况，其势头犹如瘟疫爆发，人们将之归咎为大法螺数量减少了——贝壳爱好者和小号制作者带走了太多的大法螺。一般情况下，如果没有大法螺存在，海星就会大量繁殖，然后成群结队地爬过珊瑚礁，其所过之处只剩下一片残败。可以确定的是，海星的大量繁殖会对珊瑚礁生物群造成严重影响，让那原本生机勃勃、五光十色的珊瑚礁群落变得黯淡无光，只剩下白惨惨的骨架。在过去，人们为了灭杀海星，曾把它们捞起来剁成碎块再扔回大海。然而，这些救助行为并没起到什么效果。更尴尬的是，一段时间后，人们发现那些海星碎块可以重新长成一只只完整的海星，所以之前的举动反而推动了海星繁殖。不过，到目前为止，人们仍然不确定海星瘟疫的爆发是否真的源于大法螺减少。

大法螺完全消化一只海星需要一个星期，因此想控制这些珊瑚礁破坏者，就需要很多大法螺。不过，如果人们知道大法螺是如何吓坏海星的话，就可以阻止它们聚拢，从而减少其交配和繁殖的机会。棘冠海星的大规模繁殖很可能是一种自然现象，但确实会给珊瑚礁群落带来很大麻烦。珊瑚礁可以保护海岸线免遭风暴、海浪、海平面上升的影响，为数百万人提供安全保障和食物来源，但如今它们却面临诸多致命威胁，其中最严重的要数气候变化。这些重要的生物栖息地必须保持良性运转，才能应对现代世界施予的巨大压力；而喜欢在海底溜达的大法螺则可以在这方面作出巨大贡献。

正如我们下文将论述到的，贝壳以及制造贝壳的软体动物已经在人类世界发挥了重要作用：它们为人类提供饱腹之物，为其他动物创造栖息地，还启发人类研发出新型药物。放眼全球，不管是哪里，只要这些贝壳制造者缺席，就会给当地的生态系统造成难以弥补的巨大麻烦。

大法螺和其他软体动物死亡或离开后会留下一个空贝壳。这些贝壳的大小各异，颜色丰富，形态多姿。人们常以形象相似的物品来为它们命名，例如：日规螺、月亮螺、空泡螺、囟帽贝、头帕贝、王冠贝及头盔贝。[①]有些贝壳像花瓶，有些像独角兽的角，有些像草莓或圣代冰淇淋，有些又像咖啡豆。当你看见一只深红色的牛心蛤（Oxheart Clam）时，很容易会产生“它会跳动起来”的错觉。还有一种被誉为“天使之翼”的海鸥蛤，其贝壳纹路清晰、精致，足以说服无神论者相信天国使者真的降临到了地球。虽然大多数贝壳都一掌可握，但也有很多贝壳比大头针还小，另外一些则大得惊人，身宽犹如人类伸展开双臂，体重比两头刚出生的小象还重。

确切地说，很多贝壳都值得以长文论述，但本书的目的不在于告诉你有关贝壳的一切，这也不是一本介绍如何寻找或区分贝壳的册子（不过我还是希望你们能找这方面的书来看看）。本书收纳了多个我精心挑选的贝壳故事，它们共同构成一幅不可思议的图画，诉说着贝壳在融入人类世界过程中发生的种种离奇、令人难忘而又鲜为人知的故事。

---

① 此处直译英文说法，中文名称里并不多以物品来为贝壳命名，以上贝壳对应的英文分别是 sundial shell、moon shell、bubble shell、bonnet shett、turban shell、crown shell、helmet shell。——编者注

我的贝壳故事

至于我与贝壳如何结缘，则要从我的童年讲起。康沃尔是英国的一个郡，地形狭长，其中一面濒临大西洋。我们用从祖母那里继承来的财产，在博德明边缘的北山（North Hill）村买了一栋潮湿的石屋。每逢假期，包括期中假、寒暑假，我们都会从西部驱车四小时来这里度假。假期有时候很长，所以我们很久都看不到我们的猫和朋友。但如今回想起来，我还是很感谢我的父母，因为他们让我们姐妹有机会在野外度过一段段悠然假期。

在康沃尔的每一天，我们都可以做自己想做的事，去自己想去的地方。我们可以迎着大风在戈尔西荒原溜达，也可以攀登包括拉夫托尔（Rough Tor，康沃尔郡的最高点）在内的花岗岩山峰。我们经常在连接北山的茂密山谷里玩耍，在河面上荡秋千、玩漂树枝游戏（pooh-sticks），或到丛林中追逐野兔。如果去海边的话，那选择就更多了。

从我们的石屋出发，去北边海岸的陡峭悬崖和去南边温和的沙滩所需时长差不多。我最喜欢北边的特雷巴威思（Trebarwith），那里距离以亚瑟王传奇而闻名的廷塔杰尔（Tintagel）不远，不过我对那里不是很感兴趣。特雷巴威思之所以有意思，是因为那里有大块岩石形成的大水池，退潮时我们可以在里面游泳；那里还有延伸至山崖底部的黑暗洞穴，如果你走进去探索，没准能找到宝藏。当然，特雷巴威思还有延伸到天边的长长的沙滩。我们可以在沙滩上堆沙子城堡，然后装饰上贝壳。最棒的是，我能找到一些我特别喜欢的贝壳，通常它们都有些破损，但也能看到隐藏在底下的螺旋。这些贝壳为我打开了新世界的大门，告诉我一些离奇的秘密，就像沙漠中的海市蜃楼或双彩虹。我一直想知道那些弯弯曲曲的房子里到底住着什么，以及它们是怎么跑到里面去的。

有时候我会把贝壳带回家。我没有系统性地收集过贝壳，相反，我收集贝壳的方式有些杂乱无章，或许我更在意的是寻找贝壳的过程而不是最终结果。对于收集到的贝壳，我通常只保留那些外观特别美丽的，或者承载了一些特殊故事的。我家到处都散落着贝壳，它们有时候会出现在珠宝盒里，有时候会在衣服的口袋中，还带上一点点沙子。

大约是13岁那年，我迷上了画贝壳的水彩画，特别是贻贝的贝壳，我很擅长渲染它们那或湛蓝或淡紫的线条。我姐姐有一个大罐子，里面装满了她收集来的黄色和橙色的玉黍螺（Periwinkle）。我喜欢把手伸进螺堆中，听它们像玻璃弹珠那样叮当作响。后来，我才知道它们其实是扁平海螺（Flat Periwinkle）。这些海螺喜欢挤作一堆，生活在墨角藻和缠结的海草之间，看上去就像泡泡膜。

康沃尔海岸和童年收集螺旋贝壳的经历，培养了我对野外以及神秘莫测的大海的好奇心。那时候，虽然还没有明确的意识，但我已经想着将来要当一名海洋生物学家了。十七八岁的时候我最终确定了这个志向，那时我正在康沃尔以一个全新视角探索大西洋寒冷的海水。那段时间，我在老家的泳池试着潜了一次水后，就和朋友海伦娜一起报名参加了一门潜水课程（我们的教练永远不记得我们之中到底谁的名字中有一个“a”）。我们总共上了六期课程，每周都会找一个晚上穿上潜水设备，跳到深水区中学习像鱼一样游泳。

暑假的时候，我们会把潜水装备塞到海伦娜那辆老旧的福特汽车里，然后驱车到遥远的康沃尔西部。有时候，我们会在北山停下来过夜，以便让发动机冷却下来休息一下。我们在彭赞斯(Penzance)附近的区域露营，晚上看流星，白天就去潜水。起初，灰绿色的寒冷海水和水下汹涌的潮流让人心生畏惧，潜水活动开始得很艰难。但没过多久，我就找到了感觉。我们在水下探索陈旧而昏暗的船骸，它们看起来一点都不像是船，我们还花了几个小时艰难地穿过附着许多海底生物的岩石礁。在那里，我看到成群结队的螃蟹和海星，还有像“死人手指”一样可怕的生物群（一种海绵)，以及悬浮在水中的乌贼，它们看起来就像是穿上了波浪边裙子的小型潜艇。我们还看到了红色、橙色、粉色的海葵，它们就像是花园里盛放的鲜花。在潜水过程中，拥有亮蓝色条纹的杜鹃濑鱼会常伴我们左右，似乎想知道我们准备去干什么。对我来说，海底的一切都是新鲜的，而且这里还有很多贝壳——它们绝对不仅仅是海滩的装饰品。这些贝壳有活着的，也有空贝壳，种类繁多，有扇贝、黄宝螺、鸟蛤、蛤蜊、蛾螺。我尽可能地用眼睛和日志把这一切都记录下来，并且越发无可救药地沉迷于海底世界。

后来，我们拿到了潜水证，也结束了在康沃尔郡的冒险。接着，我们进入大学学习。海伦娜学习语言，参加工作后进了葡萄酒贸易行业，最终带着她的潜水包搬到了澳大利亚。而我则研究生态学和海洋生物学，并继续从事与潜水有关的事业。除了随时随地探索海洋，我还打算尽最大能力去保护海洋以及生活在其中的生物，减少它们受到现代世界的冲击。我亲眼看到海洋生物的栖息地恶化得有多严重，而无论多么弱小、微不足道，每一种海洋生物都有其重要性。多年来，我一直在世界各地工作：调查渔业中过度捕捞的问题，制定策略以保护濒危物种和生态系统。而在研究和旅行的过程中，贝壳始终伴随着我。

我曾观察过贝壳制造者的生活，它们或漫步走过珊瑚礁，或静静地停在那里过滤海水。我为裸鳃亚目动物的鲜艳颜色感到惊叹，并经常问自己为什么不喜欢陆地上的蛞蝓，其实只要给它们加点颜色再扔进海里，它们也会变得十分可爱。有一次，我沿着一片热带海滩散步，途中遇到了一只贝壳。我以为那是个空贝壳，便弯腰捡了起来，结果被里面的寄居蟹夹了——无论我怎么大喊大叫，它都坚决不松手。现在，我对那些借居在贝壳中的动物有了更多警惕。

我也见过人们如何使用贝壳，以及他们对贝壳的依赖。气候炎热干燥的马达加斯加有巨大的猴面包树森林。在那里，我发现了非洲陆地蜗牛（海贝的近亲）的贝壳，人们用它们来装朗姆酒和蜂蜜，然后供奉给森林精灵。在菲律宾、泰国和斐济的热带鱼市场闲逛时，我常常会看到人们在出售鸟蛤、蛤蜊和其他海贝，它们都是相当便宜的蛋白质来源。与此同时，我也看到了海贝黑暗、悲惨的命运。在婆罗洲地区的偏远渔村，我看到在阳光下暴晒的大量贝肉，它们来自被非法捕捞的数百只巨型蛤蜊。这些贝肉晒干后会被运到亚洲市场出售，那里的人会花大钱来为这些耐嚼美味买单。

有一次，我在马来西亚的一家高档餐厅吃饭。服务员端来了一碗巨大的红树林蜗牛，我不得不婉拒了。当然，我拒绝不是因为它们是濒临灭绝的稀有物种，而是因为我不知道怎么把它们从壳中取出然后一口吞下。但在其他地方，我很享受贝肉的美味，尤其是在英格兰的诺福克海岸，那里距离我的居所仅有几小时车程。从莫斯顿村开始，泥泞的蓝色沼泽一直延伸到北海的灰色海域。在路边的桌子上，你常常能看到一袋袋待售的新鲜贻贝。它们的售卖方式通常也很随意：我来到一栋小屋，从打开的窗子递进去一张5英镑的钞票。老板娘告诉我："这些贻贝是我老公今天早上才捞起来的。"

经过多年的研究和潜水后，我发现海洋中栖息着大量带壳的软体动物，它们可以被统为"贝类"。在康沃尔郡学习潜水时，我一直想从海底带回一只葡萄柚大小的海胆空贝壳，这种贝壳常常出现在沙滩上，多半都有破损。螃蟹、龙虾和小虾（包括栖息在珊瑚礁和潮汐池里的清洁虾，我偶尔会享受它们的修甲服务）也有坚硬的外壳。海洋中有无数复杂的生命，它们随着海潮漂流。大多数海洋生物只有借助显微镜才能看清楚，它们一般被称作"浮游生物"：有孔虫类和颗石藻也拥有白色外壳，它们有些看起来像雪花，有些则像粘在一起的爆米花；硅藻类和放射虫类生物的贝壳主要由硅组成，看起来就像挂在小小圣诞树上的装饰物，有三角形的、钻石形的和星星状的。这些生物都是地球生命的重要组成部分，都有自己的独特故事。不过，这本书只重点讲述一个特殊群体，那就是那些伟大的贝壳制造者——软体动物。

第 1 章

贝壳制造者
Meet the Shell Makers

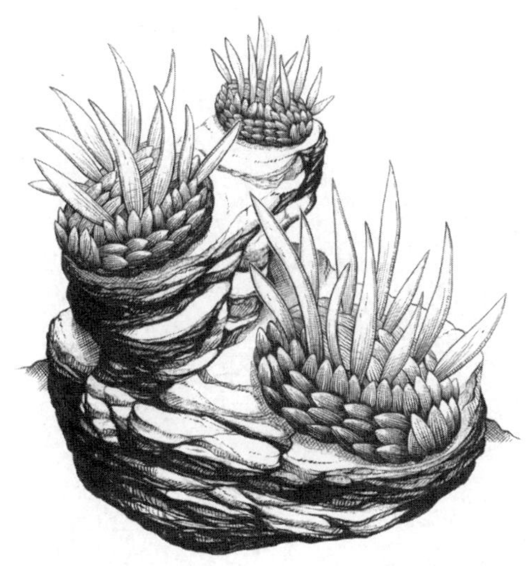

最奇葩的物种

无论你在哪里，附近总能找到软体动物，它们是地球上种类最丰富、分布最广泛的动物，也是有史以来最坚强、最聪明和最奇怪的生物之一。软体动物中有一些我们很熟悉，例如蜗牛、贻贝、蛤蜊和鱿鱼；也有一些不太知名，例如石鳖、鹦鹉螺和船蛸。大多数软体动物都能制造贝壳，但也有少数不能，比如章鱼、蛞蝓，以及一些容易被当成闪亮虫子的小动物。既然绝大多数软体动物都能产生外壳，那么，要讲述贝壳的故事，就必须先了解软体动物。

没人知道世界上到底有多少种软体动物，目前已知的常见种类有5万到10万种。这个数字之所以如此含糊，是因为没有一个专门的软体动物资料库。在过去，要为一个新物种命名，你只需发表一篇得到同行认可的论文，说明为什么你认为你所发现的是一个此前从未被命名的新物种，然后在博物馆之类他人可观察到的地方存入一个标本。接着，你再把你的论文添到已经堆积如山的学术报告中即可，而无需告知软体动物领域的研究专家。因此，如今软体动物的学术报告库里已有成千上万种软体动物，其中不乏经历了多次命名的，所以难怪软体动物的种类统计数字如此含糊。不过，人们在2014年推出了一个软体动物数据库[①]，此后事情开始发生变化。这是一项由多位软体动物专家领导的巨大工程，

① 一个存储软体动物物种资料的在线数据库。——作者注（若无特别注明，皆为作者注）

他们对众多学术报告进行认真评估、筛选，编制出一份准确的软体动物列表。另外，如果其他软体动物研究学者致力于到野外探索软体动物，那么每年将有更多种类被添加到这个数据库中，因为想找到新品种的软体动物很容易，你只需要付诸行动即可。

1993年，一群海洋生物学家来到新喀里多尼亚群岛，他们都带着一个共同的目标——在一个月内找到尽可能多的软体动物。这个团队的领导是菲利普·布歇（Philippe Bouchet），来自法国巴黎的国家自然历史博物馆。他们一共花了400个人工时，带着水肺等设备下潜到新喀里多尼亚西北海岸的一个湖泊深处，从那里的珊瑚礁中寻找软体动物。他们挑选标本，冲干净石头，然后破开那些死去的珊瑚礁，甚至动用了防水真空吸尘器，只为了把藏在其中的小宝贝小心地取出来。

调查结束后，布歇团队总共得到了127625只贝壳，这个数字令人震惊。不过，接下来的才是真正艰苦的工作：专家们花费了很多年来仔细检查这些样本，然后根据外观将其分为不同种类，那些外表完全不同的贝壳被单独拿出来，完全证实它们的品种仍需一段时间。

最后，他们一共发现了2738个形态种，这比生活在地中海的所有海洋软体动物加起来还多，几乎是英国海岸已知软体动物总数的4倍！相比其他热带地区，新喀里多尼亚群岛的物种多样性更加丰富，可以说是地球上物种最丰富的区域了。

由于这些软体动物还未完全完成鉴定，因此很难准确判断从新喀里多尼亚群岛带回的软体动物中有多少是未知物种。不过，布歇团队预估，新喀里多尼亚群岛的软体动物种类极其丰富，只要一撒网就能捉到多达80%的未知品种。他们捕捞回来的软体动物很多都极其罕见，其中有1/5是单板纲，此前潜水员只发现过一次。布歇团队认为，如果他们继续寻找，预计能发现超过3000甚至接近4000个新品种。也就是说，仅仅在热带地区一座岛屿的一个湖泊的珊瑚礁中，就可能存在4000种软体动物。

基于这样的结果，包括布歇在内的许多专家估计，包括尚未发现的品种在内，地球上可能存在20万种软体动物。要知道，目前地球上已知且被命名了的物种仅有120万种，其中约25万种都生活在海洋里。若论品种的丰富性，唯一胜出软体动物的便是节肢动物，它们是一群无脊椎动物，包括甲壳动物、蜘蛛、马陆、蜈蚣和各种各样的昆虫；其品种量大约为100万。尽管如此，软体动物的品种数仍可排至第二名。毕竟大多数昆虫都只生活在陆地上，这意味着它们至少失去了90%的生存空间（海洋）。

毋庸置疑，很多软体动物都生活在热带地区的浅层海水中。如果我们想找到更多不同种类的软体动物，那就需要探索世界各地的海域。在海洋里，软体动物的第一次进化发生在大约5亿年以前，自那以后，它们迁移到几乎所有能生存的地方，从茫茫大海到浩瀚陆地，皆有分布。为了探索海洋深处的软体动物，我们需要下潜到6000米以下的超深渊带（Hadal Zone）。这个地区以希腊神话中冥界之王哈得斯（Hades）之名命名，到处都充满岩浆和硫黄，是地球上最危险的地方之一。在这里，来自海底深处的深海热泉从地壳的裂缝中喷发出具有强腐蚀性的热液，形成高高的黑烟囱。唯一能阻止这些热液沸腾的就是深海的高压。这种奇异的景观是1977年乘“阿尔文”号（Alvin）深潜器的研究人员在探索加拉帕戈斯群岛时发现的。起初，他们以为那些烟囱林立的地带不可能存在活体生物，但事实上，他们在那里看到了极其丰富的生物群，包括大量能制造贝壳的软体动物。

深海热泉地带生活着许多海螺，它们的贝壳都呈螺旋状，大小与网球差不多，每平方米内挤了多达数百只。在暗无天日的海底，它们以寄居在自己鳃中的细菌为食，并靠水中的硫化物获取能量。从外形来看，这些海螺彼此之间很难区分，因此科学家根据DNA的差异，将它们分为五类。其中一种被命名为“尖刺蜗牛”(Alviniconcha Strummeri)，它的名字是为了向“阿尔文”号深潜器和英国朋克乐队“碰撞”的主唱兼吉他手乔·斯特拉莫 (Joe Strummer) 致敬。同时，这也是对这些能在极酸、含硫量极大的环境中生存的海螺的认可。另外，这种海螺的贝壳表面覆盖着一层坚硬的角质层 (主要成分为蛋白质)，看上去很像1970年代“碰撞”乐队的粉丝的发型。

深海热泉上方是深海带 (Abyssal Zone)，这是一片广阔的软土平原，其中也栖息了一些软体动物；另外一些软体动物则生活在海底山脉的另一边。不过，海洋中的软体动物并不是全部都蜗居于海底，也有很多放弃了爬行、定栖的生活，游入开放水域，那是地球上最广阔的生存区域。还有些软体动物进入了接近陆地的浅滩，在那些流动的泥沙中过着穴居生活，或者把自己粘在岩石之上。另外，有些软体动物跟随洋流迁移，通过河口进入淡水地带，来到陆地上的河流、湖泊和池塘。有些软体动物堪称勇敢的旅行者，它们拖着贝壳离开水源，来到干旱的陆地上。你可以在树上、山上、炎热的沙漠以及其他看似不太可能的地方看到它们的身影。2010年，一支探险队在克罗地亚的卢基纳·雅玛–特洛雅玛（Lukina Jama-Trojama）[①] 洞穴发现了一种身体透明、没有眼睛的小型蜗牛，它们生活在地下1000米处。我们在花园中看到的蜗牛和鼻涕虫，它们因为啃咬植物而惹人厌烦，而它们的先祖也是从海洋来的移民。对软体动物来说，唯一不在计划内的事可能就是飞上天了(不过，仍有一些软体动物会搭着便车在世界各地旅行，比如卡在迁移鸟类的脚上或寄生在它们的胃里）。

软体动物的栖息地如此广泛，因而引发一个问题：它们为什么能如此成功地散落世界各地？要弄清楚这个问题，我们先得思考另一个更宏大、更深刻的问题：什么是软体动物？

何为软体动物

“软体动物独一无二。”科林·塔奇（Colin Tudge）在其著作《生命的多样性》(*The Variety of Life*）中如此写道。软体动物确实是一种特殊的生物，但最棘手的问题在于：是什么样的特征，令软体动物如此不同于其他生物。

早在亚里士多德时代，“软体动物”一词便已出现。亚里士多德用它来指代墨鱼、章鱼以及其他身体柔软的动物。现在所用的“软体动物”(mollusc）一词，似乎来源于18世纪的拉丁词语“molluscus”，词源是“mollis”，意为“柔软的”。但是，用“触碰动物身体，判断其身体是否柔软”这种方法来判断动物是不是软

① 世界上最深的洞穴系统之一。

体动物并不准确。

多年以来，“软体动物”这个谱系包括了各种各样的动物，它们之所以被归为一类，是因为外表相似。藤壶一度被归为软体动物，因为你从远处眯着眼看，会觉得它们很像小帽贝。但实际上，藤壶是甲壳动物，它们喜欢粘在岩石上，过着头朝下、足在水中摇摆的生活。在过去，苔藓虫（也被称为“苔藓动物”）也被归为软体动物，但后来人们又把它们拿了出来。腕足动物看起来很像软体动物，它们的双壳看起来与鸟蛤或蛤蜊很相似，但它们制造双壳的方式以及内脏的排列方式都与软体动物不同，因此可以把它们归为不同种类。因此，拥有柔软身体和坚硬外壳的动物并不一定就是软体动物。

如今，动物界被分为35个门（Phylum），许多动物已经被归为软体动物门。其他含有众多品种的动物门类还有节肢动物门，包括会颤动翅膀飞行的昆虫、甲壳动物；脊索动物门，包括所有脊椎动物以及它们的近亲，例如海鞘；棘皮动物门，包括各种海星、海胆和海参等。软体动物门目前有8个纲（Class），此前还有另外一些纲，但都已灭绝。在仍存活的纲中，分布最广的是腹足纲（gastropod）。把全部软体动物放在一起，随便一捞，你会发现捞到的80%都是腹足纲。腹足纲动物“以腹部为运动器官”（这个名称来源于希腊词“gaster”[胃]和“pod”[足]），通常以一只带有嘴巴的足爬行。它们大部分都有柔软的身体，生活在一只螺旋状的贝壳里，例如众所周知的蜗牛；不过，也有些腹足纲动物减少或丢掉贝壳，它们的身体也很柔软，比如蛞蝓（很多腹足纲动物都先后丢掉了贝壳，所以那些被我们统称为“蛞蝓”的动物，其实彼此之间的亲属关系并不密切）。腹足纲动物可以生活在海洋、河流、湖泊和池塘之中，它们也是唯一可以生活在陆地上的软体动物。

蛤、贻贝、牡蛎、扇贝和其他双壳生物都属于软体动物门下的第二大纲——双壳纲（bivalve）。双壳纲动物有依靠铰链结构连接、可以打开和关闭的双壳；当双壳关闭时，它们的身体会完全封闭在壳中。双壳纲和腹足纲一样，在海水和淡水中皆可生存，我们熟悉的海贝大部分都属于双壳纲。

其他纲的软体动物品种就没那么多了，而且只能生活在海洋中。头足纲（cephalopod）动物包括乌贼、章鱼、鹦鹉螺和各种鱿鱼。头足纲的名字来源于它们高度发达的脑袋位于足部（希腊语中 kephale 意为“头”）。许多头足纲动物已经完全抛弃贝壳，但也有一些保留了下来——坚硬的外壳能给它们带来很多好处。

掘足纲（scaphopod）动物又称“象牙贝”，物如其名，这些动物长得很像象牙，通常生活在海床下的沙子里，前端埋在泥沙之中，后端翘起，暴露在沙子上。

单板纲（monoplacophoran）动物名气较小，品种也不多，而且都生活在深海里。仅从贝壳来看，它们容易被误认为是伸展开来的腹足动物。但是，单板纲动物体内拥有多对内脏器官，与腹足纲动物相去甚远。人们一度以为单板纲动物早已灭绝，但1952年，有人在哥斯达黎加的外海再次发现了它们的身影。

多板纲（chiton）动物与其他软体动物都不一样。其他软体动物通常有单一或成对的贝壳，但多板纲动物不是这样，它们的背部通常有一排作叠瓦状排布的硬壳。多板纲动物常常紧贴在潮水坑和海岸边的石头上生活。它们的大小不一，有些只有指甲大小，有些则比手还大（北太平洋沿岸，也就是从加利福尼亚州经堪察加半岛到日本的区域，生活着最大的多板纲动物——橡胶靴石鳖）。

如果海浪或好奇的人们将多板纲动物从石头上剥下来，会发现它们会迅速把自己卷成一个球，就像犰狳那样。

剩下的沟腹纲（solenogastre）和尾腔纲（caudofoveate）是最神秘的纲，这个纲下的种类鲜为人知，以至于没人给它们起个简单点的统称。与其他软体动物相比，这些生物更像是蠕虫，而且都没有贝壳。它们的身体被角质带棘的外皮覆盖，看起来毛茸茸的，而且富有光泽。

蛞蝓、蜗牛、鱿鱼、掘足纲，这些软体动物的外形差别很大，但它们确实同属一门，这从它们拥有同样的DNA序列可以证实。然而，就算是这样，“是什么特征使它被归为软体动物”这个核心问题仍有众多争议。

其中讨论得最多的是，没有人可以指着软体动物的某一部分宣称：“看这里，这就是它为什么会被归为软体动物。”一般说来，如果我们回顾过去，追溯动物的进化树，就能看到动物身上存在最久、最根本的特征，正是这一特征定义了这个群体。然而，遗憾的是，当我们对软体动物进行如此操作，却没有得到预想中的结果。

祖先成谜

目前所知的最古老的贝壳化石可追溯至5.4亿年前的寒武纪时期，也就是所谓的“小壳化石”。这种块头很小的化石在世界各地都可收集到。小壳化石中有一种管状生物很令人费解，它们仅有一两毫米大，可能是某种海绵或珊瑚虫，也有可能是一些极小的贝壳团，看起来与我们今天所知的软体动物很像。而在那些紧紧地缠在一起的贝壳团中，有些贝壳呈圆锥状，看起来就像是圣诞精灵的帽子；有的则拥有双壳，就像蛤蜊那样。大多数古生物学家认为这些化石一定是软体动物，但也有一些专家持谨慎态度，认为光凭这些化石不足以断定它们就是软体动物。

除了这些小壳生物，寒武纪时期的海底还有一些神秘的带壳动物。一个多世纪前，这些神秘化石被挖掘出来，整个世界都震惊了，学术界开始围绕它们的身份以及它们到底是不是最早的软体动物展开激烈讨论。

1909年8月30日，美国地质学家查尔斯·杜利特尔·沃尔科特（Charles Doolittle Walcott）在加拿大落基山脉的幽鹤国家公园骑马时有了一个重大发现。当时他正在寻找三叶虫的化石，那是一种早期的节肢动物，看上去就像是华丽的巨型木虱。然而，那天他意外地发现了一些不同寻常的化石。几个月后，他给他的地质学家朋友写信，信中称他发现的新化石是“十分有趣的东西”。接下来的几年，他多次乘火车、骑马或步行回到那个地方，共收集到6.5万种生物化石，这些化石人们之前从未见过。后来，那个地方被称为“伯吉斯页岩”。

在这些化石中，沃尔科特发现了各种各样的奇怪动物：有些长着软管状的鼻子，有些有巨刺和可怕的大爪子，还有一些类似虾、蟹和蠕虫。大部分动物看起来都与我们如今所知物种毫无相似之处。尽管如此，沃尔科特仍认为这些生物都是如今所知生物的奇怪变种。1911年，沃尔科特在伯吉斯页岩又发现了一块奇怪化石，此前人们曾在别处见过这种化石的局部。12年前，加拿大古生物学家马修（G. F. Matthew）在落基山脉的威瓦克西峰（Wiwaxy Peak）寻找化石，偶然间发现了一块连接脊柱的肋骨化石，便将其命名为“威瓦亚虫”（wiwaxia）。沃尔科特是第一个发现威瓦亚虫完整化石的人。他认为这是一种长有刚毛的蠕虫，属于环节动物门的多毛纲。但威瓦亚虫和如今仍然存在的任何一种多毛纲蠕虫都不同，它们看上去更像是穿着盔甲的鼻涕虫，背上还装有两排尖刀。

最后，沃尔科特总共找到了上百块威瓦亚虫化石，其中有些体长2毫米，但没有脊柱；还有一些长达5厘米。然而，奇怪的是，在接下来的50年里，沃尔科特发现的伯吉斯页岩中的化石都没有引起其他科研人员的注意。或许正因为沃尔科特一直不清楚自己的发现具有何等重要的价值，所以他才被人们铭记至今。

1960年代，耶鲁大学的古生物学家哈里·惠廷顿（Harry Whittington）决定重新研究伯吉斯页岩。彼时，惠廷顿在三叶虫研究方面取得了革命性进展——他利用硅化的三叶虫化石，精确地还原了三叶虫神秘的生活。对三叶虫的浓厚兴趣驱使他来到落基山脉对伯吉斯页岩进行重新发掘和研究，这项工作一直持续到他生命逝去的那天。

惠廷顿曾经任教于剑桥大学，彼时他带着研究生德里克·布里格斯（Derek Briggs）和西蒙·康威·莫里斯（Simon Conway Morris）重新开采和研究伯吉斯页岩化石，并由此打开研究动物起源的新窗口。正是由于他们的努力，“寒武纪生命大爆发”这一概念才得以确立，在这一时期，地球上突然出现了大量结构复杂的动物。[①] 进化似乎可以修正某些缺陷，使得生命可以延续。

① 不过，近年来不少科学家开始对这个时期的持续时长以及动物出现的速度提出了一些质疑。

惠廷顿团队找到了大量新化石，并对沃尔科特挖掘出的化石进行了重新研究，其中包括威瓦亚虫。西蒙·康威·莫里斯认为，威瓦亚虫并非多毛纲蠕虫。他在威瓦亚虫口中发现了两排往里延伸的牙齿，有点像锉刀状齿舌，这正是诸多现代软体动物的特征之一。

莫里斯认为，威瓦亚虫的其余部位很奇怪，把它们归入现有的软体动物门十分勉强，他倾向于认为这些化石可能是软体动物这一族群的祖先。这种背部长刺的奇怪虫子真是软体动物的祖先吗？其实康威·莫里斯自己也不确定。

围绕威瓦亚虫的身份，人们展开了激烈的争论：它到底是蠕虫还是软体动物，抑或是别的什么东西？另一位剑桥学者尼克·巴特菲尔德（Nick Butterfield）也加入初期论战，他认为威瓦亚虫是蠕虫。他指出，威瓦亚虫背部那些骨片（肋骨形状的装甲鳞）更像是蠕虫的毛；更重要的是，它们的口器可能已经分裂并排列在嘴巴两侧，而这是蠕虫的一个明显特征。

在从伯吉斯页岩挖掘出来的诸多化石里，威瓦亚虫并不是唯一身份模糊的软体动物，沃尔科特还发现了一块齿谜虫（odontogriphus）化石。这块化石整体扁平，呈椭圆形，长度为12.5厘米，背部覆盖着一层坚硬的东西。化石底部有一个圆形的小嘴，和威瓦亚虫一样，齿谜虫嘴里的咀嚼器官似乎是齿舌。

1970年代，莫里斯重新研究了齿谜虫，断定它是蠕虫、软体动物和腕足动物的共同祖先。2006年，人们又发现了近200个齿谜虫标本。经过研究，加拿大皇家安大略博物馆的让·贝尔纳·卡隆（Jean Bernard Caron）发表了一篇论文，断言齿谜虫属于软体动物。卡隆及其同事将齿谜虫化石和另一种更古老的化石——金伯拉虫（Kimberella）联系起来，认为这两者存在很近的亲缘关系。

1960年代，人们在澳大利亚南部的埃迪卡拉山发现了金伯拉虫化石。当时，这种扁平的椭圆形化石被认定为水母化石。随后，人们发现了更多这种化石，并证明它们并不是只在水里生活，而是会沿着海床爬行，用齿舌进行刮食。不过，人们至今都没找到金伯拉虫的牙齿，所以没人知道它们身边那些如同被蜗牛刮过的刮痕是否真的是齿舌造成的。

近年来，学界通过一种全新的手段，在软体动物的祖先研究方面取得了更引人注目的成果。马丁·史密斯（Martin Smith）博士把化石放在扫描电子显微镜之下，捕捉到了标本深处电子撞击原子后弹开的图像。此举最终揭示了这些生物的内部结构，证明威瓦亚虫和齿谜虫都不是蠕虫。史密斯还发现，这些动物的牙齿会掉落，然后再长出新牙，有时候它们还会吞食掉落的牙齿，因为科学家在其肠道中检测到了牙齿的踪迹。这些动物体形越大，牙齿就越多，而且每颗牙齿都相对于邻牙旋转。种种证据表明，这些化石可能和软体动物有亲缘关系。

2014年，史密斯发表了一篇论文，其中提出了更多足以证明威瓦亚虫乃早期软体动物的证据。他研究了一些威瓦亚虫化石，它们看上去都是单足，就如同现代的蛞蝓和蜗牛。不过，仍有一些谜题尚未解开。史密斯无法确定威瓦亚虫在进化树的准确位置，但他已经将范围缩小了很多。他认为，威瓦亚虫有可能是一种没有壳的软体动物，即双神经亚门（Aculifera，包括多板纲、沟腹纲和尾腔纲）。这种动物并非最早进化的软体动物，也就是说，威瓦亚虫不是软体动物的祖先。或者，威瓦亚虫也有可能处于进化树中较低的位置，也就是软体动物的干群，这样的话，它就会比现代软体动物更早出现，而且比其他任何种群都更接近于软体动物，但又不是软体动物。

在过去的15年里，古生物学界对干群和冠群的概念产生了浓厚兴趣。冠群是指某一物种中共享所有关键特征的现生成员（它们有共同祖先，以及这个祖先的所有后裔，包括已灭绝了的）。干群是指和冠群具有某些（并非全部）相同特征、现已灭绝的生物类群。从分类学上来说，干群是冠群的亲缘物种。

这种方法有助于古生物学家弄明白为什么伯吉斯页岩的动物化石如此混杂、奇怪。在这些化石中，许多动物可能是如今的软体动物门的干群，而非现生或灭绝的软体动物门的冠群。它说明了一个事实：对某一类群的所有现生成员而言，它们共享的这一类群的关键特征，并不是在同一时间一举完成进化的，而是随着时间的推移，逐渐进化而来。这就像是穿着一下子在百货商店买到的所有衣物和将旧衣服、过时配饰、新鞋搭配起来穿之间的区别。

研究那些远古的干群时可以发现，用以分类动物类群的门之间的界限也许有些武断。从现存的物种来看，你可以清晰看出软体动物与环节动物或棘皮动物之间的不同。但随着古生物学家的研究涉足了更久远的历史和更大量的细节，那些分类之间的界限也变得模糊了起来。

如果威瓦亚虫是软体动物的干群，那就说明齿舌、骨片和单足是软体动物门的早期特征之一，但这也留下了一个有待解答的重要问题。

到了寒武纪晚期，大部分软体动物都已开始进化。此时，海洋中已经出现无可争议的双壳纲、腹足纲、头足纲和多板纲软体动物；再过一段时间，掘足纲动物也出现了。在接下来的奥陶纪，软体动物的种类和数量都开始大量增加。其他一些软体动物也经历了漫长的进化过程，包括如今已经灭绝的厚壳蛤类——在侏罗纪和白垩纪，这些双壳软体动物形成了大量热带礁石，就像珊瑚虫构成珊瑚礁那样。

从全局来看，软体动物家谱已经存在至少5亿年。在这段时间里，这些数量和种类都超级丰富的动物也保留了一些自己的独特秘密。我们始终不知道双壳纲、头足纲、多板纲等不同种类的软体动物如何联系同类，也不知道它们之中到底哪种最先出现。

此后，科学家继续研究了很多年，包括和现有类群进行比较，运用近年来的基因技术等。然而，学界对软体动物的定义仍有争论。就像一副扑克牌一样，软体动物的族群一直在洗牌。我们是否要把所有红牌放在一起，而K和Q拢作一堆？方块牌应该放在红桃牌后面，因为它们颜色相同？又或者方块牌和黑桃牌上面都有一个尖尖，所以方块牌和黑桃牌才是同类？科学家一直不停地给软体动物这副扑克牌分类，始终没有定论。

软体动物系谱图或发展史的不稳定性，以及族群不断变换的事实，对我们理解进化和地球上生命的多样性的方式有着重要寓意。例如，头足纲和腹足纲动物之间的关系是否密切，对于研究复杂脑部进化的专家来说就十分重要，因为这两个类群都有高度发达的神经系统；这两个系统是分别进化的，还是说他们是由共同的祖先统一进化而来？

最近有三项针对软体动物进化历程的研究正在着手解决以上问题。这三项研究由几个大型实验团队主持进行，其领导人分别是来自亚拉巴马州奥本大学的凯文·考科特（Kevin Kocot），来自密歇根大学安娜堡分校的史蒂文·史密斯（Stephen Smith），以及来自英国布里斯托尔大学的雅各布·温瑟尔（Jakob Vinther）。他们的实验方法都相当复杂，结果也取决于多种因素，比如软体动物的种类和外类群的选择（非软体动物一般是作为对比参照物），以及数据的分析方法等。三个团队都使用了相似的DNA测序技术（该技术以核蛋白质编码基因，而早期的研究一般以核糖体来编码基因），但得出的结论却不完全一致。

三个团队都得到的共同结论是：双神经亚门确实存在，他们都确信多板纲、沟腹纲和尾腔纲属于软体动物家族中的同一分支。

至于头足纲与腹足纲之间的关系，其中一个研究团队的结论颇为激进。传统观点认为，这两个纲是姐妹关系，是软体动物进化树同一节点下并列的两个分支。然而，不同于将它们归为一类的分类法，一些最新的基因研究结果已将章鱼从螺类中区分了出来。头足纲可能与人们以为灭绝已久的深海软体动物——单板纲——的亲缘关系更近。在过去，学界通过对比单板纲与头足纲的动物化石，发现二者拥有相似的内部构造，所以认为它们存在某种联系，最新的基因研究成果进一步支持了这一观点；而腹足纲则与双壳纲、掘足纲存在某种联系（尽管掘足纲动物仍然难以识别，我们对它们知之甚少，也不知道它们是何时出现的）。如果以上观点都正确的话，那么，软体动物至少经过了4种不同场合才进化出如今这样复杂的神经系统，这对神经生物学家来说是一个重大发现。

此外，如何识别软体动物最初的共同祖先呢？那些生物有壳吗？这些仍是学界的热点话题。温瑟尔及其团队认为，最早的软体动物应该是有壳亚门（Conchifera，一种单壳动物），随后进化出了双神经亚门（无单壳）。然而，考科特和史密斯的文章让事情变得越发扑朔迷离：也许是双神经亚门率先进化，也许是有壳亚门，反正如今仍然未有结论。

从如今仍然存在的软体动物来看，它们身上并没有任何所有软体动物都共享的特征。不过，软体动物家族中似乎存在着一个器官筐，筐中有齿舌、强健的足部和骨片等器官：有些类群拥有这个器官筐里的所有器官，有些则只有一部分。只要有一种羽毛状的器官（被称为栉或鳃），和一个由软组织构成的、被称为“外套膜”的外壳，你就拥有了制造现存任何一种软体动物的基本材料。

软体动物身体的各部位都已被证明拥有超强的可塑造性和适应能力。它们不只是像乐高玩具那样，只要将各个部位按顺序组装起来，就能做成《星球大战》中“千年隼”号那样的飞船。你可以把软体动物身体的各个部位想象成粘土块，用它们来制作任何一种你能想象到的东西。同样，随着时间的推移，软体动物通过自然选择对身体各部位进行重塑以改变和提升功能，从而极大地改变自己的外表以及生活方式。

事实上，5亿年以来，软体动物家族的进化一直延续一个共同的主题：如何进食，如何躲避天敌猎杀，如何移动以及如何交配并繁殖更多后代。正是这一主题，促使软体动物分散到世界各地，占据地球生态系统中的不同生态位，并最终进化出数十万个新品种。软体动物是最强大的变形者，正如其身体器官所拥有的多种功能一样，多功能正是它们取得巨大成功的根本原因。

恐怖的“獠牙”

如果你打算观察（最好借助显微镜）软体动物的嘴巴，那你要做好观看一场恐怖“獠牙”秀的心理准备。软体动物的牙齿也许很小，却是地球上最复杂的结构之一。

齿舌是一种主要由几丁质构成的坚硬舌头，呈带状，上面覆盖有数排小小的牙齿。这条齿舌就像条牙齿版传送带，后侧可以长出新牙，而老牙或破损了的牙齿会移动到前方，然后脱落。单个齿舌上面覆盖的牙齿从几颗到数百甚至数千颗不等，而且每种软体动物都有一副排列独特的牙齿。腹足纲动物的牙齿尤其厉害，它们被分成名称各不相同的种类，听起来很像英国电视剧《神秘博士》里的外星人：rhipidoglossan，hystrichoglossan 和 toxoglossana。[①]你可以想象一下，软体动物互相咧着嘴巴露出牙齿来辨认同类；当然，它们不会这样做。

齿舌上牙齿的形状和排列结构决定了软体动物可以吃什么。有些软体动物的食物十分丰富，吃法也有很多种，它们可以啃咬松散的硅藻，啜食面条状的海藻带，或刮食覆盖在岩石和冰砾上的绿色软泥等。帽贝像猫舔冰牛奶一样舔食附着于岩石表层的微生物和海藻。当海水退潮后，你可以看到岩石上有帽贝留下的锯齿形标记，你甚至还能听到它们进食的声音。如果你悄悄地把听诊器放到这些草食性小动物附近的岩石上，应该能听到它们刮食时发出的一阵阵刺耳声。

① 此三种皆为齿舌的不同类型。——编者注

其他草食性软体动物进化出了更专业的齿舌，例如海蛞蝓，这是一种海洋版鼻涕虫。它们用牙齿刺穿植物和海藻的细胞壁，然后吸食其中的汁液。大部分海蛞蝓都非常挑剔，只吃某一种食物，而且还像美食家那样用上专门的餐具。它们的牙齿形状各异，有些是呈锯齿状的三角形，有些像锋利的刀子，有些则像木屐。它们的牙齿都经过了特别的进化，可以刺穿水中的各种植物，从坚韧的海带到坚硬的海藻，皆无不可。由于牙齿和饮食习惯各有专攻，海蛞蝓分散于不同的栖息地，这使得族群内的多个种类得以进化和共存。

某些软体动物因为其可怕的齿舌而成为捕食者。它们的牙齿能像弹簧刀一样，可以在攻击状态下冒出来，不需要的时候就安全地折叠好。几年前，人们在威尔士卡迪夫地区的一个花园里发现了一只奇怪的白色蛞蝓。这是科学史上的新发现，科学家在看到它的牙齿时深感诧异——因为这是在英国发现的第一只肉食性蛞蝓，而让园丁烦恼的陆地蛞蝓大部分都是草食性的。这只蛞蝓身长仅2厘米，严格说来也不算是只“剑齿虎”，不过，如果你恰巧是一条蚯蚓的话，那结果就非常可怕了。

其他肉食性软体动物进化出了更精致的捕猎方式。芋螺和塔螺可以吐出齿舌捕捉猎物。它们那高度适应环境的尖牙就像是一把中空的鱼叉，里面装满各种复杂而致命的毒素，可以让毫无戒心的蠕虫和鱼麻痹。这些软体动物的毒性很强，甚至还能杀死一个成年人。此外，还有很多软体动物将齿舌伸向同类。它们改进过的口器可以在其他动物身体上钻出一个洞，然后把消化酶挤进洞中，把里面的东西融化再吸出来。然而，人们却只把它们当作平淡无奇的软体动物，这或许有点不公平。

不过，不是所有软体动物都有齿舌。双壳纲软体动物在进化过程中已经失去齿舌，它们可以通过像羽毛一样的鳃来进食。它们中的大多数（包括牡蛎和贻贝）都过着慵懒的生活，既不喜欢追在猎物屁股后面，也不喜欢爬来爬去寻找食物。相反，它们选择在海床上安顿下来，等待食物自动送上门。

双壳纲软体动物的鳃上布满纤毛，这些纤毛能在水中有节奏地摆动，带动海水进入壳内，为双壳纲动物提供氧气，同时还会带来漂浮的颗粒，使其粘附在鳃表的粘液层上。温和的营养物质（主要是浮游生物）也会沿着纤毛流进双壳纲动物口中。大多数双壳纲动物都已进化出巨大的鳃，它们的鳃可以在壳中折叠成 W 形，进一步扩大鳃的表面积，以便更多地过滤水中的食物。

软体动物的器官拥有多种功能，这是它们成功的另一个重要因素。不同的器官已经根据实际情况进化出不同的用途。鳃可以进行呼吸和收集食物；心脏可以泵送血液、过滤杂质，也承担了肾脏的部分功能。而它们的腹足还有一整套不同的功能，堪称神奇！

最节能的出行方式

对那些已学会怎么冲浪的海螺来说，哥斯达黎加那濒临太平洋海岸的宽沙滩就是它们的美好家园。许多橄榄螺把腹足当作冲浪板在海浪中上下翻滚；与爬行相比，借助海浪出行显然更节能。当橄榄螺来到海滩上时，它的冲浪板——腹足——就会改变用途，成为一个用来诱捕猎物的袋子。此时，橄榄螺会像一个身穿条纹衫、手提大麻袋的飞贼一样，迅速用腹足裹住目标，然后将其拖进沙子里。它们不挑食，因而会试图裹住所有遇到的东西，甚至另一只橄榄螺，因为它们实在太多了。当然，有时候它们也会找别的东西吃。来自印第安纳大学–普渡大学韦恩堡分校的温弗里德·彼得斯（Winfried Peters）一直在研究橄榄螺，并为它们提供各种食物，他拍下了这些指甲大小的海螺试图吞噬铅笔的视频。

像帽贝和石鳖这样的软体动物会用足部紧紧吸附在岩石上。当你遇到一只正在移动的帽贝时，如果用手去戳它的话，它会立刻把自己贴在附近的岩石上，无论你再怎么戳它都很难把它弄下来。一般情况下，当软体动物通过足部从A地点移动到B地点时，它们爬过的地方往往会留下大量粘液。那么，这种单足动物究竟是如何利用粘液移动的呢？

小型腹足纲软体动物是通过毛茸茸的腹足来移动的。涿县水螺（Hydrobia）是一种生活在河口的小螺，其腹足上长有很多纤毛，类似于双壳纲的鳃。这些纤毛就像是成千上万只小号船桨，推动着软体动物在泥泞的家园里爬来爬去。不过，纤毛无法支撑体形较大的蜗牛和蛞蝓移动，因而它们就像波浪那样鼓动足部肌肉，慢慢地拉动或推动身体前行。蜗牛爬行的速度一般是每秒1毫米到1厘米之间，并且只能朝着一个方向。在大多数情况下，蛞蝓和蜗牛都不能倒退着移动。

软体动物爬过后留下的银白色痕迹是不规则的黏液。30年前，科学家发现，根据蜗牛或蛞蝓施加的挤压力度，这些分泌出来的粘液会改变形态。一团粘液确实很黏，但如果对其进行挤压，粘液就会变成能自由流动的液体。这一特点可以减少软体动物的腹足与地面的摩擦力，使它们可以爬得更快更省事。借助粘液滑行是软体动物移动和攀爬墙壁、树木、岩石的有效方法，但它们也为此付出了很大代价：有些品种甚至消耗多达60%的能量，以生产这些富含蛋白质的“粘液轨道”。为了节省能量，包括玉黍螺在内的很多粘液爬行者都会利用嗅觉寻找并利用其他腹足纲动物留下的新鲜轨道。

蛤、扇贝和其他双壳纲动物足部的最大功能并非滑行，而是用来曳行、进行各种跳跃和挖掘。在必要时候，鸟蛤会从壳内伸出足部推动身体前进，以躲避伤害。扇贝可以在开放水域中扇动双壳快速游动，但它们也会用足部在海床上挖洞，然后把自己埋起来。挖洞可以为软体动物开辟新的栖息地，就像学会游泳那样。

头足纲动物的足部已经经过高度进化。其中的一部分已演变成空心管道，可以用来吸纳海水，然后利用喷出海水时产生的冲力移动。在海边，某些头足纲动物的祖先把足部演变成了腕足，自己则成了最灵巧的软体动物（你可以根据腕足的数量来区分鱿鱼和章鱼：章鱼有八条腕足，每条腕足上都有吸盘；鱿鱼有十条腕足，其中有两条末端长着吸盘）。

毫无疑问，软体动物的足部如此进化都是为了适应生存环境。在这些变化中，发生了最独特进化的要数腹足纲动物，它们的足部可以帮助它们飞越海洋，例如海蝴蝶和海天使，它们可以说是告别了海底，把足部进化成小小的翅膀，从大海的这头飞到那头。

贝壳的1001种功能

如果把软体动物身体各部位放进一个器官筐里，然后让你挑选其中一个，那我们很可能会选择贝壳。事实证明，这种主要成分是碳酸钙的东西可以做成很多神奇的物品。

经过自然的选择和雕刻，软体动物的外壳已成为十分有用的工具。它们利用坚硬的外壳和柔软的外套膜来移动、进食、隐匿和战斗，甚至还有其他更多的意外惊喜。

我们先来说说外套膜。这种东西就像是覆盖在软体动物身上的斗篷，拥有多种用途，一般都很漂亮。有些软体动物可以用外套膜把自己伪装起来，彻底与环境融为一体，例如某些体形细长的黄宝螺，它们的外套膜是明亮的红色，上面覆满了小疙瘩，可以帮助它们在珊瑚丛中隐匿起来。无壳的裸鳃类动物体内藏有各种有毒化合物，它们那颜色鲜艳的外套膜仿佛在告诉其他动物："走开，这里没有吃的。"而捕食者也会识趣地避开它们。头足纲动物的外套膜最为复杂，例如乌贼和章鱼可以在眨眼间改变颜色，融入周围的环境，或者以此互相传递信息。

很多双壳纲动物把外套膜的一部分卷起来，形成一条名为"虹吸管"的空心管道，就像人们潜水时会用到的呼吸管。当软体动物藏身在泥沙中时，会把虹吸管伸到水里呼吸和觅食。女神蛤是一种原产于太平洋西北地区的巨型蛤蜊，它们拥有巨大的虹吸管，长度可达1米，这种虹吸管让它们得以在很深的淤泥里生活。同时，由于虹吸管太大而无法缩进贝壳里，所以只能像大象的鼻子那样一直露在外面。在中国，女神蛤的虹吸管被视为一道珍馐。

从外套膜伸出的另一条管道是可伸缩的吻部，上面分布着许多感觉细胞。食肉类和食腐类软体动物利用吻部寻找食物，继而展开捕猎行为（例如，芋螺会吐出它们的齿舌）。库珀衲螺（Cooper’s Nutmeg Snail）的吻部是体长的好几倍，生物学家一直都想搞清楚它们到底以何为食。从它们吻部的特征来看，显然那些食物并不是它们想靠得太近的东西；后来，斯克里普斯海洋研究所的科学家在圣地亚哥海岸潜水时找到了答案。当时，他们看到一只衲螺潜行到一条电鳐附近——电鳐是一种身体扁平的动物，和鲨鱼有亲缘关系，可以产生电流来捕捉猎物和震慑敌人，电击效果与汽车电池的相当。不过，那条电鳐没有发现衲螺，也没有发动攻击。相反，衲螺用长吻末端的锋利牙齿在电鳐腹部咬出一个小口，然后吸食其鲜血。这些衲螺堪称是软体动物世界里的吸血鬼。

外套膜也可以帮助某些软体动物移动。小飞象章鱼是烟灰蛸属章鱼的俗称，每当它们在深海中缓慢滑行时，都会不停地拍打一对巨大的“耳朵”，那其实就是舒展开来的外套膜。乌贼的外套膜也可以舒展开来，变成细长的鳍部的外围部分，就像是裙子的褶边，当这些头足纲动物在水中游动时，外套膜也会在柔和的海浪中微微摆动。

外套膜还可以分泌碳酸钙，形成坚硬的贝壳，这是双壳纲动物的第一道也是最重要的一道安全防线。同时，外套膜也是一个便携式家园。在所有软体动物中，双壳纲具有最好的保护壳；当它们那两块外壳紧紧闭合起来之后，外力是很难打开的，任何试图给牡蛎开壳的人都知道这一点。另外，腹足纲动物的贝壳往往有一个弱点，即供头部伸到外面的壳口。帽贝通过把贝壳紧紧地固定在岩石上来克服这个弱点，当天敌捕食者海星出现时，它们也会利用外壳作为防御，高高地站起来——通俗来说，就是像蘑菇一样突然冒起——然后用力向下踩住对方入侵的管足。大部分海螺都能把头部缩进贝壳里，因此，很多螺类进化出了一扇可与螺壳分开的门——口盖，把头缩进壳中后，螺可以关闭口盖以抵挡入侵者。对陆生螺而言，关闭口盖还能防止水分蒸发。

当软体动物离开水源，来到并适应陆地生活时，外套膜和口盖发挥了关键作用。在其外壳下的一个空腔就充当了储水箱，以助这些软体动物顺利渡过脱水时期；外套膜还承担了简单的肺功能，可以从空气中吸取氧气。在安全的贝壳里，软体动物有条不紊地进行着各种活动，包括受精和抚育后代。很多螺类会在卵受精后一直守护在旁，等待幼螺成功孵化并从贝壳中爬出。

很多软体动物不只把贝壳当作家园，还会将其当成刺穿同类或猎物外壳的武器。例如，当蛤蜊把双壳打开时，峨螺会趁机将自己螺旋状贝壳的尖端卡在间隙之间，以阻止蛤蜊关闭双壳。接着，峨螺就可以慢慢吸出蛤蜊柔软的内脏了。大法螺也会把坚硬的贝壳当作攻城槌，以敲碎其他软体动物的外壳，进入其体内。还有些腹足纲动物俨然成了给牡蛎开壳的专家：它们会从壳中伸出一个刺状物，以撬开那些不幸者的外壳。

贝壳还能帮助软体动物移动。鹦鹉螺利用贝壳把自己悬浮在水中——它们的贝壳被分隔成许多充满气体的独立腔室以增加浮力，让鹦鹉螺得以在水中轻松地悬停，从而节省体力。乌贼也有类似的行为，不过它们的贝壳长在体内而非体外。人们常常能在海滩看到被海水冲上来的乌贼骨，海鸟和海螺都很喜欢啃咬这种东西；但实际上，乌贼骨并非真正的骨头，而是乌贼的贝壳。这种贝壳很轻，呈海绵状，里面充满气囊。

喜欢穴居的软体动物则常把贝壳当作挖掘机器，其中最著名的要数船蛆。这种动物外表很像蠕虫，但其身体一端有一对明显的外壳，这证明它们其实是一种蛤蜊。成群结队的船蛆用外壳把木质结构的船体钻出孔洞，甚至能让整支舰队沉没；码头通常也深受其害，变得摇摇欲坠。

有些软体动物则把贝壳当成温室。心鸟蛤是一种小型软体动物，粉色，呈心形，人们常常可以在珊瑚礁附近的海底发现它们。像其他双壳纲一样，心鸟蛤从海水中滤食。另外，它们的身体内部也可以产生食物。原来，大批被称为虫黄藻（zooxanthellae）的微生物寄生在心鸟蛤体内，这些藻类可以进行光合作用，从而制造出糖分，供心鸟蛤享用。为了回报这些微生物，心鸟蛤为它们提供安全的居所和充足的光照——它的外壳小而透明，可以容许阳光透射进来。

贝壳的功能可谓五花八门，其中最令人惊讶的例子来自生活在澳大利亚和新西兰海岸的海螺。白天，这些海螺看上去像是些不起眼的黄色小贝壳，但夜幕降临之后，如果你轻轻戳戳它，它就会发出一种幽绿色的光。这些明亮的光是从海螺身上的两个小点发出的，贝壳则在其中起到扩散作用。所以，乍看起来，你会觉得整个贝壳都在发光。为什么它们要发出光来呢？人们认为，海螺此举可能是为了震慑入侵者，让它们要么立刻逃走，要么引起其猎食者的注意，从而让入侵者也成为猎物。本质上，贝壳发光是在拉响报警器。

挖掘机、光源、悬浮腔室、攻城槌、钻孔机……贝壳的功能五花八门，各有所长，它们帮助软体动物适应各种不同的环境，让它们的生活变得多姿多彩、奇妙无穷。软体动物的贝壳形状和大小各不相同，但它们的形成都遵循一套相同的基本规律，那就是它们看起来都是螺旋状的。

第 2 章

如何制造贝壳

How to Build a Shell

自马来西亚半岛的西海岸起，内陆地区最遥远的通航点是坚打河（Kinta River）。该河流的堤岸之上矗立着怡保市（Ipoh）一座历史悠久的煤矿小镇。小镇熙攘繁华，其中分布着中国式店屋、白人殖民者的市政府、火车站，而这些形形色色的建筑后面是一片由七十多座石灰岩山丘组成的连绵山峦，其上覆盖着茂密的森林。群山的顶峰耸立着一些佛教庙宇，每当游客踏上通往庙宇的阶梯，又或者走进山峦之下的洞穴，他们会发现自己被生物界的宝藏所包围，其中有些堪称是世界上最奇怪、最小的贝壳。

怡保地区的石灰岩山丘属于喀斯特地貌，这种地质形态在东南亚地区随处可见，例如越南北部、柬埔寨、泰国、菲律宾、印度尼西亚等地；它们犹如自海面耸然而起的观光海岛，散布在雨林地带内。这些石灰岩山丘基本上都是由古老的海洋生物的遗骸堆积而成，其中包括珊瑚和贝壳。自数百万年前起，海洋生物的碳酸钙骨架就不断堆积、隆起，然后被风雨日夜侵蚀，形成参差不齐的骨架堆，其中蕴含了无数巨大的洞穴。后来，地下河流穿洞而过。

这些石灰岩洞穴中栖息着许多非同寻常的动物：洞中不时有凹脸蝠（Bumblebee Bat）飞过，那是世界上最小的哺乳动物；在地下，盲鱼在隐秘的地底游出，继而钻进岩石之间；成堆的蝙蝠粪中生活着许多甲壳虫和马陆，它们在此交配、繁殖；崎岖的山顶上，成群结队的叶猴在玩耍、跳跃，其中包括稀有物种德拉库尔乌叶猴（Delacour's Langur），它们身上长着黑白两色的毛，十分引人注目（在越南，人们称其为 vooc mong trang，意为“穿着白裤子的叶猴”）。白垩土简直是软体动物的避难所，这种泥土富含碳酸钙，正是软体动物制造贝壳的基本原料。

在马来西亚，一座石灰岩山丘中可能生活着40至60种小螺，这些螺体长约1毫米，外壳都十分华丽；而且每座山可能都有两三个独一无二的品种。除了螺，这里还有很多地方特有物种，例如地球其他地方罕见的壁虎、蜥蜴、兰花、秋海棠和蜘蛛。就像海洋中的岛屿一样，露出地面的石灰岩山丘也是一种相对孤立的栖息地，因为这里已经进化出了许多全新的特殊物种。

鲁本·克莱门茨（Reuben Clements）是一名生物学家，他在石灰岩山丘中采集蜗牛时发现了一只独特的蜗牛壳。为了找到更多这种蜗牛壳，他铲了几把土放入装了水的桶中，接着蜗牛壳就会浮出水面。不过，有很长一段时间，他都找不到活体蜗牛，只能找到一些刚死去不久的。把这些蜗牛壳放在显微镜下观察，会发现它们的体形十分奇怪，看上去就像是真空吸尘器的发皱软管，在地上乱缠在一起，末端则像一个小小喇叭一样伸展开。总之，这些蜗牛壳就是以这样或那样的方式扭曲、旋转，似乎不知道该以哪种方式生长。

几年后，克莱门茨的同事刘福生（Thor-Seng Liew，音译）终于找到了这种小蜗牛的活体样本，并将其作为博士学习期间的研究主题。他试图找出一套理论，以解释它们为什么会那么奇怪地缠绕在一起。刘认为，这些蜗牛的体形之所以如此奇怪，是因为它们想尽量避免被肉食性蛞蝓吃掉。当蜗牛缩进壳中之后，蛞蝓若想吃到晚餐，就必须通过一根迂回、曲折的管道，但它们的吻部根本不可能做到这一点。

与此同时，克莱门茨和其他石灰岩研究者一直在努力保护这些特别的蜗牛栖息地。由于这些栖息地都是石灰岩山丘，在农业或商业方面并无太多耕耘价值，因此都或多或少地被人忽略了很长一段时间。然而，现在水泥公司正试图将这些山丘夷为平地。这意味着许多生物将失去它们的避难所，但几乎没人意识到这一点。此事一旦成真，科学家预测将有数百种物种面临灭绝，而且大部分都是人们从未发现过的新物种。

相比于克莱门茨和刘在马来西亚发现的奇怪蜗牛，大部分软体动物的贝壳的产生方式都相对稳定，而且还能被预测到。几个世纪以来，许多伟大的科学家一直在研究贝壳表面的精致纹路和图案，试图弄清楚到底是什么在控制它们长成如今模样。就目前而言，他们已经知道贝壳的功能，以及它们不会长成什么形状。他们表示，如果能找出绘制贝壳的方法并模仿大自然千百年来的行为，那他们不仅能够了解贝壳是如何打造精致家园的，还能一窥美的起源。因此，一代又一代的数学家、艺术家、生物学家和古生物学家都在努力寻求答案。最后，他们发现答案是意外的简洁：生产并装饰一个精致的贝壳，只需遵循少数几个规则。

在所有贝壳的形状中，最简单同时也是最受欢迎的就是鹦鹉螺的螺旋形态。把这些海洋流浪者的空贝壳从壳尖到壳口平均切成两半，它们内部那弯曲的结构便显露出来了。沿着鹦鹉螺外壳的边缘，你会发现它们是以一种特别的方式向内旋转。这种曲线是自然界中最早以数学公式来解释的形状之一。

17世纪，法国哲学家勒内·笛卡尔提出了一个简单的数学公式。根据这条公式计算出的数据，人们可以绘制出一种被称为“等角螺线”的形状。在阿基米德螺线中，连续两个螺纹之间的距离都是相同的，但等角螺线则像一条一圈圈盘绕起来的蛇，所有连续两个螺纹之间的距离都比上一组大得多。等角螺线变得越大，它们就会越舒展成喇叭状，就像鹦鹉螺的贝壳那样。

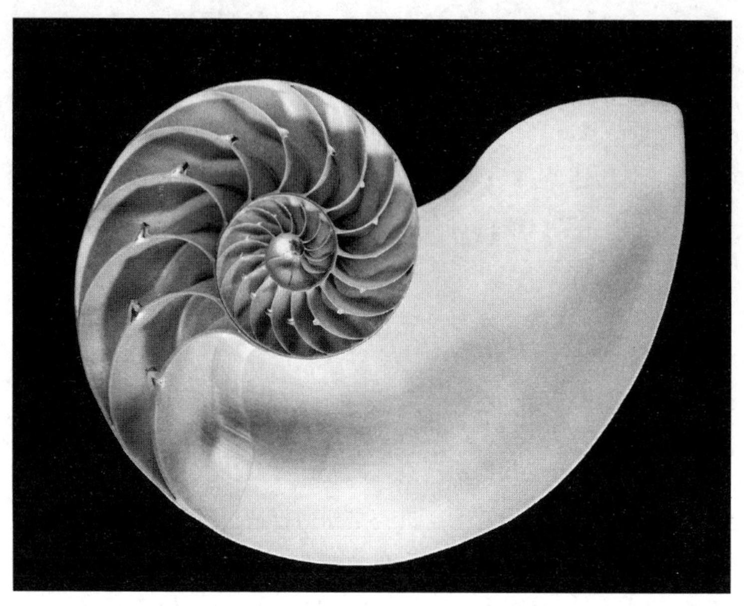

一只被切开的鹦鹉螺贝壳，呈现出了明显的等角螺线。

1838年，数学家亨利·莫塞莱（Henry Moseley）首次指出很多螺旋状贝壳的内部都隐藏着等角螺线。给切开的鹦鹉螺拍一张照片，然后覆在一个等角螺线的轮廓之上，只要找好角度，你会发现它们能很好地重叠在一起。

这种类型的螺线遍布自然界各个角落，例如向日葵的花序，漩涡星系，会带来雷暴雨的热带气旋风眼区，以及飞蛾冲向烛光的飞行轨迹。这些螺线或许看起来不同，但它们有一个共同点：螺距都在以同一个比例增大。也就是说，每次螺旋围绕原点旋转时，连续两个螺纹之间的螺距会以几何级数递增。这意味着无论螺线变得多大，它的整体形状都不会发生改变——这是制造贝壳的关键规则之一。

软体动物制造贝壳的方法让人想起古人盘制陶器的过程。数千年来，世界各地的人们把泥土搓成长条状，然后再一圈圈卷起堆积成简单的陶罐。软体动物也以差不多的方式制作出一条中空管，这就是它们的贝壳，外套膜只会在中空管尾端开口处（即壳口）分泌物质，形成新一圈贝壳。为了制造贝壳，它们必须先分泌一种蛋白质骨架，然后用文石或方解石（有时候两种都用，这些东西的主要成分都是碳酸钙，但方解石的结构更稳定）对骨架进行填充、加固。贝壳的主要成分是碳酸根离子，软体动物从海水或食物中吸收碳酸根离子，然后将其挤到外套膜与贝壳之间的沟壑里。

最后，软体动物还会往其中添加一层珍珠母，以形成一层可保护柔软躯体的光滑层。这根合成管道一层层地形成，壳口会变得越来越宽，最后整根复合管成了一个圆锥体。软体动物卷着这个圆锥体一圈又一圈地滚动，于是，贝壳的横截面就形成了一道等角螺线。

必须说明一下的是，软体动物并非数学家，它们完全不知道自己的房子隐藏着优雅的运算。这些规律的图案样式仅仅是从它们的生长方式中自然显现的。你可以用一管牙膏来模拟贝壳的制造过程。尽管根据你的实际情况，这一模拟版本的开口可以做得更大，以至于最终得到的会是一个不断扩大的清新薄荷味的圆锥体。在平面上挤出一圈牙膏体，就会出现一个形似贝壳的螺旋；当然，牙膏是固态的，但软体动物的螺壳则是中空的。根据挤牙膏的力度和手离开牙膏管体中心的速度，你可以制作出不同类型的“牙膏贝壳”，既可以是紧紧地卷曲在一起的，也可以做成容易膨胀的类型，它们会突然转向，然后迅速变得巨大无比。不过，光是把牙膏挤在平面上会限制“牙膏版贝壳”的类型，因为贝壳通常不是扁平的，相反，大多数贝壳都是三维立体的。

达西·温特沃思·汤普森爵士（Sir D'ArcyWentworth Thompson）是苏格兰圣安德鲁斯大学的教授，他在开始致力于思考研究三维贝壳这一概念后，于《生长和形态》（*On Growth and Form*）一书中写道："问题不属于平面，而是属于立体几何的范畴。""一战"期间，汤普森写成了这本多达上千页的著作，专门阐述如何通过算术来解释大自然各种物体的形状，例如某些动物的角、蜂巢、鸟喙、鸟爪，甚至是海豚的牙齿、溅起的水滴等。汤普森将众多前辈有关贝壳的几何理论都汇集起来，其中包括克里斯托弗·雷恩爵士（Sir Christoer Wren）的，后者沉迷于贝壳体现的建筑学美感。不过，在早期的贝壳研究中，有部分人反对等角螺线的观点，认为这样的公式过于简单了，但汤普森强调了这些研究的重要性，并举出大量例子证明贝壳可以与这一延伸曲线很好地契合。接下来，他开始寻找一种能绘制精确的三维模型贝壳的方法。他坚持认为，螺旋状贝壳都遵循一套严格的数学规律，因为无数事实都显示：幼螺与成年螺的轮廓是一模一样的，只不过尺寸稍小而已。

软体动物一生只制造一次贝壳，然后终生居住在这只壳中，但其他具有坚硬外骨骼的生物则有所不同。以螃蟹、龙虾及其甲壳类亲戚为例，它们会定期褪去外壳（即外骨骼），然后长出一个尺寸更大的外壳，这个新壳有时会与之前的大不相同。乌龟通过改变体内肋骨和骨盆的骨头来制造贝壳。软体动物则在体外制造贝壳，用来紧紧地包裹住柔软的身躯，它们是地球上少数携带着自幼就有的保护壳四处游荡的动物之一；拿起一只贝壳，你看到的尖端或者最里面的部分就是它们幼年时期的壳。随着时间的推移，外壳会慢慢扩大，为居住在里面的软体动物提供更多空间。

汤普森将螺贝的生长进行了可视化：一个二维形态的螺贝围绕着一根中心轴，在三维的空间中旋转；试想一下：将缝衣针插入螺旋状贝壳的壳尖，然后一直贯穿到壳口，让贝壳像一个陀螺那样转动，这时，针就成了那根中心轴。上文提及的挤牙膏实验，因为牙膏始终保持在同一平面，因此并没充分用到这根中心轴。如果牙膏从管子里出来后直接凝固，那将会发生什么？现在你可以沿着垂直于地面的中心轴，让螺旋向下坠，最后你将创造出一个三维的螺旋壳。

产生这个想法后，汤普森用纸和笔（而非速凝牙膏），基于四条规律设计了一个制壳模型，这四条规律分别是：

> 第一，螺旋的横截面轮廓必须始终一致，但螺纹之间的宽度可随着时间推移而增大（换句话说，在任何位置切开不断扩大的牙膏圆锥体，都将看到相同的轮廓）；
>
> 第二，壳的曲线以固定曲率（使其为对数）从原点向外扩展；
>
> 第三，连续螺纹之间的重叠部分的数量保持相同；
>
> 第四，也是最难具象化的，旋转螺纹与中心轴间的角度保持不变。

汤普森认为，制造任何螺旋状贝壳都必须遵循这四条规律。40年后，另一位科学家提出了一个问题：为什么所有贝壳的形状都是这样的呢？他试图将汤普森的理论模型制作出来，并创建了一个独一无二的贝壳收藏馆。

贝壳想象博物馆

站在一个大房间的角落，你看着面前的白色墙壁向远处延伸，同时也在不断向上攀升，仿佛要消失在云端。你第一眼就能看到这个又大又深的房间里悬挂着数千只玻璃灯泡，它们整齐地排成一排排一列列，悬挂在自地板而起到头顶上方的巨大空间里。你再走近点仔细看，会发现它们其实不是电灯泡，而是复杂的贝壳模型。

尽管这些贝壳外表看似玻璃，但实际上相当坚硬。所以你可以放心地推开它们，然后在中间穿行，根本不需要担心它们会碎裂。然后，你会发现这些贝壳彼此之间存在细微差别。你抬头往上看，会发现越往上贝壳就变得越矮胖。你继续往前走，与视线齐平处的贝壳会逐渐拉平，而不再是一圈圈地向上盘旋，直到变得像蛤蜊那样扁平。在这个收藏了所有可能存在的贝壳的博物馆里漫步，你将会看到一些平时可见的贝壳，也会看到一些不太熟悉的。

这个贝壳想象博物馆的创建者是美国马里兰州约翰·霍普金斯大学的古生物学家戴维·劳普（David Raup）。1960年代，他在汤普森的制壳模型基础上进行了一系列调整，提出了新的四条制壳规律。

首先，劳普定义了贝壳开口向外打开的速率，也就是螺纹扩张率，以 W 表示。与更扁平并张开的贝壳相比，紧密卷曲盘旋的贝壳的 W 数值更低。蛤蜊和其他双壳纲的螺纹扩张率很大，这使它们有机会在卷成更多层前立刻展开。双壳纲动物的贝壳或许看起来扁平，但实际上它们仍然是呈螺旋形上升的。

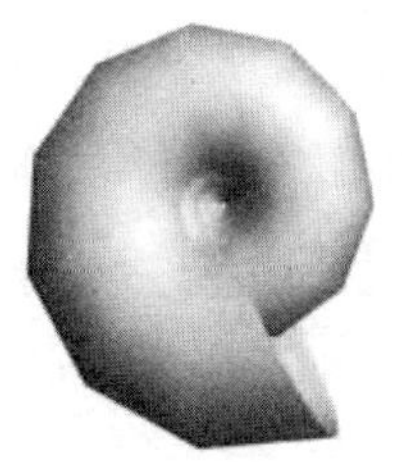
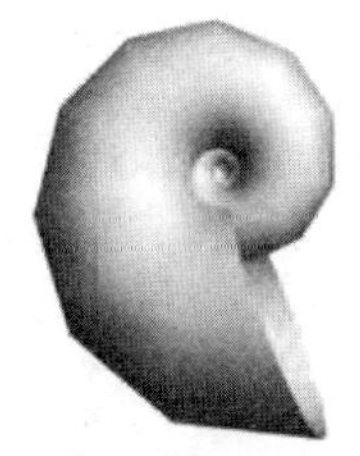
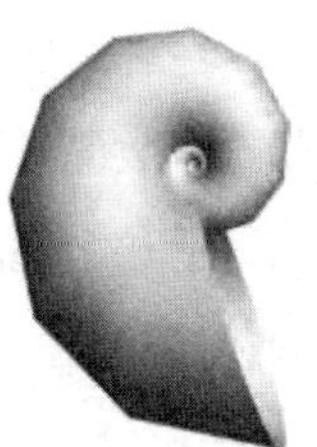

W 值：螺纹扩张率（数值越大，越像蛤蜊）

接下来是 T（转化率），这个因素的大小决定了螺壳从壳口到壳尖的长度。[①] 从螺壳的壳尖开始，螺旋围绕着中心轴不停地盘旋向下。它旋转的次数越多，贝壳整体长度就越长，T 值也就越大。

劳普保留了汤普森的四条规律中的一条。他承认，在现实世界里，一个成长中的贝壳圆锥体的横截面会发生变化，但为了看起来更简单明了，劳普把横截面的形状固定为圆形。他认为，随着贝壳的生长，圆形也会变大，但其整体轮廓始终不变。

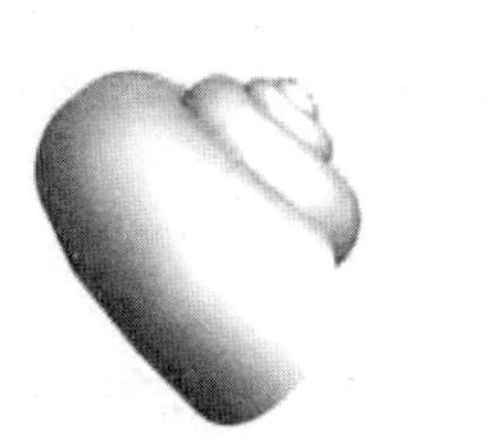
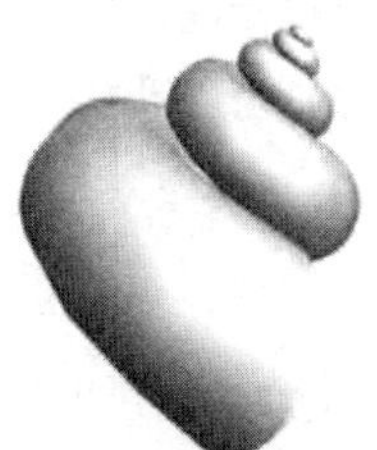
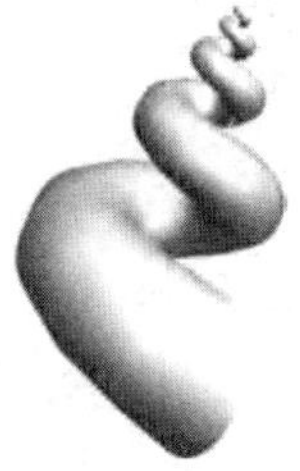

T 值：转化率（数值越大，贝壳从壳尖到壳口的长度越长）

① T 代表转化（translation），意思是螺纹沿着其中心轴生长了多少，但它也可以简单地理解为高度（tall）。

劳普的制壳模型最后一部分是从螺纹到中心轴的距离D。调整这个数值会形成两种不同形态的贝壳：一种比较瘦长，形似蠕虫，螺纹之间的间隔较大；另一种比较圆润，螺纹相互接触，有的还会糅合在一起。

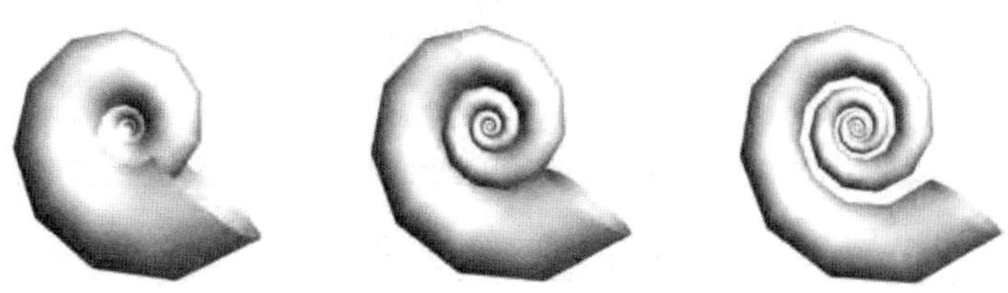

T值：转化率（数值越大，贝壳从壳尖到壳口的长度越长）

为了以新规律来绘制贝壳的形状，劳普做了一件在当时学界看来非同寻常的事。他找到并使用了当时运行最快的电脑——IBM公司的7090，因而节约了很多时间。大型机7090是当时最先进的科学计算机，专门用来设计导弹、核反应器和超音速飞机，劳普借用来绘制贝壳的形状。他在计算机中输入一些T、W和D的组合数值，通过编制好的程序，在x-y数控绘图仪上绘制出了相应的贝壳。计算机输出的是一些点，这些相连的点描绘出贝壳横截面的轮廓；艺术家再由此轮廓做出三维的模型。1962年，劳普在《科学》杂志上发表论文，其中首次出现了这些绘制图片。不过，那个时候用计算机来绘制这些点耗时甚长，且费用不菲。因此，劳普的研究深受当时的科技所局限。

接着，劳普和电气工程师阿诺德·迈克尔逊（Arnold Michelson）合作，用上了费用较低的模拟计算机PACE TR−10，这种计算机是最早使用的巨型台式计算机之一，使用者必须把它放在一张相当大的桌子上。他们从劳普的贝壳模型中挑选出一系列广泛的T、W和D的组合值，将其输入电脑中，同时连上一台可以追踪贝壳形状的示波器。于是，电脑屏幕上出现了一个个飞闪而过的圆圈。劳普回放视频，仔细观察这些圆圈。

呈现在他们眼前的结果很惊人：那些贝壳看起来就像成千上万条细小的X射线。PACE TR−10几乎模拟出了所有贝壳的形态，从鹦鹉螺到其他各种螺旋状贝壳，甚至还有扁平的蛤蜊壳和扇贝壳。他们的结果如此惊人，以至于其中一个模拟出来的贝壳模型图被选为《科学》杂志的封面图。劳普和迈克尔逊已经证明了，仅一套简单的规则，就能显现现实中的贝壳所蕴含的巨大复杂性，而他们想象中的贝壳藏品则更为甚之。等到他们获悉所有可能存在的贝壳的形状后，劳普开始将注意力转向下一个更重要的问题：在这些电脑模拟出来的贝壳中，有哪些未来会出现在现实世界里？

让我们重新回到那个满载玻璃贝壳的想象博物馆中。现在，我们已经知道这些贝壳是如何排列的了：靠着一面墙的那些形似蠕虫的瘦长型贝壳，随着D值从0到1不断增大，其体形会越发变得圆胖；而在另一个方向，随着T值从0到4不断增加，贝壳的体长越来越长；从天花板到地面，随着W值从1到100万不断变大，贝壳从蜗牛状逐渐变成蛤蜊状。劳普和迈克尔逊用PACE TR−10模拟出所有可能存在的贝壳的形状后，就用玻璃制作成了这些实体模型。

现在，博物馆中发生了一些变化。主光源调得昏暗，此时，房间中的部分贝壳开始发光，看起来就像灯泡，十分有趣。这些亮着的贝壳代表了现实世界中存在过的贝壳，包括如今存在的和已经灭绝了的。随着房间的黑暗被贝壳的光照亮，此时你可以轻易地发现，博物馆中的大部分玻璃贝壳都是不发光的。

我从玻璃贝壳中找出了真正存在的贝壳物种，劳普也在论文中阐明了这一点。他绘制了一张包括三个坐标轴（分别代表D、T、W）的图，并在那些存在真正的软体动物贝壳的部分打上阴影标记，包括腕足类动物，它们是软体动物的远亲，也拥有相似的外壳。接着，在将真实的边界引入他的想象贝壳博物馆后，劳普立刻意识到，他所模拟出来的贝壳中，只有一小部分已经在现实中进化出来，大部分区域似乎还在真实的界外。

他认为，想象贝壳博物馆内的一些空白区域被“坏”贝壳占据了，这些贝壳在现实中根本起不了作用。是它们的重量太重或太轻了吗？还是它们的某种缺陷让居住在内的软体动物无法免于外界的攻击？还有一个空白区域被存在“双重壳问题”的贝壳占据了——如果蛤蜊、贻贝和扇贝徐缓的螺纹重叠在一起了的话，它们的壳就会永久地紧闭；而唯一能让外壳打开的方法是，在原来的贝壳外再建造一个新的合叶，并随着软体动物的躯体慢慢长大保持其运转，但事实上双壳纲动物并不会这样做。

劳普认为，博物馆之所以还有其他仍然空着的区域，这仅仅是因为自然选择的进程还没进行到那。不过，劳普也认为，只要那些目前仅存在于理论中的贝壳是有益的，可以为软体动物带来好处，那么它们在将来肯定会进化出来。其他研究人员不同意这个观点。他们认为，想象贝壳博物馆内的空缺永远不会被填满，因为导致这些贝壳诞生所必需的基因突变没有出现，而且也可能永远都不会出现。他们认为，自然选择无法支配所有基因突变，并以此填满这个贝壳想象博物馆。人们仍在激烈地争论到底哪种论点正确。

继劳普的原始概念之后，世界各地的科学家又建立了许多其他生物的想象博物馆（现在，它们被专门称为“理论上的多维空间形态”[theoretical morphospaces]），比如甲虫博物馆、鱼类水族馆、海胆和浮游植物博物馆，甚至植物标本室、鸟类和翼龙的饲养舍。就像贝壳想象博物馆一样，这些想象空间中存在着种种或真实存在或想象虚构的动物，它们刺激生物学家去思考：自然界中到底哪种形式或形态的生物是有可能存在且为人们所欢迎的，又有哪些是不可能存在的，或者出于某种原因从来没出现过或永远不可能出现。

劳普的论文始终在强调他的模型并不完美，也并不适用于所有我们在现实世界中看到的生物。他承认，用一组数据来代表某种软体动物的整个生命周期过于简单粗暴；事实上自然界存在T、D、W值随时间推移而发生变化的软体动物，因此随着它们的长大，其在博物馆中的位置也会发生变化。另外，克莱门茨和刘发现的那些怪异小蜗牛证明了有些软体动物并不遵循这些规则。马来西亚石灰岩山丘中发现的那些小型蜗牛，就有一种是围绕4根中心轴作螺旋式上升的，而不是1根。

为了看起来更简单些，劳普把贝壳想象博物馆中很多现存贝壳的其他特征都省略了。例如，他将软体动物用来装饰贝壳的一些部位排除在外，例如棘刺、小节、肋骨和脊柱。

形状关乎生存

海尔特·弗尔迈伊（Geerat Vermeij）研究贝壳形状问题的时

间可能比任何人都长。他生长于荷兰，在海风轻拂的北海长滩上遇见了人生中第一只贝壳，那是一只“颜色暗沉的白垩质蛤蜊”。1955年，弗尔迈伊跟随家人搬到美国的多弗市，并在那经历了一些让他豁然开朗的事——他四年级时的老师科尔伯格夫人（Mrs Colberg）用许多贝壳装饰了教室的窗台，这些贝壳都是她在度假时从佛罗里达州南部的热带海岸收集来的。贝壳的外形都很好看，外表覆有棘刺和结节，样子一点都不像弗尔迈伊在欧洲时见过的那些。其中，那些黄宝螺和橄榄螺的贝壳都闪耀着光芒，仿佛被抛光过一样。一个来自菲律宾的同学“展示和讲解”他家乡的贝壳，弗尔迈伊发现那些贝壳更奇异、迷人。于是，他下定决心收集贝壳，并尽可能多地了解它们。

十几年后，弗尔迈伊从耶鲁大学取得了博士学位，并从1980年代起在加利福尼亚大学戴维斯分校担任古生物学教授。自那以后，他毕生的精力都倾注于了解贝壳是如何以及为什么会呈现出如此多的形状。他几乎踏遍了地球上的所有海岸和沙滩，并发表过超过一百篇论文，撰写过四部关于贝壳及其进化史的书籍。而最为奇特的是，海尔特·弗尔迈伊从三岁起就失明了。

在研究贝壳时，弗尔迈伊用他触觉灵敏的双手反复触摸贝壳，感受它们的复杂外形和一些容易让人忽略的细节。在《贝壳的自然史》（*A Natural History of Shells*）一书中，他描述了自己是如何通过双手感知来自不同地方、外形各异的贝壳的，也就是通过贝壳的外形来感知它们的生长环境。

他描述了自己在热带海岸与荷兰海滩上发现的两种贝壳的不同之处。对于初学者来说，他的描述再清晰不过。热带地区同一物种的不同个体，彼此之间的贝壳相差不大。它们都严格遵守同一潜规则，这一规则的形成可能是因为有太多捕食者和竞争对手存在。在物种丰富的热带水域中，弱小的软体动物很难在生存竞争中活下来，毕竟它们既不强壮，防御能力也有限。在更深更冷的水里，软体动物的生活就容易多了，因此它们对贝壳也就没那么高的要求。总的来说，热带地区以外的地方，软体动物的贝壳都做得相对粗糙。

弗尔迈伊在书中还写到了他生命中的另一个关键时刻，当时他脑海中产生了一个很棒的想法。1970年夏天，他在太平洋西部的关岛进行实地考察，同行的还有朋友卢修斯·G. 埃尔德雷奇（Lucius G. Eldredge）。有一天，他们在岛上向风一面的托格查（Togcha）海湾趁着落潮寻找贝壳。埃尔德雷奇递给弗尔迈伊一个壳尖已被切掉的黄宝螺，并随口说了句他经常看到水族箱中的螃蟹会把其他软体动物的贝壳切开。

在那之前，弗尔迈伊很少关注常在热带海滩上捡到贝壳碎片的事实。埃尔德雷奇说完之后，弗尔迈伊马上想到了捕食。他意识到热带地区的软体动物处境艰难，身边都生活着很多捕食者，后者都在极力打破、撕碎、剥开它们的贝壳，然后吞食它们的柔软躯体。他开始思考软体动物为了抵御外来攻击其贝壳会作出何种进化，并很快意识到为什么贝壳的形状如此重要。

软体动物想要避免被吃掉，最直接的方式就是制造一个厚重、庞大的外壳，但这样的外壳同时也是一个沉重负担。不过，它们还有一个更经济的方法，那就是让外壳布满棘刺和结节，从而增加猎食者处理和吞咽它们的难度。意识到这一点后，弗尔迈伊终于明白了为什么科尔伯格夫人在佛罗里达发现的贝壳以及许多热带地区的贝壳都有着精美的装饰。在拥挤的热带海域，软体动物要费尽心机才能活下来。因此，它们在生长的过程中会增加贝壳表面的“装饰物”：它们可以每隔一段时间就长一根棘刺出来，或者也可以生成一个棘刺密集得像豪猪刺一样的贝壳。以海菊蛤（Spondylus）为例：这是一种很不好惹的牡蛎，是勤劳的棘刺制造者，能以每天几毫米的速度长出新的或修复受损的棘刺。

弗尔迈伊还发现，许多热带海域的贝壳身上都有坚硬的褶皱和纹路，那就是天然的盔甲，不仅可以使身体保持轻便，还能有效防御外来攻击。把贝壳变厚和扩大壳口是软体动物阻止自己被捕食的另一方法，就像在马来西亚发现的那些长了喇叭状尾端的小蜗牛一样。

贝壳的形状也有助于软体动物藏匿身形。贝壳外表光滑的软体动物可以悄无声息地滑入水中，而不会发出让捕食者检测到它存在的信号；贝壳形状越符合流体动力学就越能快速逃跑。因此，我们便可以想象，劳普的想象贝壳博物馆中之所以始终缺乏部分真实的贝壳，就是因为那些想象贝壳的线条还不够流畅。

对于生活在沙质、泥泞地带的软体动物来说，贝壳的形状决定了它们是栖息在水体顶部还是底部。底上生物（Epifaunal）是栖息在海床表面的软体动物，它们的贝壳通常宽大、扁平，就像雪地靴一样。以耳萝卜螺（Big Ear Radix）为例：这是一种栖息在欧洲湖泊的腹足动物，一生都致力于扩大贝壳上的翼状下垂物，以防自己陷入淤泥中。底上生物采用的另一种策略被弗尔迈伊称为“冰山习性”（iceberg habit），这些动物并不是躺在海床表面上，而是允许自己稍微下沉进淤泥中，但又不是整个身体都被淹没。扇贝就是个典型案例，它们的下壳通常都微微下陷，轻轻地附着在淤泥里。

对那些喜欢在泥沙里挖洞并居住的底栖动物（Infaunal）而言，贝壳的形状也很重要。螺类和双壳纲动物中都有非常擅长挖洞的品种，它们以足为锹挖掘泥沙，可在一秒内将自己完全埋没。有些动物贝壳上还有微小的棘刺，以防止身体向后滑动；而另一些动物的贝壳上则有平滑的螺纹，这是为了确保泥沙无法粘在壳上增加负担。

穴居的软体动物都面临着被挖出来的风险。如果你赤脚站在被海浪拍打的沙滩上，可能会发现脚边的沙子都在被海水冲刷卷走。当海浪和水流撞上固体时会卷裹起沙粒，然后带往别处。为了应对泥沙会被卷走的问题，穴居型软体动物会在壳上形成脊和肋，以吸附沙粒并稳定四周的其他沉积物。挖洞的代表选手是塔状锥螺（Tower Shell），它们的贝壳看起来就像是小独角兽的角，壳上有精心雕刻过的螺纹，可以让它们固定在泥沙家园之中，减少被冲走的可能。

为什么大多数螺都是右旋的

让我们回到劳普的贝壳想象博物馆中，那里还有另一个让人费解的细节：所有螺旋状贝壳的螺纹都朝着同一个方向旋转。这些玻璃模型被线穿着悬浮在半空，它们的螺尖朝下，壳口皆向右打开；换句话说，也就是你从螺顶向下看，会看到它们都沿着顺时针方向旋转。对劳普来说，制作出能填满想象博物馆那么多的、朝另一个方向旋转的贝壳，或者建两个互为镜像的大房间，是很简单的事。但他没有这样做，理由很充分。

仔细观察任何一只螺旋状贝壳，不管是放在书柜上的海螺，还是从自家花园或公园捡到的蜗牛，它们的贝壳几乎都是向右旋转的。也有少数种类的壳是向左旋转的，但目前自然界仍然是向右旋转的多。[①] 今天，十个螺旋状贝壳中有九个是右旋的，而人类中右撇子的比例也达到90%。

贝壳收藏家热衷于收集罕见的左旋贝壳标本，以至于多年来假冒左旋贝壳的黑暗交易一直很猖獗。人们给一些右旋壳的软体动物做“整形手术”，将壳体其中一些部位切断，再粘合上另一些部位，做成左旋贝壳的假象，但如果通过X射线查看，会发现它们的内部其实还是右旋的。不过，一些真正的左旋壳也会被冒充成更特别的东西。印度教徒和佛教徒都要在神圣的海螺号下进行祈祷，这种号角在梵文中被称为“shankh”，由一种产自印度洋的大型腹足动物的贝壳制作而成，英国人称其为“犬齿螺”(chank shell)，其壳通常都是右旋的。左旋标本十分罕见，因而更受人们的青睐和尊重，不同地区的人们称其为dakshinavartishankh或sri lakshmi shankh。信奉者认为它们的逆时针螺旋反映了星星和太阳穿过天空的轨道，并象征了佛陀的卷发和弯曲的肚脐。无良商人常常用左旋香螺来冒充sri lakshmi shankh贝壳，这是一种完全不一样的物种，大多数生长在墨西哥湾，是较为常见的左旋螺。

著名画家伦勃朗曾创作过一幅著名的左旋贝壳作品。他画了一只大理石芋螺 (Marbled Cone Snail)，像大多数的有毒芋螺一样，

① 将标本的螺塔顶朝上，螺壳口朝向观察者，如果螺的开口位于右侧，则螺旋方向为右旋，反之则为左旋。——编者注

一般情况下，这种芋螺都是右旋的。艺术史学家推测伦勃朗画画时可能没犯错，正如许多早期的贝壳插画家一样。由于艺术家没有意识到旋转方向的重要性，他们会像往常一样将他们见到的画作蚀刻在金属板上；经过这样一道印刷程序，贝壳会发生翻转。在伦勃朗的这个例子里，大多数人认为他是出于美学原因而故意把右旋贝壳画成左旋的，因为这样似乎更好看。令人高兴的是，其他艺术家直接和忠实地复制了伦勃朗的作品，而没想到要去翻转蚀刻画板，所以这些贝壳在印刷时就被恢复到了正确的右旋方向。

在自然界中，右旋的物种众多，左旋的罕见，如此必然导致一个无法避免的事实：右旋螺和左旋螺的生殖器是不匹配的，所以它们难以进行交配。对它们而言，不仅壳的旋转方向不一致，身体的其余部分也是不对称的。生活在海洋中的雌螺身体一侧有生殖孔，雄螺会通过阴茎向里面射入精子（大多数腹足动物都有单一的性别）。陆生螺通常是雌雄同体，每只都拥有雌雄两套生殖系统，但它们也需要寻找配偶，然后在交配过程中轮流扮演雄性和雌性的角色。螺喜欢面对面进行交配，因此只有雌螺和雄螺都是左旋螺或右旋螺时，它们的殖孔和阴茎才能够顺利结合，有点像两个人握手时，双方必须都伸出同一只手才能握上一样。左旋物种和右旋物种彼此间互为镜像。俗名为“亚洲流浪者”的左旋巴蜗牛，其螺旋形阴茎也是向左旋转的，而它们的圆形交配舞的编排也是颠倒过来的。关于左旋螺和右旋螺如何“幽会”的问题，每个人都很疑惑，因为它们的一切都不匹配。

为了了解旋向给软体动物交配造成的困扰，研究者将许多对旋向不一样的蜗牛分别放进舒适的容器内。罗马蜗牛（Roman Snail）在法国被称为“食用蜗牛”(escargot)，在英国受到高度保护，这种蜗牛经常被用于进行性研究，因为它们大多数是右旋的，但偶尔也会出现左旋的。不管这些左旋或右旋的蜗牛感受如何，总之容器里从来没有出现过小蜗牛的踪影。

有些螺采取了另一种交配姿势：雄螺从后面爬到雌螺的壳上。实验数据证明，对旋向不一致的两只蜗牛来说，爬壳交配这种方式虽然不是特别成功，但总比面对面交配要稍好些。尽管如此，左旋螺与右旋螺交配产生的后代仍然比同旋向螺交配产生的后代要少得多。整个世界都是右旋螺占多数，因此左旋螺是很孤独的，主要是关乎机会问题。

不管是左旋物种还是右旋物种，罕见者总是比常见者更难找到相匹配的伴侣，因此无法成功传递基因，最终会推动族群朝着主导性的旋向发展。至于为什么如今自然界中右旋物种占多数，是碰巧当时右旋物种较多因而获得了更多的交配机会吗？可能并非如此。化石记录显示这种潮流可能发生过改变，但人们至今不清楚原因所在。在《贝壳的自然史》中，弗尔迈伊描述了八九种古代的头足纲动物在漫长时间里逐渐演化出左旋或右旋的贝壳，但没说明它们更倾向于哪种旋向。

人们很容易将腹足动物贝壳的螺旋与这样一个事实联系起来：在幼年时，它们柔软的身体曾经历一次重大的扭转。这个扭转过程是腹足动物所特有的，它们的主要器官都会旋转180度，左旋动物作顺时针旋转，右旋动物作逆时针旋转，有些动物的肛门旋转到了头部上方的位置。身体的扭转是由基因决定的，而贝壳的扭转也由另一个不同的基因决定。这个古老基因被称为“节点（nodal）基因”，至今仍控制着包括人类在内的很多动物的不对称性性状；例如决定人类的心脏在左边的基因，与决定螺类扭转方向的基因就是同一种。

从化石记录来看，腹足纲动物中有许多种类的贝壳会随着时间的推移而解旋，就像帽贝那样，如今它们的贝壳看起来就像是圆锥状的斗笠。在软体动物中，至少有一个族群的贝壳已经解旋，但其一亿年后的后裔又重新把贝壳盘绕起来，恰好与其祖先相反。这些变化就是决定物种旋转的基因发生了突变而导致的。

考虑到在遗传过程中，节点基因只要出现小小的突变就可能导致螺类从右旋变为左旋，这就出现了一种很有意思的可能：这种螺可能会马上进化出一个全新物种。贝壳旋向不一致的物种彼此之间很难交配，也就是出现了某种隔离，由此导致族群数量锐减；随着时间的推移，最终左旋螺和右旋螺之间再也无法交配，完成了真正的生殖隔离。不过，在地球的某些地方，罕见的左旋壳物种也可能拥有一些特别优势。

萨摩蜗牛（Satsuma Snail）生活在日本南部的琉球群岛，它们中的大多数贝壳都是左旋的。群岛上还有一种专门以萨摩蜗牛为食的蛇类。京都大学研究蜗牛的学者细将贵（Masaki Hoso）对萨摩蜗牛进行了长时间的研究，专门观察蛇是如何捕食萨摩蜗牛的。他发现，蛇会悄悄靠近蜗牛，然后迅速发起攻击。这种蛇的嘴巴很特殊，可以用上颌抓住蜗牛壳，同时牙齿穿过孔隙直接刺进蜗牛体内，不过这招只对右旋蜗牛有用。当它们以同样方法捕食左旋蜗牛时，就会遭遇失败，只能任由蜗牛安然离开。因此，这些蛇可说是右旋萨摩蜗牛的巨大威胁，当年轻的右旋蜗牛遭到攻击时，它们会自行截肢，以争取脱逃机会；壁虎也会做类似的事情，它们放弃自己的尾巴以迷惑捕食者，然后趁机逃跑。不过，细将贵从没见过左旋蜗牛采用这种危险的方法逃跑，在面对蛇的时候，它们往往都十分镇定。

通过绘制萨摩蜗牛和蛇的分布图，细将贵发现左旋蜗牛只分布在这些可怕捕食者的附近。由此看来，似乎是因为蛇只能捕食右旋蜗牛，所以左旋蜗牛可以幸存，因此数量逐渐超过右旋蜗牛，最后获得大量繁殖机会，从而成为岛屿上的主导性力量。当然，最后蛇肯定也会进化成“左撇子”，只是需要一点时间而已。

贝壳图案如何形成

在制造贝壳的过程中，最后的装饰环节是最能体现软体动物创造力的部分。除了打造结构复杂的贝壳，软体动物还会给贝壳装饰上精美的花纹，而其他动物很少会给自己画上如此纷繁复杂的标记。你可以在它们的壳上看到斑点、条纹、波浪形、锯齿形线条和三角形，仿佛软体动物在壳上搞创作一般。

关于贝壳的图案，人们有两个困惑：首先，没人知道软体动物是用什么颜料来绘制贝壳的。到目前为止，人们只检测到了大量有机分子，例如卟啉类和多烯类。人们比较能确定的一种贝壳色素可能是类胡萝卜素，这是在黄宝螺贝壳的金线中找到的。

人们的第二个困惑是，贝壳的图案通常是看不见的。许多装饰华丽的双壳纲动物和腹足纲动物都隐藏在人们看不见的地方，例如沙子或泥土里。它们的贝壳外侧还长着一层主要成分为蛋白质的角质层，使它们看上去就像是长着水草的岩石。这些贝壳图案有什么用？为什么软体动物对它们的贝壳进行了如此隆重的打扮，却哪里也不去？

很长一段时间以来，生物学家都或多或少地轻视了贝壳图案的重要性。他们认为，既然软体动物从未向外界展示过它们那华丽的贝壳，那么其产生图案的过程也就不受自然选择的严苛力量所束缚，因此它们的存在本质上是中立的：在一个蕴含了各种可能出现的图案的艺廊中，它们被允许任意漫游其中，没有任何既定规则限定它们必须怎么做。

这种显然没有任何目的性的精致图案究竟是如何进化的，又为何会进化出来，这些问题乍一看确实匪夷所思，而且似乎也没什么用处，因而神创论者纷纷跑出来声明这些事情是上帝所为。但是，当科学家解开了这些图案形成的过程，一种无需扯到上帝的解释就出现了。

贝壳的图案花样繁多，而且十分复杂，因此想找到一种解释它们是如何形成的理论看起来似乎很愚蠢。然而，无论如何，研究人员仍然花了几十年时间来做这样的事。就像数学家和古生物学家开始描摹贝壳的形状一样，其他学科的研究者也开始钻研起贝壳图案背后的奥秘。

一般来说，他们会将这些图案看作一种二维的时空曲线图，有点像喷墨打印机打印出来的图片。打印机的喷嘴会沿着直线将墨喷洒到纸上，同样道理，软体动物外套膜的外层上皮也会分泌色素，侵染到正在生长的贝壳的外缘。就像纸通过喷墨打印机时会逐行形成图案一样，新形成的贝壳通过外套膜分泌的色素，其表面也会逐行形成图案，只是过程比打印图片慢得多。在打印好的图片上，当你用手指从图案的顶部滑到底部，或者在贝壳的图案上滑过，你就相当于在穿越时间，最先触摸到的部分是最旧的，越到下面越新。对于打印机而言，数字指令通过电缆或空气下达，以指示何时喷洒何种颜色的墨水；那指示软体动物勾画贝壳颜色的指令又是什么呢?

从一开始，人们在研究这个问题时就假定贝壳形成图案的过程与计算机编程的打印机不同，软体动物脑海中并没有携带完整图案，相反，软体动物可以根据一系列相对简单的规则，在外套膜边缘自然地形成图案。

1980年代，来自马克斯-普朗克研究所的汉斯·迈因哈特(Hans Meinhardt) 创造了一套计算机模型，模拟出了令人惊讶的贝壳图案。与戴维·劳普不同的是，迈因哈特没有试图模拟所有可能的贝壳图案，而是忙于试图再造现实中存在的贝壳图案。1987年，他发表了一篇论文，随后又在1995年出版的著作《海贝壳的算法之美》(*The Algorithmic Beauty of Sea Shells*) 中附上了一张他开发的MS-DOS 程序的光盘，让读者可以在电脑上自行装饰贝壳。

迈因哈特认为可能存在某种物质，它穿过软体动物的外套膜时会刺激细胞产生色素。这些物质可能是激素或某些其他形式的信使分子，但其实是什么并不重要，重要的是它们会造成什么影响。试想一下，喷墨打印机不是通过吸取墨盒中的彩色墨水来打印，而是以不同的方式产生一些无色物质，这些物质能够彼此相互反应，同时也能与纸张产生反应，从而显现色彩和图案。这些物质里的其中一种是可以刺激生产色素的激活剂，它还会刺激生物生产更多激活剂以及另一种作为抑制剂的物质。迈因哈特猜测，激活剂和抑制剂之间存在拮抗波，它们彼此追逐着穿过软体动物的外套膜边缘，刺激生长中的贝壳形成多彩图案。

迈因哈特模型的核心是两个微分方程，它们定义了激活剂和抑制剂分子如何移动和相互作用。通过调整这些方程，他可以模拟出自然界中真实存在的贝壳的基本图案，包括各种条纹、斑点和锯齿形线条。

当色素规律性地出现与消失时，与壳口平行的条纹也就产生了。首先，所有色素细胞都会因为受到刺激而产生一条有颜色的线；接着，色素细胞沉眠；紧接着再启动，再沉眠；如此往复循环，最后条形纹路就会在正在生长的贝壳上展开。而与壳口垂直的地方的条纹，一些色素细胞被永久地激活，而其他地方的色素细胞则永久沉眠。迈因哈特通过改变计算机模型中激活剂和抑制剂的相对速度，来模拟产生两种条纹。

斜条纹的形成过程有点像流行病在人群中的传播。一个包含激活剂的细胞可以感染邻近细胞，经过一段时间后，这个被感染的细胞又会继续感染下一个相邻细胞，以此类推。这在一系列细胞中产生了一种行波。当一对行波碰撞时，有趣的事情就发生了：它们可能会相互抵消，形成一个“V”字；又或者一道波消除另一道波，然后独自上路，形成一条单色的纹路；再或者，它们互相反弹，然后朝着彼此相反的方向继续前行，形成一个“X”字（虽然上一道波互相抵消了，但下一道波又会立即生成，并按原来的路径继续前行）。

一些行波在尾部与其他波接触时，会突然转向另一个方向，直到两道波突然停止行进，形成一个空心三角形。相互碰撞的行波可以加速或减速，产生斑点和泪滴形状。随后，人们对迈因哈特的方程进行了调整，推导出更复杂的模式，包括起起伏伏的波浪形，暗色背景下的空心三角形，以及谢尔宾斯基三角形（Sierpinski sieve）。这些形状和图案都曾在软体动物的贝壳上出现过。

然而，迈因哈特的构想有一个很大的问题：没有证据证明，软体动物的贝壳确实发生过这种事。没有人发现过哪怕是一种的扩散物质，也没有发现激活剂或抑制剂，因此他的推断正确与否无从证明。正如迈因哈特在他的书中所承认的：理论只能提供贝壳图案诞生的各种可能的机制。

在迈因哈特首次发表他的模型之时，另一个调查组也发表了一篇关于贝壳图案的论文，提供了另一种解释。匹兹堡大学学者巴德·厄门特劳特（Bard Ermentrout）、加州大学伯克利分校学者乔治·奥斯特（George Oster）以及加州大学洛杉矶分校学者约翰·坎贝尔（John Campbell）合作完成了一项研究，主张贝壳图案可能并不是由软体动物外套膜周围的无色物质所创造，而是通过神经信号的刺激产生。

1982年，坎贝尔提出软体动物外套膜上的色素细胞可能是受到了神经冲动的刺激，就像其他动物受神经冲动支配的分泌细胞一样。实际上，他们的模型与迈因哈特的十分相似。两者都模拟了被称为“伴随着侧抑制的局部激活”（LALI）的过程。1950年代，伟大的数学家艾伦·图灵（Alan Turing）展示了LALI是如何能和扩散分子共同工作，这个概念也是迈因哈特模型的理论基础。

最早从神经角度来解释实际现象的人可能是恩斯特·马赫（Ernst Mach），他在1865年用神经学来解释如今被称为“马赫带效应”（Mach bands）的光学视觉效应。在一张平整的纸张上，一排同一颜色、不同亮度的条纹会看似向内弯曲，这种现象的出现是因为眼睛后面的神经被条纹的边缘激活，并抑制邻近的神经，从而突出了两条条纹之间的分界处。与迈因哈特的扩散物质相似的是，神经信号也可以刺激或抑制色素的产生，它们可以一直发射，以产生行波和其他复杂图案。厄门特劳特及其团队提出了一种与扩散模型非常不同的机制，但也得到了相似的图案。

神经信号模型和扩散模型还有一个共同点，即厄门特劳特、奥斯特、坎贝尔也没法证明自己的模型是正确的。当时没人知道神经是否真的能控制软体动物产生装饰贝壳的色素。我和奥斯特曾在电话中聊起贝壳怎么形成图案，他告诉我：“那时候，这只是一个好想法，但没办法证实。”在他们最初的论文发表的20年后，厄门特劳特和奥斯特再次发表有关贝壳的相关论文。此时，他们比其他人更接近形成一个统一的理论，以解释软体动物如何形成贝壳图案，以及为什么要如此装饰。

造壳日志

如果你能窥探软体动物的思想，那你可能听不到什么深奥的东西，因为严格来说，软体动物没有大脑（除非你窥探的是一只章鱼，它们是最聪明的无脊椎动物）。然而，它们简单的神经系统却可以创造出复杂的装饰元素，这些元素会随着软体动物的生长而逐渐在贝壳上显现出来。最新的计算机模型重现了贝壳的图案，其中涉及一个有趣的想法：软体动物可以读懂自己的贝壳图案，它们就像是软体动物的日记。换句话说，即图案是软体动物烙在贝壳上的记忆。

制造贝壳是一项很费精力的工作，软体动物不仅要分泌壳体的原材料，还要把它们做成新贝壳。因为工程宏大，所以许多软体动物制造贝壳不是一个连续的工程，而是在有能量动工时，数次爆发式完成。由于制壳过程断断续续，因此它们必须按照原来的轨迹继续建造，否则它们的贝壳就会四散各处。在最近的新研究中，厄门特劳特和奥斯特提出了一个新观点，认为贝壳上的图案是软体动物在提醒自己上次是在哪里停下的。有了这些图案，它们就能把外套膜套在原来的轨道上，继续制作和雕刻它们的贝壳。如果这个观点是正确的，那将说明贝壳上的图案还是有用的。

在过去的几十年里，已经有越来越多的证据表明，软体动物制壳的过程受神经系统控制。人们通过电子显微镜可以看到软体动物的外套膜上布满了神经。如果你仔细观察，会发现软体动物的大脑里有很多神经密集地交汇在一起，它们被称为“神经节细胞”(神经节会在食道穿过的地方形成一个环，这意味着如果蜗牛吞咽食物，这些食物也会经过大脑)。神经刺激外套膜上的细胞分泌新的壳层，通过控制原材料的数量和方向，形成不同模样的外壳。外套膜中似乎也有能探测到形成贝壳图案的色素的感觉神经。因此，每次软体动物准备制作更多壳体时，它都是从舔舐贝壳边缘的外套膜开始的，因为这可以感知此前已形成的图案。与此同时，外套膜的神经也可以控制色素的产生。

基于这些想法，再参考1980年代修订过的制壳模型，厄门特劳特和奥斯特着手编写一个新的制壳程序，这一次他们得到了加州大学伯克利分校的研究生阿利斯泰尔·伯蒂格（Alistair Boettiger）的协助。新的制壳模型不仅可以生成很多复杂的二维图案，而且还能将它们融入到贝壳的三维模型之中。这也是第一次只用一个模型来重现软体动物如何制造和装饰贝壳的机制。

目前，人们还不知道软体动物的外套膜是否真的可以感受到贝壳上的颜色，这是研究软体动物制壳过程的一个重大挑战，因为这一过程耗时漫长。不过，软体动物修复受损贝壳的方式似乎能证明答案是肯定的。弗尔迈伊清楚地知道，自然界中充满危险，贝壳很容易受到攻击，例如被螃蟹夹到或被岩石砸到。如果软体动物能从灾难中生存下来，就会开始修复受损贝壳并继续生长。当软体动物的贝壳受损或缺失了某一块，其上的纹路就会乱套甚至停止生长，图案也会变得乱七八糟。不过，用不了多久，贝壳的图案就会恢复得像以前一样。这表明软体动物可以感知到贝壳的损伤并迅速进行修复。伯蒂格用电脑模拟软体动物在贝壳受损后作出的反应，也得出了相同的结果。

这是最新的贝壳造壳机制，不过它也有一些很严重的问题，倒不是说它完全没意义，只是从数学角度来理解就会有一些讲不通的地方。在同一机制下，初始条件的微小变化会导致形成完全不同的图案，即使是一点小小的噪音也能带来很大的不同。厄门特劳特和奥斯特认为这也许可以解释为何自然界中同一物种不同个体的贝壳图案会存在如此巨大的差异。这些图案并非完全一致，就像人类的指纹那样，每个贝壳的图案都是独特的，尽管整体看起来颇为相似。

2012年，厄门特劳特和奥斯特用神经模型来观察贝壳图案的进化机制。如果能证明图案随时间变化的方式不是随机的，那么他们的设想——图案是软体动物标记和读取贝壳信息的有效方式——将得到有力支持。他们组建了一支更大的团队，其成员主要是细胞生物学家和计算机科学家，包括来自加州大学伯克利分校的龚真强，他编写了一套更高级的计算机程序，可以重现19种拥有复杂贝壳图案的芋螺。基于现生物种的不同贝壳图案，这个团队绘制出系谱图，并用这一模型重建了芋螺的远古祖先可能出现的贝壳图案。他们追踪了贝壳图案是怎么随着时间推移发生变化，就像物种的分化和隔离那样。这一研究显示，贝壳图案上的某些元素能长期保持相对稳定，而另外一些则四处迅速转移。

为了检测这个模型的准确性，厄门特劳特团队又绘制了第二个系谱图，这次他们使用了芋螺的DNA序列。结果证明，基于DNA的系谱图和此前基于图案的系谱图之间的匹配程度相当惊人，这绝对不是偶然想象可以解释的。

这些结果都有力地支持了厄门特劳特和奥斯特的理论，贝壳上的图案并非无意义的装饰，而是软体动物制壳的重要标记，它们受到自然选择的影响，并且会随着时间的推移而进化。对软体动物来说，只要它能知道如何正确地安放外套膜并分泌出更多壳体物质，那最后图案变成何种模样可能并不重要。

毫无疑问，这些新模型让我们进一步了解到软体动物是如何以及为何装饰贝壳的。同时，这一领域的研究也由此打开了一个新的窗口，并将对更广泛的科学领域产生深远影响。软体动物可能将某种信息雕刻在贝壳上，以帮助它们回忆起过去并作出正确决策，这给了神经系统学家一些重要的启发：这些复杂的神经系统到底是如何工作的。带着这种思考，厄门特劳特和奥斯特开始把研究对象从腹足纲和双壳纲转到更聪明的头足纲上去，特别是乌贼。至少，他们在2012年发表的文章中就表示出了这种倾向。

当我问起这件事时，他们都笑了。奥斯特说："关于这点，我们已经说了很多。"但事实是，研究乌贼以及它们身上的奇怪图案要比研究贝壳难得多。这种研究不仅很难争取到研发经费，而且乌贼的变色要比形成贝壳图案复杂得多。厄门特劳特和奥斯特可以花费几个月来研究贝壳形成图案，但乌贼变色的过程可能发生在几毫秒之内。乌贼（以及章鱼）体表的外套膜不会分泌形成贝壳的物质，但可以通过改变颜色来伪装自己，或向潜在伴侣发送性信号。这些花纹是由类似控制软体动物制壳的神经网络来控制的，而且正如奥斯特所指出的那样，“虽然人们曾经有过很多猜测，但没人真正了解乌贼皮肤上的神经回路”。

不过，我有一种强烈的感觉——他们很想研究乌贼。厄门特劳特告诉我：“它们飞快地变换身上的颜色，就像是在挥动帮派标志一样。”他每个夏天都在马萨诸塞州科德角的伍兹霍尔度过，并且很喜欢在当地的海洋研究所里观察乌贼。他承认，人们不应该用手去触摸乌贼，但如果真的那么做了，会发现人的指纹会在它们身上停留几秒钟。“这真的很酷。”

如果厄门特劳特和奥斯特能找到研究乌贼的方法，那么我们也许就能知道神经网络是怎么在皮肤上创造“思想图案”的，这将有助于揭晓记忆是如何在人类的脑海深处产生的。

第 3 章

性、死亡与宝石

Sex, Death and Gems

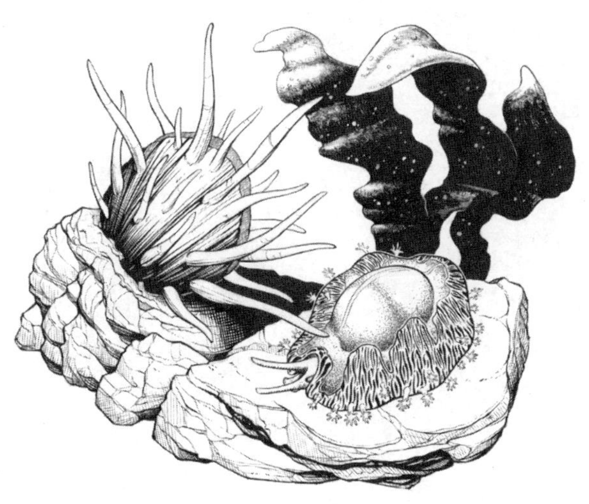

40年前，在保加利亚黑海沿岸的瓦尔纳市，工人们在挖沟铺设电缆时意外地发现了一些东西：古老的人类遗骸和大量黄金财宝。考古学家迅速介入，发现这里是一个巨大墓地的一部分，属于史前时代。随后，人们又在附近发现了至少300座坟墓，其建造时间可追溯到6500多年前。

工人最先注意到的是那些闪闪发光的黄金，它们是如今在欧洲找到的最古老的黄金之一。但黄金和饰品并非坟墓中的唯一宝贝。最豪华的坟墓中安葬了古代社会最具权势者的骸骨和陪葬品，其中有一个用远方贝壳雕刻而成的圆形臂钏。专家推测，可能以前有人从数百英里外，经陆路将贝壳带回瓦尔纳，然后交给了一位技艺熟练的工匠。这名工匠花了大量时间对贝壳进行仔细的雕刻和抛光。臂钏完工后却突然断成两截，后来工匠用黄金把它们镶接起来，黄金上还留有些许的锤痕。

没人确切地知道这个贝壳臂钏为何会断掉又被修好。那个年代还没有书面记录，我们只能从一系列物件来猜测那段历史。但毫无疑问，这个臂钏对墓主而言很重要，而且可能比镶接它的黄金还要贵重。

贝壳的丰富涵义

就像软体动物利用贝壳狩猎、挖掘和移动一样，人们也把贝壳雕刻成各种物品，有些被做成实用的工具。目前，考古学家已经发掘出贝壳制成的顶锤、斧头、刀、鱼钩和铅砣。人们还会根据贝壳的大小和形状来使用它们，例如几个世纪以来航海者都用瓜螺（涡螺科）把涌进划艇和帆船中的水舀出去。人们还把贝壳碾成粉末添加到饲料中，作为动物的钙元素来源。贝壳还可以和陶瓷结合：在一千年前的北美密西西比文化中，人们常常把粘土和压碎的贝壳混在一起煅烧，这样做出来的陶器硬度更强。

除了实用性，贝壳也因优雅的外形、华丽的图案和多姿多彩的颜色而深受人们喜爱，世界各地的文明都曾用贝壳来装点个人形象和家居。但令人惊讶的是，如此常见的贝壳却蕴含着丰富的意义。它们绝不仅仅是供人观赏的漂亮物件，还是性、权力、生育和死亡的象征。

几千年来，世界各地的人都有把贝壳当作陪葬品的习惯，甚至在距离大海数千英里远的内陆的古墓中也有成堆的贝壳。人们会把贝壳放在死者手中，有的地方人们还会在死者眼睛上放黄宝螺，可能是因为黄宝螺看起来就像人的眼睛。斯基泰人是古伊朗的游牧民族，经常在中亚大草原上出没，他们喜欢用黄宝螺来装点坟墓。纽约州的塞内卡人相信，在坟墓里放贝壳可以净化死者的肉体，让灵魂进入神的世界；他们还把贝壳制成护具，盖在死者的眼睛上，认为这样可以回到过去。内布拉斯加州的温尼贝戈族认为贝壳是大海中的星星，是夭折的孩子、难产而死的妇女和战死沙场者的灵魂；他们把贝壳放在坟墓中以安慰死者。

研究者认为，贝壳如此频繁地出现在坟墓里，可能是因为它们的颜色。在许多文化中，白色代表着纯洁与和平，那是出生或死亡的代表色。还有一种观念认为，贝壳来自人们看不到的大海深处，被冲上海滩的贝壳则是深海的来使。游客在海滩上捡到贝壳，可能会思索它们来自何方；潜水员则勇敢地探索大海深处，并带回这些奇异物品。

在很久以前，世界各地的人们把贝壳当作性、生育和再生的象征。之所以如此，可能是因为它们的形状。拿起一只宝螺的壳，把它翻转过来，你会看到一道狭长的黑色开口，仿佛一个皱巴巴的微笑，很容易让人联想到女性的生殖器，甚至其背部的圆形凸起也能让人联想到怀孕女子隆起的肚子；加上贝壳又与代表着生命之源的水密切相关，因此贝壳象征着孕育生命的子宫。

这些联想解释了为何在众多创世故事中，贝壳都扮演着赋予诸神、人类甚至整个世界生命的角色。密克罗尼西亚联邦的瑙鲁岛流传着老蛛神（Areop-Enap）的故事：老蛛神发现自己被困在一个蛤蜊壳里，周遭一片黑暗。他摸索出去的路时发现了两只蜗牛，然后把它们变成了太阳和月亮；一只虫子把贝壳分成了天和地，它滴下的汗水就形成了大海。海达族是生活在西北太平洋地区的美洲原住民，他们相信创世者——“骗子乌鸦”（the trickster Raven）——在大洪水之后挖到了一只海扇壳，里面囚禁了许多男人；他把贝壳打开，将囚徒释放，然后劝说他们和另一种软体动物——石鳖——发生关系，由此诞下女人。欧洲也有贝壳创世的故事，波提切利的画作《维纳斯的诞生》描绘了站在扇贝贝壳中的裸体女神。诸如此类的神话故事引导着人们将贝壳视为宝贝，或者将其缝进衣服里当作幸运和生育的象征。

贝壳强大的象征意义也可以在螺号声中彰显出来。威廉·戈尔丁（William Golding）著有小说《蝇王》（*Lord of the Flies*），其中提及海螺的贝壳是权力的象征，只有拥有海螺贝壳的男孩才可以在会议上发言。海螺号是众多贝壳乐器中颇具象征性的一个，在各种神话、传说和宗教典故中，吹响它们能够与遥远的过去产生联系。在印度史诗中，英雄们都身佩刻有其名的海螺贝壳，他们用贝壳来驱逐恶魔，躲避天灾。古时候的战士也会吹响螺号，向部队传递消息。斐济的酋长下葬时，送葬队伍会吹响法螺。海地人也会吹起海螺号角，以召唤巫毒神明、出海船只保护神阿格维(Agwe)。螺号声甚至出现在好莱坞的电影中：由雷德利·斯科特执导、于1979年上映的电影《异形》就用了螺号声作为配乐，以烘托宇宙飞船被遗弃的凄凉气氛。

在阿兹特克的神话中，羽蛇神(Quetzalcóatl) 冒险进入冥界救回被大洪水溺死的人类。他和冥王米克特兰堤库特里(Mictlanteuctli)约定，如果他能在冥界吹响海螺号，冥王就必须交出人类的骸骨。但冥王造了一个实心的贝壳，导致羽蛇神连一个音符都吹不出来。然而，羽蛇神比冥王更聪明，他召来了一只虫子，让其在贝壳内部啃出孔洞，然后放进一只蜜蜂。蜜蜂扇动翅膀发出的嗡嗡声让贝壳传出了空鸣声，这代表着羽蛇神已经做到了他的承诺。最后，冥王不得不交出骸骨，人类得以重获新生。

正如羽蛇神所知道的，海螺号能吹响的关键在于它是空腔的。就像小号、长号、粗管短号和其他铜管乐器一样，海螺贝壳的开口也呈喇叭状，这也被称作“钟”。把大海螺的尖端削掉，然后放在嘴边用力吹，来自你嘴唇的嗡嗡声会震动海螺里的空气柱，钟随之发出共鸣。贝壳的形状和大小不同，发出的声音也会不同。

这个原理也可以解释为何人们能在贝壳中听到海浪声。把一只大贝壳放在耳边，贝壳的中空部分就充当了共鸣腔，它会采集周遭环境中的噪声，例如风声或血液通过人耳发出的声音，然后将其修饰、放大，最后你就能听到类似波浪冲击海滩时发出的哗啦啦的声音了。

贝壳还有很多其他用途，从占卜用具、棋子到能在恶魔面前隐形的护身符。几乎所有文明都曾对这些来自江河、湖海或陆地的自然物作出过自己的解释。我从这些形形色色的传奇故事中挑出了三个，来说明软体动物是如何刺激人们的想象力。透过美丽的贝壳，我们可以窥探到人类的过去。

最古老的珠宝

考古学家和古生物学者可以通过很多方式，来拼凑出过去的历史画面。比如当人们思考人类如何进化时，我们祖先的遗骨就可以显示他们的长相、平时吃什么、生过什么病。我们的祖先还留下了一些非同寻常的贝壳，它们提供了一些“当时的人们在想什么”的线索。

摩洛哥东北部靠近塔福拉尔特（Taforalt）村庄处有一个灌木丛生的山坡，坡上有一个巨大的石灰岩洞穴，名为“鸽洞”（Grotte des Pigeons）。来自摩洛哥拉巴特大学的阿·杜勒贾利勒·布祖格尔（Abdeljalil Bouzouggar）和牛津大学的尼克·巴顿（Nick Barton）组建了一个国际性考古团队，他们从五年前开始在此处挖掘古人类的活动遗址。他们发现了石器工具、非洲野兔与野马的骨头，这表明古人曾在这里生活过。鸽洞深处有一个炉灶废墟，考古团队挖出了一些贝壳。经验证，这些贝壳已经在此处存在已久。

这些贝壳来自疣荔枝螺（dog whelk），是织纹螺属（Nassarius）中的一种。它们仅有指甲盖大小，呈淡黄色，扁平的底座紧紧扭成一个整齐的点。法国国家科学研究中心的研究员弗朗西斯科·德埃里科（Francesco d’Errico）、玛丽安·凡哈嫩（Marian Vanhaeren）

仔细研究了这些贝壳，试图还原曾经发生在它们身上的故事。疣荔枝螺的贝壳身上有赭红色的痕迹，还有一些孔洞和细小的磨损，这表明它们曾被串在一根绳子上。另外，它们并非化石沉积物，而是被人们从地中海沿岸带到这个山坡上的，此处距离地中海超过40公里。当时的人可能在海滩上发现了一些贝壳，他们要么挑了其中已有孔洞的；要么拿了完好的贝壳然后回到洞穴的炉火旁，仔细地给每一只贝壳穿孔。

人们通过洞穴里的灰色沉积物，推断出贝壳在此处存留的具体时间。一项名为“激光断代”的技术，可以检测出锁定在石英晶体和长石矿物颗粒中的化学时钟；时间一分一秒地溜走，每当这些矿物暴露在阳光之下时，化学时钟就会重置。研究者已经知道如何去读取这个时钟，进而计算出矿物被葬在黑暗中的时间。布祖格尔和巴顿的团队最初认为这个洞穴至少存在了8.2万年，但经过多次测试后，他们把年代再往前推了一点，最后认定在距今10万至12.5万年之间。这些穿孔的装饰性贝壳是世界上最古老的珠宝。

用绳子来穿贝壳，将其作为坠饰或珠子，看起来似乎很简单，却反映了人类最基本需求的一部分。300万年前，早期人类制作石器工具是为了猎杀、屠宰动物，但贝壳饰品却没什么明显的实际用途，仅仅只是为了装饰。

然而，有意识地收集特殊贝壳，把它们从海边带回居住地，给它们涂上红色染料，再佩戴在身上，这一系列行为证明贝壳对于早期人类而言有一定意义。我们不知道这些贝壳具体意味着什么，但它们显然反映出人类已经拥有自我意识，学会了用抽象的方式思考，并表达他们内心对世界的看法和反映自身与他人的关系。此外，在史前的非洲，装饰品并不只来自疣荔枝螺；人们也在以色列和阿尔及利亚的古遗址中发现了一些贝壳串珠，它们也是织纹螺属，南非洞穴同样也发现了织纹螺属其他种类的贝壳珠子。我们把这些发现放在一起，就可以发现这样一个事实：早在10万年前，居住在非洲另一端的智人就已经把疣荔枝螺的贝壳当作装饰品了。

在人们发现摩洛哥的贝壳串珠之前，已知的最古老的象征性装饰品是用欧洲某些动物牙齿和贝壳穿成的珠链，这些珠链可追溯到大约4万年前。非洲的贝壳串珠通常只使用两三种贝壳，但欧洲的则采用了至少150种。这些事实表明，贝壳串珠在非洲和欧洲扮演着不同的角色，这也引出了一个备受争议的观点：古老的非洲贝壳串珠与后来的狩猎采集者所使用的贝壳很相似。非洲的贝壳串珠可能不是简单意义上的装饰品，它们可能是通过互相连接的交换系统来传播的，它们穿过了大陆，超越了文化界限。居住在鸽洞中的早期人类可能过得很艰难，那时候气候异常，大雨下个不停，而这些贝壳串珠可能增强了他们的文化认同感，从而共同度过难关。

即使我们无法知道这些古老的贝壳串珠的具体意义和实际用途，但它们起码反映了一个事实，即人类祖先已经学会以现代化的方式进行思考。几万年后，贝壳以及其他工艺品拥有了一个新涵义，同时也反映了人类的欲望：积累财富、彰显地位。在保加利亚的贝壳臂钏制作出来又意外弄断之后，人类社会开始以一种差不多的方式发生分化，此后，贝壳饰品不是所有人都戴得起的了。

不平等的标志

瓦尔纳大型墓地及墓中巨量财宝的发现，彻底颠覆了“旧欧洲”的观点。这一史前时期鲜为人知，但它远比希腊文明、罗马文明以及埃及的金字塔文明更久远。大约在公元前6200年，大量农民从希腊和马其顿向北迁移，来到巴尔干半岛的丘陵地带，他们还带来了驯化的小麦、大麦、羊和牛。在瓦尔纳遗址被发掘之前，人们普遍认为红铜时代或铜石并用时代的人类社会实行平等主义，人们居住在一些分散的定居点中，还没有什么贫富之分。突然之间，考古学家就发现了大量墓穴，还挖掘出欧洲最古老的黄金财富。

并不是所有墓穴都进行过同样华丽的装饰，有一些墓穴装饰得非常简陋。其中，最豪华的43号墓穴里有一副男性骸骨，此人应在40岁左右去世，可能是瓦尔纳部落的首领。他穿的寿衣以黄金和玛瑙装饰，手里握着一根黄金权杖，身上佩戴着黄金制耳环、手串，双膝都覆有黄金圆盘，甚至还穿了一件似乎是阴茎护套的黄金制品。他左臂肘部以上的地方佩戴了一个曾经断裂后被黄金重新镶接的贝壳臂钏。这个贝壳臂钏由我们熟知的海菊蛤制成，但黑海地区没有海菊蛤，所以它只能是从远方带来的。这证明曾经存在过复杂的奢侈品长途贸易，其范围跨越欧洲上千公里，而贝壳臂钏是货物之一。这类运输在世界尚属首例。

海菊蛤有许多种类，大多都喜欢紧紧地附着于水下数米处的岩石之上，世界各地的海洋都有它们的身影。它们被统称为“多刺牡蛎”，对这些双壳纲动物来说，这是一个非常形象的描述。海菊蛤贝壳上有长短不一的棘状突起，这吸引了众多海藻和有机物前来定居，因而海菊蛤拥有了一件可用于伪装的斗篷。海菊蛤贝壳通常是深橘色、紫色或血红色的，但平时它们通常都会包裹在一圈壳状海绵中，看起来就像是一团彩色、滑腻的鼻涕。

在欧洲发现的古老的海菊蛤工艺品，大多数都是从活生生的软体动物身上剥下来的。这些贝壳几乎没有磨损和破裂的迹象，这表明它们大部分时间都在海浪中漂流，直到偶然被人捡起。它们似乎也不太可能是化石沉积物。为了收集这些贝壳，人们必须找到它们的生长之地，然后把它们从岩石上拔下来。但是，该去哪里找这些贝壳呢？

1970年，尼克·沙克尔顿（Nick Shackleton）和科林·伦弗鲁（Colin Renfrew）在检测海菊蛤工艺品的氧同位素时发现了一种化学标记；在软体动物成长期间，这种化学标记就已经被蚀刻到贝壳中。这种化学标记可以证明这些贝壳来自地中海，更准确地说，应该是来自温暖、清澈的爱琴海。在新石器时代的早期（公元前7000—前6000年），地中海沿岸的渔夫就开始采集海菊蛤了。他们可能用了耙子、挖泥船，甚至还使用了能在海面上挖出埋于海床深处的海菊蛤的钳子；古代徒手潜水的渔夫屏住呼吸潜到水下，用刀把牡蛎从岩石上刮下来。渔夫们把采集到的贝壳交给当地的手工艺人，后者将贝壳做成各种各样的白色、明亮的饰品。人们在巴尔干半岛、乌克兰、匈牙利、波兰、德国和法国西部都发现了海菊蛤贝壳做成的串珠、钮扣、手镯、吊坠和皮带扣——大多是从坟墓里挖掘出来的。人们在巴黎郊区甚至还发现了被雕刻成圆柱状的海菊蛤珠子。

这些来自地中海的贝壳散布得如此广泛，这证明那时候一定存在一个遍及旧欧洲的主要网络，人们在这个网络里相互认识、旅行、交换物品，同时进行文化交流。在整个红铜时代，海菊蛤制品越来越受欢迎，特别是在远离海岸的地方。到了青铜时代早期，即大约在海菊蛤制品第一次出现的3000年后，海菊蛤贝壳突然从考古记录中消失了。考古学家推测，要么是因为某种原因再也无法获得这些贝壳，例如供应网崩溃（没有任何迹象显示这些贝壳在当时被过度捕捞）；要么仅仅是人们不再需要它们。

来自爱琴海的海菊蛤贝壳到底承载了什么意义，这是被考古学家米歇尔·路易·塞费里亚代斯（Michel Louis Sériadès）称为“神秘光环”的一部分。考虑到相隔如此遥远的人们都有将海菊蛤贝壳和死者埋在一起的习惯，它们的价值和意义是毋庸置疑的。贝壳、黄金、铜以及其他特殊材料制成的物品，似乎已成为当时拥有崇高地位和声望的象征，是首领和长老的特权。许多海菊蛤饰品表面有各种磨损痕迹，这表明它们长期被人使用，拥有过多位主人，发生了很多故事，甚至还成为过某些家族的传家宝。在远离爱琴海的地方，考古学家发现了几处手工作坊遗迹，人们在那里加工和回收贝壳工艺品，由此看来，这些工艺品一定是很有价值且不多见的宝贵资源，特别是那些制成后又被故意损坏的物品，其蕴含的意义实在耐人寻味。

考古学家发现了很多有破损痕迹的海菊蛤饰品。起初他们觉得这些损坏痕迹可能是人为失误造成的，比如工匠手滑了。但他们很快发现，这些痕迹都不是意外造成的。一种理论认为，打破和烧毁贝壳饰品可能是为了炫耀，以彰显主人的地位和派头。它可能还有更多灵性层面的基础。2006年，英国杜伦大学学者约翰·查普曼（John Chapman）和比塞卡·盖达斯卡（Bisserka Gaydarska）主导的考古团队将大部分从瓦尔纳墓地发掘来的海菊蛤手串汇集起来，总计有超过200只贝壳。就像在玩一个巨大的拼图游戏，他们想找出哪些碎片可以拼在一起。在同一个坟墓里，他们找到了很多属于某个圆环的碎片，但往往不是全部，还有很多碎片遗失了。

这些圆环很可能就是在坟墓边上打碎的，其中一些跟随死者一起下葬，另外的则作为纪念品赠送给亲友。圆环碎片可能是生者之间保持联系的一种象征，他们打碎一个圆环并各自携带其中一部分，死后他们就可以凭这些碎片在阴间重聚。在旧欧洲，人们还会故意损坏其他一些精心制作的物品，例如把粘土做成的小雕像扔进火中使其爆炸。

考古学家曾经试图带上这些古老的海菊蛤圆环。查普曼和盖达斯卡发现，很多完好地保存下来的圆环都很小，成年人的手无法带上。他们找来了一个五岁半的小男孩，发现他可以戴上大多数的圆环（应该是在密切的监督之下进行的），有一些甚至还能戴到脚踝上。旧欧洲时代的人们可能很小就开始佩戴海菊蛤贝壳圆环了，长大后就再也无法脱掉。

那个来自瓦尔纳的臂钏被弄断后又用黄金镶上，这种行为似乎有更深刻的意义。塞费里亚代斯认为这可能是旧欧洲存在萨满教的证据。他表示，萨满的宗教仪式中时常会用到海菊蛤饰品，它们是萨满巫师与神灵进行精神交流的一种魔法道具。也许，把死去的首领及其陪葬珠宝带往来世的唯一办法，就是先打破这些珠宝，使它们变得不完美。

恐怖仪式的道具

数千年后，在地球的另一端，海菊蛤贝壳交易出现了，而且当地也流行信奉萨满教。在前哥伦布时代，中美洲和安第斯社会赋予了海菊蛤贝壳深刻的意义，他们使用这些贝壳的方式与旧欧洲的有点相似。考古学家研究了各地区出现的海菊蛤贝壳，从阿兹特克坟墓到玛雅人的图腾和印加人的雕刻。大约从公元前2600年开始，潜水员就冒险潜到海水之下采集太平洋海菊蛤，它们多半栖息在秘鲁和厄瓜多尔的海岸。随后，这些橙色、紫色和红色的贝壳会被雕刻成珠子，镶嵌在精美的珠宝上。大多数的贝壳小珠子都是秘鲁北部的莫切人（Moche）制作的，人们在厄瓜多尔的首都基多（Quito）郊外的一座坟墓里发现了近70万颗这样的珠子。这些珠子通常是串在一起用来装饰衣物，例如战士穿的盔甲。

正如在旧欧洲，在坟墓中发现的贝壳可以反映出当地的阶层文化，毕竟只有富有的精英阶层才有资格拥有海洋珍宝。但与旧欧洲不同的是，美洲地区的人们通常把整个贝壳作为祭品。大约在公元1000年，秘鲁的兰巴耶克文明（Lambayeque culture）建造的坟墓中有近200只巨型海菊蛤贝壳，每只重达1000克。

海菊蛤贝壳的象征意义影响深远，因此当地人不仅使用真实的贝壳，还用陶瓷仿制贝壳，并且在壁画和雕塑中也出现贝壳图案。距离墨西哥城30英里的特奥蒂瓦坎（Teotihuacan）古城有座羽蛇神神庙，神庙四周遍布玄武岩雕刻的羽蛇神神像，其上点缀着海菊蛤的贝壳图案。海菊蛤和农业也有关系，人们把贝壳供奉给神灵以祈求雨水、避免干旱。

海菊蛤的肉可以食用，但它们可能并非单纯的食物。中美洲的壁画中常描绘神明托举并吃掉贝壳的形象，部分民族志学者据此认为，软体动物的肉可能是一种可改变心灵的神药。在每年的特定时间里，温暖的海水会因为海藻大量增殖而变红，这被称为“赤潮”。赤潮爆发后，软体动物会从海藻中吸收神经毒素，人类食用软体动物后会中毒，其中毒症状也各不相同：有些可以让人感到头晕、周身麻痹；有些会让人感觉到仿佛在飞翔，但服用过多的话会致命。有证据表明，安第斯文明早期的萨满巫师会用各种动植物来治疗精神疾病，比如蟾蜍。来自佛罗里达考古研究所的玛丽·格洛瓦基（Mary Glowacki）表示，萨满巫师可能也会通过食用中毒的软体动物来与“神灵”进行交流。她认为，萨满巫师可能已经掌握了潮汐规律，知道食用多少毒蛤肉可以导致人类“灵魂出窍”。鉴于人类可以通过肾脏排泄毒素，因此喝了中毒者排泄的尿液也会让人神经兴奋。

在阿兹特克社会，海菊蛤还在其他恐怖仪式中扮演角色。特奥蒂瓦坎古城的羽蛇神神庙地下埋有60具尸体，这些受害者双手皆被绑在身后，脖子上都戴着海菊蛤贝壳做成的圆环。这些贝壳雕刻得很像人类的牙齿，因此他们就像是被张开的嘴巴咬住了脖子。

海菊蛤贝壳蕴含的复杂、有时候甚至是恐怖的意义，也在安第斯山脉的高峰之间流传。在印加帝国，祭司会带着一群孩子来到最高、最神圣的山峰，随后孩子会作为宗教祭品被献祭，据说这样就可以进入神的国度，因此是一种巨大的荣耀。由于地处高海拔地区，这些“祭品”的尸体有时候会因为冰冻、干燥的环境而保存下来，看起来就像是睡着了。

1996年，考古学家在秘鲁南部萨拉萨拉火山峰顶挖掘出一具

12岁女孩的尸体，此时距离她死去已有差不多500年。当时，这名女孩正蜷缩在一个面向东边的平台上。约翰·莱因哈德（Johan Reinhard）率领的高海拔考古团队发现了她，并把她叫作“萨莉塔”（Sarita），昵称“小萨拉”。

考古学家在附近还发现了其他几个被献祭的孩子，同时还有一系列奢华的手工艺品，例如：用金银做成的人类小雕像；成捆被咀嚼过的古柯叶，可能是用来缓解高原反应的；还有用海菊蛤贝壳雕成的美洲驼，它们的长耳朵都笔直地竖着。这些手工艺品中最复杂的是一个男性小雕像，尺寸与奥斯卡小金人差不多，由银制成，穿有衣服。他的脚趾雕刻得很精细，耳朵被拉出长长的耳垂；他的双手交叉叠在胸前，头上戴着一件红色海菊蛤贝壳制成的饰品。以上这些贝壳制品都经历了漫长的旅行，来到海拔5000米的高处，距离它们所属的海洋非常遥远。

将时钟倒推几百年，我们发现人们还会用贝壳来换取财富和地位，而且是以一种前所未有的庞大规模，采用的方式也是融合了古代旧观念和现代新想法。这些贝壳故事反映了人性中更为黑暗的一面。

货贝文化

位于印度洋北部海域的珊瑚礁潟湖是黄宝螺的家园，这种海螺体形不大，但产量不俗。它们的贝壳长约3厘米，外表是乳白色的，呈块状，有时候背部中央会有一条精美的金线。相对于死者而言，它们对生者更重要。它们的贝壳上覆盖着黑白相间的褶皱外套膜，有点像是一只微缩的斑马。

黄宝螺一生的大部分时间都停留在某一个地方，例如珊瑚礁的角落或海藻的枝叶，而不会远行。雌性黄宝螺产下卵块后会坐在上面，直到螺卵孵化。孵化出来的幼螺会进行一段短途旅行——随着潮流和潮汐漂流，然后在某处定居下来，长大后的个体就以呆板的方式度过余生。但是，它们死后剥离出来的贝壳，会和其他数百万同类一起开始一段长途旅行，最后以悲剧收场。

几个世纪前，马尔代夫的人们就开始从当地温暖的水域中收集黄宝螺。根据一个早期旅行者的记录，马尔代夫人利用黄宝螺喜欢隐匿的天性来进行采集，而非使用钓线和鱼钩。收集黄宝螺最简单的方法是把椰叶放到浅滩上，让它们在那停留几个月。在这段时间里，黄宝螺会聚集过来调查这个新的食物来源和避难所，然后寄宿在上面。几个月后，收集者只要把椰叶从水中拖出，用力抖几下，黄宝螺就会掉下来。接下来，他们只要把黄宝螺捡起来埋到滚烫的沙子里，等上几个月，软体动物就会和贝壳分离开来，人们就可以获得一堆闪闪发光的黄宝螺贝壳了。接着，人们再把这些贝壳分类，然后打包好用椰子纤维布裹起来。最后，当季风从南方吹来时，搭载着黄宝螺的帆船就会启航，这些贝壳随即开始一段全新的旅程。

它们的第一站是印度。在那里，在马尔代夫国王的严格控制下，人们用这些黄宝螺贝壳换取粮食和布匹，其他人则没资格参与这种交易。由此，印度留下了一部分黄宝螺。这些黄宝螺会被做成装饰品、护身符或纯粹的象征物件。有时候，印度人也把这些贝壳当作硬通货，用来缴税和支付给河流交汇处的摆渡者。也许早在11世纪，黄宝螺就传播到了更远的大陆。

阿拉伯商人从印度人那里得到了黄宝螺，然后穿过撒哈拉沙漠，经一条危险的陆路回到非洲。我们对这些早期的贸易知之甚少，只能从零星的证据中获知些许信息。一些考古学家相信，在中世纪的开罗，人们会用黄宝螺来进行交易；而在位于阿拉伯世界西部的毛里塔尼亚的废墟里，人们发现了一辆被遗弃的大篷车，里面完整地保存了许多黄宝螺。

最初，在西非地区作为货币流通的马尔代夫黄宝螺很少，它们几乎都是用来制作项链和护身符，其用途类似本土的贝壳。到了14世纪，黄宝螺已经作为货币被使用，而且本地产的黄宝螺极少，所以大部分都是来自很远的地方。14世纪中期，伟大的摩洛哥探险家——伊本·白图泰（Ibn Battuta）首次记录了马里帝国黄宝螺的交易情况。当时，贝壳被当作货币，在小生意者之间流通，人们还会拿它购买食物和其他货物，世界其他地区也是如此。

贝壳是最古老、最广泛的货币之一。在新几内亚，人们在珍珠贝上打孔并用绳子将它们串起来。在新英格兰南部地区，美洲的原住民用峨螺和圆蛤的贝壳制成管状串珠，是为“贝壳串珠”；后来欧洲殖民者到来，这些贝壳就成了法定货币。从加拿大到加利福尼亚的太平洋西北部地区，人们把象牙贝视作货币并加以使用。在中国，把黄宝螺当作货币使用的历史可以追溯到几千年前。在中国的繁体字中，与货币有关的文字都包含“貝”字，因为它看起来很像黄宝螺。后来，由于货贝供不应求，人们这才使用骨头、陶瓷和金属来仿造之。在世界另一端，古人用海菊蛤贝壳进行交易时也有类似的模式，有人说“钱”(spondoolies) 这个单词的起源就是“海菊蛤”(spondylus) 。

贝壳之所以能作为货币使用，其原因是多方面的：它们很难伪造；它们（尤其是黄宝螺）大多尺寸一致、重量相当；它们坚硬、不易磨损；它们的触感很好且易于携带。贝壳所具备的深厚象征意义，以及它们与权力、地位的关联，也让它们得以出现在重要场合，例如作为新人结婚时的嫁妆。

非洲黑奴的象征

印度洋和西非之间的小规模贝壳贸易持续了几个世纪。直到欧洲商人到来，一个根本性的转变发生了，出现了一种可以用贝壳购买的全新商品，并由此改变人类历史的进程。

葡萄牙商人最早察觉到马尔代夫的贝壳在西非市场扮演的角色。起初，葡萄牙商人独自进行这一海上贸易，但很快英国人和荷兰人就加入其中并取得垄断地位。1600—1850年，隶属于这两大贸易强国的两家东印度公司支配了全球的贝壳贸易。

以东印度商船著称的船队，首先航行到印度、印度尼西亚和中国，在那里装载上欧洲人很需要的优质货物——丝绸、香料和茶叶。在返航前，船队会来到印度和斯里兰卡的港口装上数百万只马尔代夫黄宝螺。这里的贝壳很便宜，装上它们主要是为了压舱，以确保船只能顺利穿越印度洋，绕过好望角、非洲西海岸，最终回到欧洲。

接着，船队会在阿姆斯特丹和伦敦的拍卖行卸下贝壳，那里正等候着一群准备抢购这些贝壳的商人。之后，这些贝壳会被重新打包，然后开始第二段旅程，这次是前往南方。

大约在它们从印度洋被打捞上来的两年后，数百万的黄宝螺结束了它们有史以来最漫长的旅程。在最后1.5万英里的旅程中，装载在欧洲船只中的数百万只黄宝螺被卸载下来，然后装进小舟，划入西非的红树林浅滩。它们会被当作货币，但购买的并非其他商品，而是人类奴隶。

欧洲的奴隶贩子发现这些贝壳是行走非洲的理想货币，可以用来和当地的酋长、商人交换奴隶（当然，弹药、武器及其他工业制品也可以用来购买奴隶）。欧洲商人低价购入大量贝壳，然后用来交换非洲的奴隶，从中赚取可观的利润。

不过，非洲的奴隶价格逐年上涨。1680年代，购买一个奴隶大约需要1万只黄宝螺；到了1770年代，一名成年男性奴隶售价超过15万只黄宝螺。一旦交易完成，非洲的奴隶就会被运往大西洋彼岸，大多数都会被分配到加勒比地区的种植园工作。欧洲人从东方买来了茶叶，顺道载上马尔代夫的黄宝螺，然后欧洲人才有了那一杯杯的英国茶；而让茶变得甜起来的糖，则是由这些用贝壳买来的男女奴隶种植出来的。

在奴隶贸易的高峰期，英国船队平均每年向西非输入4000万只黄宝螺。正如简·霍根道恩（Jan Hogendorn）和马里恩·约翰逊（Marion Johnson）在他们的著作《奴隶贸易的贝壳货币》（*The Shell Money of the Slave Trade*）中详细论述的那样：在整个18世纪，印度洋和大西洋之间的航线有100亿只贝壳来回运送。

如果你用制造这些贝壳的软体动物的角度来看，会发现这是一场堪称伟大的壮举。它们经受着如此高强度的开采，产量却始终没减少，这证明它们具备超强的繁殖能力；特别是雌性黄宝螺还需耗费大量时间来孵卵，而非像它们的许多亲戚那样直接把卵扔进大海中。一般来说，动物抚育后代的时间越长，它们一次性产仔的数量就越少，人类的过度开采会导致该种群更脆弱。

后来，马尔代夫的黄宝螺贸易崩溃，其原因并非贝壳供应不足。1807年，英国政府通过一项议会法，宣布取缔大英帝国范围内的奴隶贸易；不过，非法交易在一些殖民地仍然持续了一段时间，但西非的货贝贸易却迅速停止了。非洲虽然仍有用货贝换奴隶的贸易，但这种交易在国际市场上已渐渐消失。10年后，西非出现了另一种全新的商品，它们再次被运到欧洲换取贝壳。这个时候，欧洲商人开始把注意力从剥削人类同胞转移到掠夺大自然，而且这次的规模更加惊人。

如今我们知道，棕榈油的全球贸易会破坏热带地区的自然环境，这种事情早在19世纪就出现了。棕榈油可以润滑齿轮，大大推动工业革命的进程，由此现代世界才得以运转。工厂、家庭都用棕榈油点灯照明，工人用棕榈油肥皂清洗工厂的污垢。

当时，世界上大部分棕榈树都生长在西非，英国商人便用马尔代夫黄宝螺和当地人换取棕榈油。由此，货贝贸易非但没有消失，反而出现了飞跃，增加到以前的双倍水平。截至1850年，每年的棕榈油交易量超过1亿只贝壳。不久后，欧洲的贝壳贸易迎来了一场灭绝性危机。

1845年，德国商人阿道夫·雅各·赫兹（Adolph Jacob Hertz）试图从马尔代夫国王手里直接购买黄宝螺，结果遭到拒绝。马尔代夫的历代国王都敌视出现在他们岛屿上的欧洲商人，所以赫兹的请求遭拒毫不意外。失败后的赫兹穿过印度洋向西航行，途中到访非洲东海岸的桑给巴尔（Zanzibar）岛。他意外地发现那里到处都是与黄宝螺非常相似的海螺。

在桑给巴尔岛的银色沙滩上，赫兹见到的其实是金环宝螺

(Gold Ringer Cowrie)。这种螺与黄宝螺很相似，只是体形略大，且背部有一个明显的金色圆环。当时，其实许多商人已经知道金环宝螺的存在，还考虑过使用它们，但这种替代品并未影响到马尔代夫黄宝螺的地位，因为非洲商人拒绝接受金环宝螺。但是，赫兹赶上了一个好时候，他的发现将彻底改变黄宝螺贸易。他带上了一些金环宝螺启程离开桑给巴尔岛，他已经想好去哪里寻找更多的金环宝螺。

不久后，一些金环宝螺开始流入西非市场。商人为什么最终又接受了这些替代品？原因至今尚不清楚，可能是因为蓬勃发展的棕榈油工业抬高了黄宝螺货币的价格，于是商人们开始接受这个更便宜的选择。总之，这些新的货贝开始和传统的黄宝螺货贝一起流通，东非的贸易额飙升。

这次贝壳贸易的主角是个体商人，而非国际公司。德国、法国的船队把金环宝螺从东非运送到西非，在不到20年的时间里输入了160亿只金环宝螺，几乎与英国、荷兰在整个世纪输入的一样多。

金环宝螺大量涌入西非引发了一系列严重后果：恶性通货膨胀导致货贝的价值暴跌，由此导致马尔代夫黄宝螺的采集量骤降。货贝贸易在诞生600年后，终于走到了尽头。

20世纪的最初十年，是黄宝螺作为货币进行交易的最后一段时间。在这场作为货币使用的旅途中，超过300亿只马尔代夫黄宝螺背井离乡。货贝的属性决定它们不能退出流通市场或被取代，于是一些贝壳被碾碎用来制作石灰岩；一些被用来建造墙壁和地面，继续担当财富的象征；但更多的黄宝螺被埋在了地里，所有者希望在未来的某一天它们能再次变得有价值。

总而言之，输入西非的所有黄宝螺都可以被视作非洲人遭受压迫的象征。与此同时，这个地区也出产了大量螺类，不过，它们大多数都是作为食物被人们食用，而非金钱。

第 4 章

舌尖上的美食

Shell Food

在一个阴凉的下午，我站在距离非洲大陆最西点不远的地方，凝视着一棵猴面包树光秃秃的树枝。它的树冠比我高出十米，如果爬到那上面，就可以俯视下方的红树林和盐碱地，看到经塞内加尔辛诃－萨卢姆三角洲流入大西洋的弯曲河道。与所有猴面包树一样，我眼前的这棵拥有粗壮的树干，树皮极其肥厚。树干内部的海绵组织富含水分，犹如一个小型的蓄水库，可以确保这棵树安然度过干旱期。每年在雨季来临之前不久，猴面包树会吸收掉树干内贮存的水分，然后开出散发着腐肉气味的白色花朵，吸引众多蝙蝠前来授粉。这棵树已经活了至少好几百年，它经历过很多个雨季，见证着许多蝙蝠飞来又飞走。我的目光往下，移到它的树根之上，发现这棵古老的巨树是矗立在一个巨大的贝壳堆上。经历了几个世纪，这些数以百万计的贝壳都已深深陷进泥土之中。而我和树一样，也是站在一个由贝壳堆成的小岛上。

这个三角洲地区有超过200个这样的贝壳堆，最古老的可追溯至一万多年前，最大的高达11米，占地面积达10公顷。有几个贝壳堆是埋葬死者的坟墓，辛诃和萨卢姆酋长国的统治者都长眠于此，这两个国家共享一段遥远且错综复杂的历史。其他贝壳堆并非人类坟墓，但也埋有数百万只软体动物的残骸，它们都是人类食物的牺牲品。

很久以来，鸟蛤和牡蛎一直是辛诃－萨卢姆三角洲居民的主要食物。从16世纪开始，鸟蛤和牡蛎也一直是该地区的主要出口产品。曼丁卡族（Mandinka）商人捕捞软体动物，取其肉晒干，然后卖到远方，剩下的贝壳则成了一种证据，证明千百年来这片富饶的水域产出了如此多的食物。

在贝壳岛的另一边，我沿着海滩散步，脚下都是奶白色、灰色的鸟蛤贝壳。这些贝壳都来自西非血鸟蛤（West African Bloody Cockle）。之所以叫这个名字，是因为这种蛤蜊体内有血红色的血红蛋白；脊椎动物体内的血红蛋白会把氧气运送到身体各处，但血鸟蛤的血红蛋白主要作用是抵抗疾病。海滩尽头是一片红树林。我上了一条狭窄的小船，船长带着我驶进了一条由喜盐的红树形成的绿色隧道。我爬上红树林那发达的根系，想像螃蟹那样观察眼前的世界。

船只的引擎声安静下来时，我听到周围有“咔嚓咔嚓”和“砰砰啪啪”的声音——那是牡蛎随着潮落而闭合外壳的声音。它们被称为“红树林牡蛎”(Mangrove Oyster)，一直粘附在红树林的根部上过着隐蔽的生活。它们一天会两次浮出水面，贝壳通常都紧紧地闭合，在壳中营造出一个微缩的咸水环境。猴面包树每年都会经历一次持续时间很长的干旱期，而牡蛎经历的干旱期则短得多，而且次数也更频繁。听着树林中的噼啪声，我感觉自己正被一场喧闹的海鲜盛宴所包围。

海鲜盛宴

对人类而言，软体动物一直是一种很重要的食物，其原因很简单：其他数量庞大的海洋生物游动速度极快，而软体动物无法快速游动；它们生活在浅水区及潮汐带，即使是最笨拙的猎人也能轻易捕捞它们。此外，它们的身体藏在贝壳里，因而十分干净，烹煮起来也很方便。有些软体动物味道很好，而且富含蛋白质，营养十分丰富。

如今，人类的软体动物年食用量超过1600万吨，价值大约50亿美元，而鱼和其他海产品的食用量为1.3亿吨。供人类享用的软体动物大部分都是双壳纲，而且大多数都来自海鲜养殖场；其中，中国的产量占70%。事实上，“贝类”（shellfish）一词涵义较为模糊，除了软体动物外，蟹、龙虾、对虾、基围虾等带壳的海洋动物也包含其中。

过去，人们在吃软体动物时品位较为独特。罗马人喜欢吃会在黑暗中发光的蛤蜊，作家老普林尼写道：“人们的嘴巴犹如火焰一般闪烁，明亮的汁液从他们的手上滑过，沿着束腰外衣滴落到地板上。”英格兰南部有一个古老的罗马浴场，人们在那里发现了成堆的贝壳，其中就有会发光的海笋（Piddock）。这些会不会就是夜间沐浴的顾客享用完闪亮的宵夜后剩下来的残渣呢？

吃软体动物通常没那么危险，尤其是在英国。英国人对软体动物的感情十分复杂，他们认为这些动物看起来像鼻涕，吃进嘴里就像吃了满口橡皮筋。事实上，英国人一向如此。在玛蒂尔达·索菲亚·洛弗尔（Matilda Sophia Lovell）于1867年出版的作品《大不列颠和爱尔兰的可食用软体动物（包括烹饪食谱）》中，她哀叹整个国家的人只能接受牡蛎和鸟蛤，对其他的软体动物兴致寥寥，这和欧洲其他国家热衷于享用这些美味形成鲜明对比。英国人尤其不喜欢峨螺，在如今的英国海岸，人们每年都能捕获成千上万吨这种大型海螺，但都是出口到其他国家。来自韩国的需求量尤其大，他们把罐装峨螺视为美味佳肴，称其为“白顶螺”(Bai-Top) 。十几年前，由于过度捕捞，韩国当地的峨螺已经灭绝，所以韩国商人一直在寻找新的峨螺供应地，以满足国内的庞大需求。正如一位线上供应商所言，欧洲峨螺采自“凉爽又干净的海洋”，是百分百的天然产品，因此是个不错的选择。

峨螺非常容易捕获，人们通常用20升装的塑料筒作为捕螺器具，筒壁打有孔洞，里面放置蟹肉诱饵，然后沉放到海床上。闻到食物味道的峨螺会缓缓爬进捕螺器中。几天后，当人们把捕螺器拉出水面，就会发现它们还在里面大快朵颐。传统上，渔民们实行轮作式捕捞，每隔一段时间更换一个捕捞点，等先前捕捞点的海螺产量恢复后，才回到这个地方继续作业。因此，只要一个捕捞点没有太多人作业，就不会对此地的渔业造成什么影响。这种方式不像拖网式作业那样，用渔船在海底拖拽沉重的金属拖网来搜刮扇贝等软体动物，从而极大地破坏了本就脆弱的海洋栖息地。对英国人来说，或许克服厌恶情绪，多吃点这些容易捕捉的本土海螺，而不是把它们卖到世界的另一边也挺有好处的。但是，当我在威尔士斯旺西市看到一箱箱待出售的活峨螺时，看着它们用带有黑色斑点的白色腹足缓缓移动，我意识到说服自己接受这些传说中的美食仍然不容易。

人们支持吃软体动物的一个原因在于，它们中的一些品种可以持续性地获得。由于过度捕捞的问题，如今人们在吃海鲜时必须考虑食物的可获得性。因此，各种保护组织发布了关于哪些种类最适宜食用的建议。通常情况下，最佳选择都来自那些运营良好的渔场，那里既不存在过度捕捞的问题，生态栖息地也没有遭到破坏。而这些最佳选择中，就包括了大量软体动物。

附着于绳子上长大的贻贝是最佳的食用海鲜。它们的饲养方式简单而又充满智慧。养殖者将绳索悬吊在海中，或把杆子的一端插到野生贻贝聚集的海床上。春天到来，水温变暖，贻贝开始产卵；接着，孵化的大量野生贻贝幼虫在海洋里漂流，有些就会在绳子和杆子上着床、定居下来。这种养殖方式利用了一个事实：每只雌性贻贝每次可以产下数百万只卵，但只有少数能顺利地在自然环境中孵化并活下来。即使一个贻贝养殖场从庞大的幼苗群中拦截几千只，也几乎不会影响野生贻贝种群的数量。养殖贻贝时，最重要的是制造干净、冲击力强的水流，水流可以为幼虫生长提供氧气和食物，并冲掉它们排泄的粪便，否则粪便堆积在海床上会引发环境污染的问题。等定居下来的贻贝幼虫渐渐长大，人们便可以将其转移到悬浮在海面上的线筏之上，然后再过12—18个月，贻贝便长大到可以上市的程度了。此时，养殖者就可以过来收获成果了。

这种养殖贻贝的方式与不良捕鱼行为毫无关系，既没用到会导致海洋栖息地受损的破坏性装置，也不会有其他不想要的鱼获，不会导致在把它们放回海里的过程中会出现意外伤亡情况。对贻贝和其他双壳纲的养殖者来说，他们还不用专门喂食，这些动物会自行从海水中滤食。而许多养殖性鱼类以其他鱼为食，包括三文鱼、老虎虾和宽沟对虾等，这些鱼食往往还得从野外抓捕。从整体上看，贻贝还是比较健康的产品，它们不容易生病，因而也不需要用药。而鱼类养殖场中往往养殖密度过大，人们需要通过喷洒强效药物来预防鱼生病。

牡蛎的养殖方式与贻贝的颇为类似。不过，如今已经有越来越多的养殖场在陆地上孵化牡蛎幼虫，而非从海里收集。人们把成熟的牡蛎饲养在水族箱中，以增加它们繁殖的机会，幼虫孵化出来之后就转移到海水育苗场中。等它们稍微长大一点后，再转移到架子上、笼子里或绳子上。就像贻贝那样，牡蛎也以海水中的浮游生物为食，但它们的育肥时间更长；以常见的太平洋牡蛎为例，它们可能要生长两三年才达到上市标准。在人类的干预下，太平洋牡蛎已成为最成功的养殖品种。起初，太平洋牡蛎产于亚洲的太平洋沿岸，在其他国家发现之前，日本已经养殖了几个世纪。20世纪，它们的身影出现在全球各地的牡蛎养殖场：从澳大利亚到南非，从欧洲到北美，各地都建立了许多野外养殖基地。不管你在世界的哪个地方享用牡蛎，吃到的很可能都是太平洋牡蛎。这就引出了一个我经常被问到的问题：生吃牡蛎残忍吗？

类似的问题还有活煮龙虾和蟹是否残忍。越来越多的科学证据显示，甲壳动物也能感觉到疼痛，但软体动物是否也会痛这个问题还没被广泛研究过。基础生物学告诉我们，像蛤蜊、扇贝、贻贝等一般软体动物，其构造比甲壳动物更简单。双壳纲动物没有大脑，这意味着它们感知和回应世界的能力有限。而我们食用的软体动物中，超级聪明的章鱼、鱿鱼，以及有洄游习惯的螺都有敏锐的感知能力，很可能可以感受到疼痛。因此，如果可以的话，你最好不要吃炸鱿鱼和炒田螺。

相比之下，部分素食主义者认为牡蛎和贻贝类似于植物，吃它们不是什么大问题。彼得·辛格（Peter Singer）是素食主义拥护者，著有《动物的解放》（*Animal Liberation*）一书，但他对于要不要吃牡蛎这事的想法不断地改变。就目前来说，似乎没有确切的证据或方法证明它们能感知到疼痛。我认为，相对于食用卫生品质较差的养殖类哺乳动物和鸟类，吃双壳纲软体动物的风险要小很多。然而，抛开道德伦理问题不谈，也还有一些其他因素可以说明为什么吃软体动物并不总是一个好主意。首先，吃贝类海鲜会有中毒的风险，有时情况还挺严重。

食物中毒的真相

埃姆斯沃思（Emsworth）小镇位于英国南部奇切斯特港的堤岸，曾是世界上经营时间最长的牡蛎养殖场之一。记录显示，早在1307年当地居民就已经开始食用埃姆斯沃思牡蛎。整个19世纪，当地的牡蛎养殖业蓬勃发展，但1902年发生的悲剧却令这一切戛然而止。当时，附近的温切斯特和南安普顿市举办了两场大型宴会，宴会上用了埃姆斯沃思牡蛎来招待来宾。在随后的几天里，有63人相继病倒，其中4人死亡，包括温彻斯特大教堂的大主教——威廉·史蒂芬斯（William Stephens）。他们都得了伤寒，病因是食用了被污水污染了的牡蛎。原来，当地最近在铺设下水道和排水管，污水刚好排放到牡蛎养殖场正上方的港口里。中毒事件曝光之后，埃姆斯沃思牡蛎养殖场立刻就被人们遗弃了，数百人旋即失业。

事实上，有时候吃了软体动物尤其是双壳纲发生中毒事件并不是动物的错，而是因为我们污染了它们生活的海域。即使在发达国家，大部分人类垃圾都被收集起来集中处理，仍然避免不了把污水排放到海中，尤其是在大雨之后下水道超负荷运转的时候。其他废水则来自农场的化学肥料，它们从土壤渗透到地下水中，再进入河流和沿海。致病细菌和病毒进入海水之后用不了多久，双壳纲动物就会把它们摄入体内；牡蛎每天可以过滤100升海水，相当于满满一大缸。软体动物本身可能不会被这些毒素侵害，但会将其传递到食用它们的人身上。如果你倒霉的话，就可能会从被污水污染的双壳纲动物那里感染上诺如病毒（也称“冬季呕吐病毒”）、大肠杆菌、李斯特菌或沙门氏菌。从以往记录来看，最大规模的吃软体动物中毒事件发生在1988年的上海，当时有近30万人因吃了被污染的蛤蜊而得了甲型肝炎。

食用双壳纲动物还会让人类患上其他疾病。从那些疾病简单又直白的名字就足以看出其主要症状，比如麻痹性贝毒、失忆性贝毒、腹泻性贝毒，还有神经性贝毒以及所谓的“可能性河口相关综合征”。对体弱者而言，稍微多吃一点软体动物都可能会致命。必须再次强调的是，疾病的根源在于双壳纲动物滤食海水这一习性。它们以海水中的浮游植物为食，这些微生物可以进行光合作用。浮游植物种类繁多，其中大约有80种含致命毒素，包括一些甲藻和硅藻。它们可以产生一些怪异的有毒化合物，像蝎毒、石房蛤毒素和软骨藻酸，这些化学物可以引发各种贝毒疾病。

这些致命的浮游植物有时候会在短时间内大量繁殖，从而引发赤潮现象。不过，现在的科学家更喜欢使用“有害藻华”这个术语来形容它们，因为它们可以把海水染成紫色、绿色或暗褐色。双壳纲动物被有害藻华包围之后，仍然从海水中滤食浮游生物，继而摄入毒素。我必须再强调一次，这些毒素并不会侵害双壳纲动物，但会在它们身体中积累，进而影响到食用它们的人（可能还包括那些古代的安第斯萨满巫师，他们通过食用贝类与“神明”交流）。有害藻华的发生不受人类活动影响。最近，古生物学家在智利北部的阿塔卡马沙漠发现了一片有900万年历史的墓地，里面埋有至少40头鲸鱼，其死亡原因很可能是食用了被有毒浮游植物污染的鱼。

真正的坏消息在于，有害藻华的现象似乎愈演愈烈。数十年前，仅有少数几条海岸线存在这种现象，但如今几乎蔓延到全世界了。同时，贝类中毒的现象也越来越普遍，人类食用软体动物的风险越来越大。1980年代，每年都会发生近2000起食用贝类中毒的事件，而最近这个数字超过了6万。不过，也有可能是人们比以往更加意识到这些问题的存在，所以公布的比例才比以前更大。同时，也可能是因为世界的总人口增多，食用贝类的人口比例也随之增长了。单单是中国，蛤蜊的消费量在过去30年里就增长了400倍。然而，吃贝类海鲜中毒更深的根源可能在于，人类还在以间接的方式“毒害”海洋。

有害藻华大面积爆发的诱因仍在研究当中，但有一个因素是无法否认的：海水富营养化。不管来自哪里，只要硝酸盐和磷酸盐被注入海水和湖泊中，都会导致有害藻华爆发的几率大大增加，因为浮游植物会吸收这些营养物质继而疯狂生长，就像把肥料添加到土壤中会让植物疯长一样。额外的营养物质会刺激产生更多浮游生物。

人工肥料和大规模农业的兴起是导致营养物质剧增的重要因素。自工业革命以来，沿海水域的磷酸盐浓度平均增加了两倍，硝酸盐增加得更多。家庭清洁剂也牵涉其中。环境保护者正在采取行动，力图禁用这些会导致海水富营养化的产品。近年来，欧盟、美国都严格控制洗衣粉和洗洁精中的磷酸盐成分，所以生活在硬水区的人们不得不忍受玻璃器皿没法洗得像过去那样透明、闪亮了。近几十年来，鱼类养殖场，特别是鲑鱼养殖场的大规模增加，也导致大量营养物质汇入大海，还有鱼类的残余食物和排泄物等。

除了导致浮游生物大量繁殖，洪流般的营养物质汇入海洋还会引发次生生态灾难。有毒藻华爆发结束之后，通常是几天、几周或几个月后，死亡的浮游生物会沉入海底，继而被细菌分解。分解过程会消耗水体中的溶解氧，形成所谓的“死亡区”——在这个区域，几乎没有水生生物能够存活。1960年代以来，全世界的死亡区数量每十年就会增长一倍。其中，最大、持续时间最长的一个死亡区是墨西哥湾，这里地处美国得克萨斯州和路易斯安那州的边缘，污染源主要是经密西西比河流过来的污水。2014年，墨西哥湾死亡区的面积达到1.3万平方公里，大小相当于美国康涅狄格州或英国东安格利亚的面积。此外，气候变暖也加剧了海水富营养化的程度，因此，有害藻华的规模会越来越大，死亡区的范围及持续时间也会更糟。

为了应对这些威胁，许多国家都建立了检测机制，确保贝类海鲜食品不受污染。早期预警系统旨在预防和检测有害藻华现象的发生，当它们即将爆发时，附近的渔场和养殖场都会关闭，直到污染风险消失。许多国家会定期检测贝类体内的细菌和毒素水平。如今，虽然污水必须经过处理才能排入海中，但沿海污染仍然是一个很大的问题。

欧洲的养殖场对贝类进行了严格的分类，其标准是贝类粪便中所含的大肠杆菌数量。A 级软体动物是指那些捞出就可以直接食用的，每100克贝肉中所含大肠杆菌少于230个。B 级软体动物所含的大肠杆菌数量较多，每100克贝肉中有多达4600个大肠杆菌，食用前必须经过净化处理。欧洲和美国爆发了吃埃姆斯沃思牡蛎中毒事件以及其他各种伤寒病之后，科学家提出了很多净化双壳纲动物的方法。目前已经有一种成熟的方法，可以清除贝类体内的污染物：把双壳纲动物放在活水中冲洗42小时，并用紫外线加以照射。为了确保食用安全，一些 A 级的牡蛎有时候也需要净化处理。C 级软体动物是指那些每100克贝肉中含高达6万个大肠杆菌的种类，它们在食用之前必须被放到干净的沿海水域中进行长时间净化。而100克贝肉中大肠杆菌数量超过6万的软体动物是严禁食用的。

如今，大多数进入市场的软体动物都是可以安全食用的，至少在发达国家是这样。不过，这样的事情并不值得自豪，因为这只是我们不得不发明保护自己免受自己制造的污染物荼毒的方法而已。食用软体动物还有另一个重要的问题：因为贪恋它们的美味，在进行养殖之前，我们已经从海里捕捉了太多的软体动物。

被吃到濒危的砗磲

在因人类活动而濒临灭绝的野生物种中，最早的已知案例是一种巨型蛤蜊——砗磲（Giant Clam），时间大约是在12.5万年前。砗磲是地球上现存最大型的双壳纲贝类。它们的体长可超过一米，寿命可超过一个世纪。许多年前，我在澳大利亚的大堡礁见过一只活着的砗磲，并为它的巨大体形深感震惊。我俯下身子冲它微笑，而它也用那色彩丰富的褶皱唇边咧嘴一笑，[①] 仿佛是回应我。通过几百只小小的眼睛，这只砗磲感知到我的影子正笼罩在它身上，于是缓缓收起外套膜并关闭双壳。人们有时候会把它们看作危险的陷阱，但这样的想法其实毫无道理，因为从来不曾听说有人被夹在这些巨大动物的双壳之中。正如许多传说中的怪兽一样，

① 它们的肉质外套膜之所以颜色如此鲜艳，是因为体内生活着一种名为“虫黄藻”的光合微生物，类似于寄生在珊瑚体内的微生物。

我们不需要担心砗磲；相反，我们应该担心一下自己对它们的所作所为。

几年前，一支潜水队在红海进行探测活动，他们在温暖而干净的海水中发现了一种前所未见的砗磲。来自德国阿尔弗雷德·韦格纳研究所的克劳迪奥·里希特（Claudio Richter）乍看到这种砗磲便怀疑它是一个全新品种，完全不同于此前已知的7种砗磲。随后，他们通过物理分析和DNA检测确认这确实是个新品种，并将其命名为“棱纹砗磲”(Tridacna costata)。不过，潜水员只在亚喀巴湾和红海北部的暗礁中发现了少量活的棱纹砗磲。为了弄明白砗磲是否一直这么少，里希特团队也在陆地上寻找它们的踪迹，比如红海边的沙漠、高出海平面的化石礁。他们发现，棱纹砗磲大量存活于12.5万年前，这片地区有80%以上的巨型蛤蜊都是砗磲。而如今，它们的数量仅占现存蛤蜊种群的不到1%。这些年来，棱纹砗磲的体形已经明显变小，如今砗磲的平均体长为30厘米，而体重则不足过去的5%。

导致巨型蛤蜊体形骤缩、数量减少的最大原因，可能是人类的过度捕捞。人们猎杀动物时总是优先选择体形最大的，因此，一个野生动物的种群体形明显缩小，足以说明人类进行过干预并且直接促就这种现象。在砗磲这个例子中，早期的人类也留下了他们的作案工具。在距离红海沿岸稍远的化石礁中，考古学家发现了一些旧石器时代的石头工具，它们是那些涉水寻找猎物的人们留下的，专门用来给蛤蜊和牡蛎开壳。这些发现重塑了我们对人类移民的理解，也提供了一个新的证据，证明这条从非洲出发的沿海航线可能很重要。因此，那些已在红海中生活了数千年的砗磲随后数量剧减，也是预料中的事了。

人类把软体动物吃到濒临灭绝的故事并不罕见。非洲那巨大的贝壳堆证明女王凤凰螺（Queen Conch）曾广泛存在于加勒比海；如今它们已经非常罕见，尽管国际社会都在尽力加以保护，但数量还是不断地减少。在加利福尼亚海岸的海藻带中，潜水员下潜得越来越深，以寻找珍贵的鲍鱼。如今，白色和黑色的鲍鱼已经濒临灭绝，红色和绿色的品种同样如此。

在被吃到濒临灭绝的软体动物中，或许最著名的应该是纽约生蚝（牡蛎）。在过去，人们可以轻松地从哈德逊河中捕获数百万只。马克·科尔兰斯基（Mark Kurlansky）在其著作《大牡蛎》（*The Big Oyster*）中讲述了生蚝的故事，他曾数次提到曼哈顿居民食用的贝类离原产地只有几个街区的距离。随着纽约地区的生蚝减少，当地渔场开始对沿海进行扫荡，并留下一连串毁灭性痕迹。澳大利亚和美国的西海岸也发生了同样的事情，这两个地方都有类似的短期渔场，专门为悉尼和旧金山提供生蚝。

软体动物的野生种群不断减少，如今我们食用的大部分都是人工养殖的。不过，在世界的少数地方，为了不让历史重演，人类正在进行积极干预，野生牡蛎得以大量繁殖。

红树林牡蛎

沿着猴面包树及其生长的贝壳岛海岸向南走一小段路，我看到了更多贝壳堆。接着，我登上一艘锈迹斑斑的渡船，和拥挤的人群一起渡过冈比亚河宽大的河口，以比步行还慢的速度朝冈比亚的首都班珠尔驶去。班珠尔坐落在河流与大西洋交汇处的一座岛上。这个国家的其他城市都在东部，因此整个国家的地形是难以想象的绵长和狭窄，就像一根手指戳进了塞内加尔。接着，我坐上出租车继续赶路。车子穿过连接班珠尔和大陆的大桥，我看到路边有一连串银灰色的土堆，还有一队停靠在路肩的车辆。这里是冈比亚人购买牡蛎的场所。

牡蛎在冈比亚是一道美味佳肴，就像在世界其他地方那样。冈比亚牡蛎价格也不贵，一袋熏干的牡蛎只需要25冈比亚达拉西[1]，还不到40便士。这种牡蛎来自一个特别的地方，即班珠尔附近的那片茂盛、肥沃的红树林。坦比国家湿地公园的占地面积略小于曼哈顿岛。这片水上森林边缘处分布着一些小型聚居点，里面住着一群在红树林根部采集牡蛎的女人。她们中的许多人都是家中唯一的经济支柱，而她们的男人不是懒惰就是已经去世。我打算拜访一下这些牡蛎采集者，还有另一个颇具传奇色彩的女人——她帮助这些牡蛎采集者解决生计，还保护了冈比亚这片脆弱的湿地。

这个女人名叫法托·詹哈（Fatou Janha），人们尊称她为“法托阿姨”，她出生、成长于冈比亚。法托的前半生都与她的外交官丈夫漂泊在外，晚年时返回故乡。后来的某一天，她停下脚步，与卖牡蛎的人来了一次交谈。

童年时期的法托看到过很多女人在通往班珠尔的道路边售卖牡蛎。“我突然意识到这些人需要帮助。”当我们坐在她的办公室时，她这样告诉我们。她的办公室离旧杰什旺市场（Old Jeshwang

① 冈比亚的货币单位。

market）不远，打开的窗户不时地传来家禽的鸣叫声。“起初，那些卖牡蛎的女人不知道我为什么对她们感兴趣，因为她们已经被忽略得太久了。就像我经常说的，人们只注意到她们售卖的牡蛎，却不知道牡蛎背后的故事。”

在那次交谈中，这些女性牡蛎采集者向法托诉说了自己的生活故事，还有入不敷出的种种困难。最后，法托留下了自己的电话号码，并告诉她们如果有需要的话，可以打电话向她求助。回家后的法托一直等待着，几周之后，电话铃终于响了。

法托刚回到冈比亚时，开了一家专门制作和销售衣服的时装店。多年后的现在，她打算将精力投入“TRY 牡蛎妇女协会”上。第一次和那些售卖牡蛎的女人交谈之后，法托就产生了成立这一社区项目的想法。她希望可以帮助坦比地区的女人改善生活。

2007年，TRY 牡蛎妇女协会刚刚成立，此时，坦比的自然资源也有点开发过度。1960年代以来，邻国塞内加尔和几内亚比绍的国民不断地迁往坦比，导致这里的人口剧增。这些移民中很多都是约拉族人，几个世纪以来，他们一直居住在海岸地区，特别是塞内加尔共和国南部的卡萨芒斯（Casamance），该地区长期处于动荡之中。到如今，这些移民已经在坦比定居多年，女性经常在富饶的海域采集贝类售卖，以此养家糊口。但是，最近十年，能采集到的贝类越来越少，她们被迫进入红树林地区采集。然而，就算是在这里，能找到的少数贝类也是骨瘦如柴。法托来的时候，这些牡蛎采集者已经很难靠采集红树林的牡蛎维持生活了。

法托做了一件简单但很有效果的事——她把这些女性牡蛎采集者集中起来，让她们有了可以统一发声的渠道。一开始，TRY 牡蛎妇女协会只有40名成员，都来自同一个村庄。法托帮她们在银行开了一个账户，并筹到了一些启动资金；随后，她又制订了一个小额的信贷计划，让这些女人在雨季来临时也能做点小生意。她还开办培训机构，教这些女人和她们的女儿烘焙面包、制作小玩意。她也会为她们提供医疗建议，鼓励她们储蓄理财。最重要的是，法托希望她们能花钱送孩子们去读书。消息很快传播开来。如今，TRY 牡蛎妇女协会的成员已经超过500名，来自坦比地区的15个村庄。几年前，这些成员还是陌生人，如今她们已经成为彼此最亲密的工作伙伴和朋友。

法托建议我们去红树林参观一下，看看这些女性牡蛎采集者工作的地方。因此，我们租了一艘小船，沿着支流缓慢行驶。这些支流被称作“博隆”(bolong)，它们流经坦比湿地，将这片森林划分成一块块马赛克般的小岛。在我们周围，红树那饱含盐分晶粒的叶子向上舒展，粗壮、发达的根部彼此缠绕，浸入水中。一只冠翠鸟从我们身边掠过，犹如一支铁蓝色的飞镖。高高的树枝上栖息着一群鹈鹕，正用其巨大的鸟喙梳理身上的毛。这片湿地栖息着大约360种鸟，包括许多全球性候鸟。因此，来自世界各地的观鸟爱好者经常在此出没。森林中还有很多其他居民，但我都没看到。同行的人告诉我，这片茂密的红树林中栖息着红疣猴，还有会在红树林中穿行寻找蛤蜊的小爪水獭；这片朦胧水域下的某处甚至还藏有一头海牛。

我们穿过红树林，小船不时地发出轧轧声。在此期间，法托告诉了我更多关于采集和售卖牡蛎的故事。这些女性采集者每天都要花好几个小时给牡蛎剥壳，村里的年轻男人偶尔也会帮忙。然后，她们要把剥离出来的牡蛎烘干、熏制。在此之前，她们已经对林中的水质进行了长时间的观察，以确保牡蛎可以生吃。法托希望当地的旅馆和餐厅可以采买并销售这些加工过的牡蛎。如今，也有不少度假者来到冈比亚。他们主要分成两类，一类是寻访野生动植物的学者，另一类是追求廉价的阳光、沙滩和海水的游客。法托希望能劝动他们尝试下这里的海鲜。

采集牡蛎很辛苦，但与做女佣(坦比女性的另外一种谋生方式)相比，坦比的女人更倾向于选择前者。牡蛎让她们可以独立，也赋予了她们一种归属感——如今，TRY 牡蛎妇女协会的成员们是一种紧密的姐妹关系。法托向我解释，这些女人是冈比亚最贫穷的阶层，整个群体都被边缘化了，其他冈比亚人几乎不知道她们。

法托说："我希望她们能获得社会的尊重和认同。"那么多的冈比亚人喜欢吃牡蛎，却从来不关注这些牡蛎来自哪里，是谁采集的。对此，法托深感愤怒。我与法托相处的时间虽然不长，但我看到了她是如何畅所欲言，如何帮助坦比的妇女谋生，如何辛勤地经营 TRY 牡蛎妇女协会。当然，她坚持认为这些女人才是最坚强的。

我们熄灭小船的引擎，法托大声喊起来。不一会儿，我们听到了回应，那是在茂密的红树林中工作的女性采集者彼此交流和定位的方法。我们继续沿着小溪向下走，看到两位采集者正忙着采集牡蛎，她们的独木舟被竖起来搁在一边。

时值5月初，正是采牡蛎的最佳时节。几年前，采集者都是在6月雨季来临之前才离开红树林，然后在12月再次返回采集。现在，她们把重新采集的时间推迟到来年3月，这样牡蛎就有更多的生长时间。作为热带生物，红树林牡蛎的生长速度比在寒冷水域中的同类更快，几个月的时间就会有很大变化。这一年因为禁渔期延长了，采集者们惊奇地发现可以采到更大只的牡蛎，这些牡蛎显然可以卖出更高的价格。禁渔期带来的另一个好处是，体形大的软体动物有机会留下更多后代。

TRY 牡蛎妇女协会最具开拓意义的成果是达成了一项协议，授予她们在坦比湿地工作的专属权利。TRY 牡蛎妇女协会的成员以及她们的顾问委员会有权决定谁能采牡蛎，并处罚那些违反规则者。这是非洲的妇女团体首次获得了一项自然资源的所有权，从而奠定她们的生计基础。坦比湿地不再是一个对所有人都免费开放的地方。

每个村庄都可以自行支配流经其村庄的支流，同时也会有一些公共区域，TRY 牡蛎妇女协会所有成员就在这些公共区域作业。如今，除了统一延长禁渔期，坦比湿地的部分区域被拿出来用于轮作；或者把禁渔期的时间再延长一点，让附近的牡蛎数量可以得到恢复和补充。那些非法砍伐红树林的人，以及在错误的时间或地点采集太多牡蛎的人，一经发现，都会面临极为严厉的惩罚。这项协议还规定这些女人可以从河床采集西非血蛤；不过，采集太小的血蛤也会面临严厉处罚。

如果法托没有通过 TRY 牡蛎妇女协会把这些采集者联合起来，以上这些权利都不可能争取到。她们取得的协议是一个多机构联合管理的复杂计划，涉及林业、渔业和其他诸多部门。谈判任务十分艰巨，因此这些妇女必须联合起来。如果她们仍然单兵作战，彼此不互相了解、交谈，那么上述协议将永远不可能达成。此外，TRY 牡蛎妇女协会不是简单地拥有湿地的权利，她们也致力于把坦比湿地发展得更好——她们如今已经成为坦比湿地的官方托管人。

潮水退去，我从船上下来，打算踩着海水走到那些采集者工作的地方去，但我很快就被脚下的淤泥卡住了。淤泥没过了我的膝盖，牢牢地固定住我的脚趾。我摆动手臂，尽力让情况变得不那么糟糕。一个采集者发现了我的窘境，便走过来帮我。在她的牵引下，我毫不费力地被拉了出来。随后，她引导我站到更高、更坚实的地面上。我用自己会的一点点沃洛夫语向她表示感谢，但她只是对我笑了笑，然后继续工作。我看到她戴了两层手套，以保护自己免受那些尖锐的贝壳伤害，然后用小刀灵活地从暴露在空气中的根系刮下牡蛎。那些牡蛎外壳厚重，让红树林的根部看起来像埋在凹凸不平的混凝土泥浆里。

在过去，一些牡蛎采集者会用砍刀砍下整个树根，以采集覆盖其上的大大小小的牡蛎，这种行为不仅会破坏红树林，也彻底摧毁牡蛎幼苗的栖息地。如今，采集者的行为更具科学性，她们只采集较大的牡蛎；另外，TRY 牡蛎妇女协会的成员也尝试用一种类似养殖贻贝的方式，把绳索悬挂在水中来捉取牡蛎幼苗。

我看到一名采集者拎着装满牡蛎的篮子走到水边，然后把牡蛎倒进独木舟中。我想跟上她，结果又陷进了淤泥里。情况真是让人尴尬。不过，之前那个帮助过我的女人再次停下手边工作，用她那力气大到不可思议的手把我救了出来，这时候我才注意到，原来她已经有了至少6个月的身孕。

食欲与自然的平衡

在红树林参观的几天之后，我看到了采集牡蛎的人们庆祝丰收的热闹场景。原来，法托每年都会举办一次牡蛎节。这个节日旨在筹集资金，提升冈比亚牡蛎在人们心目中的形象，同时让 TRY

牡蛎妇女协会的成员可以庆祝一下。在采集者剥壳、熏制和出售牡蛎的那条道路的旁边，在一大片猴面包树的掩映之下，人们搭建了一个沙质舞台。我到达庆典现场时，那些女性采集者正在列队入场。每个成员都携带了一面写有自己名字的旗帜，并穿着特制的节日服饰。参与者都穿得很漂亮：有些村民穿着蜡染过的镶边蕾丝连衣裙，整个人充满活力；有些则穿着洁白的衬衫，搭配扎染过的半身裙，脖子、肩膀都挂着一串串五颜六色的珠子。她们的发型都做得很精致，有的梳了很整齐的辫子，还带上明亮的发夹；有的戴着与连衣裙相配的鲜艳头巾，还系成优雅的蝴蝶结状。她们走到舞台附近载歌载舞，这样的活动将会持续两天。

乐队由一群活力满满的年轻男子组成，鼓手有四名，还有一个手持破旧萨克斯的号手，他们都尽量不间断地吹奏出和谐的乐声。舞台上还有一套音响系统，包括发出嘈杂声的扬声器和一个麦克风，人们纷纷跑上去唱歌，完全没流露出胆怯的意思。

从少女到老太太，她们围成一圈，轮流到舞台上为底下唱歌、拍手和欢呼的人们表演跳舞。鼓手的节奏伴随着阵阵口哨声，女人们脖子上戴着的鲜艳项链，这些都让整个场面看起来像是90年代初的狂欢嘉年华。这是我第一次参加牡蛎节，可我却觉得这是世界上最热闹最快乐的牡蛎节了。

演讲环节开始的时候，音乐和舞蹈都暂时停歇了。这个环节主要是为了感谢出席的赞助商和高官，他们正端坐在太阳伞下观看各种表演。演讲完毕后，热闹的庆祝活动再次开始，一个非同寻常的表演开始了：TRY 牡蛎妇女协会的成员将进行摔跤比赛。

在西非，摔跤是一项很受欢迎的运动，但通常只有男性可以参加。在塞内加尔和冈比亚的海滩，每日早晚都能看到很多年轻男子聚在一起练习摔跤。职业摔跤手的薪水甚至可以比肩国际足球明星，比赛也常常能吸引大批观众。让女性也玩一玩摔跤这个主意是法托想出来的。

法托说：“既然约拉部落以摔跤闻名，那为什么女人就不能玩摔跤呢？”她解释道，很多女生都和兄弟姐妹在家玩过摔跤，那为什么不为 TRY 牡蛎妇女协会的成员举办一场摔跤比赛呢？这种做法从未有过，所以法托只能猜测大家的反应。事实证明，就像法托下决心做的很多事情那样，牡蛎节上的女性摔跤比赛同样取得了巨大成功。

一对对女选手走到沙地摔跤场上，她们都身穿华丽服装，腰部束有摔跤带。比赛正式开始之前，她们会先表演一段有奚落、跺脚动作的舞蹈，试图恐吓对手。当比赛正式开始后，她们会锁住对方的胳膊和头，尽力将对方按在地上，裁判则在旁边监督、评判。有时候，一个摔跤手可能会成功抓住对手然后将其抛向空中，这个时候就会引发群众的剧烈反应。他们把胜利者举在肩上，环绕赛场一周；失败者有时候也有这样的待遇，但大多数时候我都分不清谁是胜利者谁是失败者，不过，这些都不重要。

我一边看表演一边吃牡蛎，心情很是愉快。我认为，这些从红树林中采集的牡蛎，无论味道还是外表都很像蓝贻贝（Blue Mussel），而非牡蛎本身。它们和太平洋牡蛎一样，同属巨蛎属，但前者要比后者小。我正在想着牡蛎春卷和芥末牡蛎亚萨（一道非常传统的西非菜肴）到底哪个更美味时，有人喊了我的名字。

法托表示，该是我上场表演的时候了。虽然我一再表示自己不懂比赛规则（到目前为止，我仍然没看懂比赛规则），但她还是坚持让我上场。她还算仁慈，没让我和那些来自 TRY 协会的成员或她们强壮的女儿直接比拼；法托从围观的人群中选了另一名同样一脸茫然的欧洲游客。

我们也表演了战前舞蹈，当然，都是对前面参赛者的拙劣模仿。几分钟后，围观的群众发出欢呼，我们开始推推搡搡。很快，大家就发现我明显在小时候没和姐妹们练习过摔跤。对手一把抓住我，飞快地把腿移到我身后，一下就把我撂倒在地，然后熟练地骑在我的背上。我躺在沙地上，凝视着有些刺眼的太阳，一大群兴奋的牡蛎采集者朝我跑过来，我觉得是时候撤退到帐篷里继续品尝牡蛎了。

无论是对环境还是对食客而言，决定哪些海鲜好吃或不好吃都不是件简单的事。这取决于你吃的海鲜来自哪里，是以什么样的方式捕捞的，以及是谁捕捞的。最近，泰国爆出一些可怕的传闻。当地有些渔民被迫驾驶渔船出海捕捞“杂鱼”，而且还没有酬劳可拿。于是，大量或不可食用或体形过小的鱼类被从海洋中打捞上来，做成鱼粉和鱼油，用于饲养将被卖到欧美国家的养殖对虾、小虾及鱼类——这样的行为无疑是在破坏海洋生态系统。然而，吃冈比亚牡蛎的时候我却很放心，因为这些牡蛎不是通过伤害大自然或人类得到的。当 TRY 牡蛎妇女协会的成员在表演摔跤、唱歌和跳舞时，我忽然有种感觉，其实事情也可以很简单：保护重要的生物栖息地（例如红树林），不吃生长缓慢的古老品种（例如砗磲），保证渔民可以获得相应的报酬。适用于红树林中的牡蛎的简单原则，本来应该应用到所有人类食用的海鲜身上，然而令人悲伤的是，它似乎只是一个特例。

第 5 章

软体动物的家园

A Mollusc Called Home

下一次我再遇到牡蛎，虽然看不见它们的身影，但我却知道它们在哪里。我站在曼博斯墩（Mumbles Pier）的尽头，眼前的灰绿色海水是被西风从斯旺西海湾吹过来的，十分浑浊。看来，今天不适宜出海。海湾的另一侧是塔尔伯特港，从这里看过去能隐约看到港内炼钢厂的冷却塔，这片景象时常被人们喻为“工业版的魔多”①。相比之下，西侧的我们这边，情况似乎好得多。

如果天气好的话，我现在应该已经和渔业学者安迪·伍尔默（Andy Woolmer）一起，乘着他那艘可靠的科考船“海王星”号去寻找牡蛎了。我们会在水下四五米的位置放一个小拖网，然后看看能捞到什么。如果海水足够清澈，我们还会放一台水下摄像机，去看看海底到底有什么。

然而，此刻我们只能在码头上散步。曼博斯墩始建于一百多年前，目前正在进行修复；码头靠近海滩的一侧有一个喧闹的游乐场，另一侧则停靠着一只全新的救生艇。我们从曼博斯岛的“双峰”（这个独特的名字源于它们那类似女性胸部的曲线）向远处眺望。安迪指着海面上浮动的橙色浮标，那是几年前他发现的一个废弃牡蛎养殖场的所在。

1898年曼博斯墩初建成时，奥伊斯特茅斯（Oystermouth）小镇的牡蛎水产业正处于蓬勃发展的状态。镇上有数百名牡蛎工人，英伦三岛交易的数百万只牡蛎都源自他们之手。如今，牡蛎水产业的幽灵依然在这片海岸之上徘徊。

---

① 魔多（Mordor），英国作家托尔金创作的长篇奇幻小说《魔戒》中的地区，位于中土世界东南方，归黑魔王索伦（Sauron）管辖。——编者注

沙滩上随处可见牡蛎打捞船的残骸，还有当时被用作牡蛎栖木的低矮围墙——渔民会把打捞到的牡蛎在此存放几天，让它们闭合贝壳以便在干燥的环境下存活更久。待时机成熟，再用长途汽车把它们运到伦敦。因此，镇上曾经随处可见牡蛎摊、牡蛎小酒馆，小酒馆里还供应一种特殊食物——牡蛎牛排，并佐以浓烈的黑啤酒。在那个时候，牡蛎是一道大众菜肴，并非专属于富人的美味。直到1920年代，奥伊斯特茅斯小镇每年都会举办盛大的活动，以庆祝牡蛎季到来。孩子们用食品加工点剩下的空贝壳来搭建贝壳洞，就像是碳酸钙版本的圆顶小屋，在里面点起蜡烛可以让洞穴看起来闪闪发光。在海边散步的人会给洞窟搭建者一些零钱以示鼓励。

威尔士南部的这片海域有着悠久的牡蛎养殖史。300多年前，奥伊斯特茅斯小镇的牡蛎养殖场是英国最多产的养殖场。甚至有人认为，早在公元1世纪的罗马占领时期，当地人就已经在这片水域采集牡蛎了；如今镇上仍有罗马建筑的遗迹，曼博斯山上还发现过牡蛎壳形成的贝丘，其所在位置可以俯瞰大海，但这些东西的具体年代尚不确定。不过，如今的奥伊斯特茅斯小镇早已不见当年的牡蛎渔民、牡蛎摊、牡蛎牛排和贝壳洞穴了。

安迪·伍尔默曾试图恢复曼博斯的牡蛎水产业，如果他的计划奏效，那他恢复的可不仅仅是消失了的牡蛎水产业，遭到破坏的生态系统也将得到恢复。

废弃的养殖场

正如众木成林，珊瑚虫聚集形成珊瑚礁，牡蛎也以类似的方式成为大自然的建筑师。在世界各地，不同品种的牡蛎聚集在一起形成苗床、浅滩和礁岛，为其他生物提供庇护所。在这些庇护所里，水生附着生物可以建起合适的巢穴，食草动物可以找到充饥的绿色、红色和褐色海藻，食腐动物也永远不会挨饿。物种各异的生物在这里以不同的方式相互联系、相互依赖，形成了一个复杂的生态系统。实际上，研究牡蛎也为现代生态学研究铺平了道路。

卡尔·莫比乌斯（Karl Möbius）最初考察德国基尔湾附近的牡蛎养殖场是出于经济目的。1860年代，莫比乌斯受普鲁士政府委派寻找提高牡蛎产量的方法——这些海鲜广受欢迎，利润丰厚。调查之后，他认为波罗的海的这片海域并非养殖牡蛎的最佳场所，但他也因此有了一个更大、更重要的发现。

莫比乌斯研究了很多牡蛎礁，那里聚集了众多牡蛎和牡蛎空壳。他被生活在牡蛎礁中的其他生物震惊了，例如鱼、蟹、蠕虫、海星等。他深信，牡蛎养殖场中的物种丰富程度远胜海底其他地方，并在1883年创造了“生物群落”(biocönosis）一词以描述这些动物生态社区。

他提出了一个创造性观点，认为研究生物的时候不能只研究某一个品种，而应当将相互关联的生物群放在一起研究。然而，“生态系统”这个概念还要再过50年才出现，后者包括了莫比乌斯提出的“生物群落”与非生物的物理环境，例如海水、雨水、土壤等。与此同时，那个启发莫比乌斯提出这一生态学理论基础的牡蛎养殖场以及其中的生态系统却迅速崩塌。

欧洲的海岸上曾经到处都是牡蛎养殖场。如今虽然已很难想象当年牡蛎养殖场的密度之高，但也不是完全无迹可寻。1883年，英国出版了一本彩色图册《渔业地图集》，书中展示了当时本地牡蛎和欧洲食用牡蛎在欧洲的分布情况。这本书的作者是奥勒·西奥多·奥尔森（Ole Theodor Olsen），他曾花费数年走访渔民，了解牡蛎的种类和产量，最后把所有资料、数据整理成书出版。《渔业地图集》显示，当时法国、英国、德国和荷兰的海岸线上开设了许多牡蛎养殖场，分布得密密麻麻的，英吉利海峡、瓦登海和北海南部的大片海域都是如此。

与境内牡蛎养殖场的惊人规模相对应，欧洲对野生牡蛎资源的开发也十分惊人，甚至还超越了养殖规模。在19世纪牡蛎采集的鼎盛期，据说三个人驾一艘小帆船就可以在几个小时内轻易采集到3000只牡蛎。19世纪中叶，伦敦海鲜市场上每年的牡蛎交易量都会超过5亿只。

然而，与大多数的矿产资源一样，牡蛎资源也是有限的。到了20世纪初，这场从罗马时代起就开始的盛宴即将迎来终结。新铺设的铁路网刺激了内陆地区的庞大市场；打捞船造得更庞大、更先进；拖网也越发庞大、有效，可以把海底刮得干干净净。更糟糕的是，工业革命使得厂矿企业得到空前发展，并导致严重的环境污染问题。单是过度捕捞或者海洋污染，就足以让欧洲的牡蛎水产业走向衰落；另一个因素使得局面更加雪上加霜——神秘而致命的病毒。

欧洲的牡蛎盛宴并不是突然终结的。数十种不同的牡蛎聚集形成的牡蛎礁，曾在世界许多地方占据统治地位，但后来这一地位受到了一连串生态灾难的威胁。全球85%的牡蛎养殖场、浅滩和岛礁都消失了：在近130年里，河口减少了144个，其中大部分都分布在北美、澳大利亚和欧洲。意识到牡蛎面临严重的生存问题后，人们才开始收集以上数据，因而实际情况可能更严重。相关人员被派出去调查到底发生了什么事，他们通过触摸来判断那些锋利的牡蛎礁的情况，从而绘制牡蛎的栖息地。调查后，他们发现许多区域与以前相比已经出现退化。

尽管如此，当时还没发现哪种牡蛎灭绝了。它们仍然分散在各地，只是密度比之前更稀疏了。在欧洲，几乎所有幸存的牡蛎大型养殖场都堆满了空壳。这就是2010年安迪·伍尔默带队调查牡蛎生存问题时发现的情况。在那次调查中，他们踏遍了威尔士西南端100公里的海岸线，该地区对面就是圣乔治海峡与爱尔兰。

安迪的调查区域位于斯旺西海湾和米尔福德港（Milford Haven）之间。出发之前，他整理了渔民记录的有关档案，希望找到尽可能多的牡蛎养殖场遗址，并到那些地方调查一番，看看还剩下什么东西。调查小队利用水下摄像机寻找牡蛎并采集检测用的海底样品。安迪找到了几只活着的成年牡蛎，还发现了一些新的威胁，包括最近出现的寄生虫——包纳米虫（Bonamia）。这些致病微生物最早出现在1980年代的英国，然后在附近的海岸蔓延，其传播宿主可能是那些被感染的牡蛎幼苗。被感染的牡蛎看起来没什么变化，但只要通过显微镜就可以在它们的心脏或鳃组织观察到明显的球状寄生虫。牡蛎被感染后的死亡率很高，大约有80%。

另一个问题在于，有一些并非英国本土物种的软体动物威胁到了牡蛎。1880年代，人们为了挽救本地牡蛎，从大西洋对岸引进了美洲牡蛎，这些软体动物就是那个时候无意中带来的。其中有一种叫指甲履螺（Slipper Limpet），通常过着聚居生活，会进行性别转换，并分泌大量粘稠物质——这是一种假粪便，是指甲履螺消化之前吐出的多余食物。这些粘稠物质会在海床上沉淀，导致牡蛎幼苗无法着床、定居。在威尔士以外的地方，第二大入侵性软体动物是美洲刺岩螺（American Sting Winkle），它们非常喜欢吃牡蛎。远离原生水域后，原来的天敌也不复存在，因而美洲刺岩螺可以肆无忌惮地捕食当地牡蛎。

就像安迪发现的那样，威尔士的牡蛎养殖场虽然处境不妙，但也不是完全没希望。在一个如何恢复牡蛎生态系统的研讨会上，当所有科学家都在讨论牡蛎的好处时，安迪指出是时候停止纸上谈兵而采取实际行动了：他希望在威尔士海域重建牡蛎礁。

安迪选择曼博斯作为测试地点有多个原因。首先，这片海域是仅有的几个尚未被包纳米虫污染的地方之一；其次，这里离他的斯旺西海湾研究基地不远。他从威尔士渔民协会那借来了高分辨率声纳，对海底进行扫描并顺利找到几个废弃的牡蛎养殖场。这些牡蛎壳堆会形成产卵场并产生新的牡蛎幼苗。随后，他与经验丰富的渔民芬顿·杜克（Fenton Duke）一起创办了曼博斯牡蛎公司。

“我当然不会把几百万身家都压在牡蛎身上。”安迪这句话并不是炫耀他有几百万的资产，而是在强调这样的行为不会带来任何金钱上的收益。他希望能在曼博斯建立在经济、生态层面都可以持续发展的牡蛎养殖业，也就是说，他希望这一产业可以不依赖外部资金而持续发展，同时还能形成一个可持续的生态系统。

曼博斯牡蛎公司的员工希望可以重现当年牡蛎养殖业的辉煌。自首次从曼博斯打捞到牡蛎时起，这个世界已经发生了翻天覆地的变化。安迪确信，借助21世纪的新技术和细致周到的管理方式，实现上述愿望是有可能的。他想向世界证明，本地牡蛎可以从灭绝边缘重新焕发生机。

他们花了几年时间准备各种文件，并取得曼博斯墩外大约35公顷的矩形海床的使用权。他们获得许可后做的第一件事就是在那里放养牡蛎。在调查海湾期间，安迪发现了一些成年牡蛎，还有两只孤单的小牡蛎，它们正与其他空贝壳粘在一起。现在，他要着手增加这里的牡蛎了。

通过威尔士政府和欧盟提供的种苗基金，安迪从苏格兰赖恩湾（Loch Ryan）购买了4万只成年牡蛎，包括一些没被包纳米虫感染的本地牡蛎。他没有把这几百袋牡蛎运到市场出售，而是运到曼博斯墩，并在2013年到2014年冬季倒入废弃的牡蛎养殖场。

那年的冬天非常漫长，气候十分恶劣，暴风雨不时来袭。安迪很担心生活在汹涌海浪之下的牡蛎。因此，次年春天他匆匆赶回养殖场，发现移植来的牡蛎还有很多存活下来后，他终于松了一口气——本地牡蛎确实可以在斯旺西海湾存活下来。

我站在曼博斯墩上，看着眼前浑浊的海水，想到了另一个重要的问题：那些移植来的牡蛎能在这种环境下健康、快乐地繁衍吗？

牡蛎的冒险人生

牡蛎的生长周期很复杂。你观察它们的成长历程，会发现它们似乎也不知道自己将来要长成什么模样。以本地牡蛎为例，一切都要从雄牡蛎把精子释放到海水中开始。如果一切顺利的话，一些牡蛎精子会漂到雌性牡蛎身边，后者通过虹吸管把精子吸进体内进行受精；还有些雌性牡蛎会把卵子泵出体外，然后和漂流的精子结合，这是体外受精。然而，牡蛎的麻烦也可能从这里开始——如果附近没有雌性牡蛎的话，那这些精子可就完全浪费了。

双壳纲动物不会像蜗牛那样黏糊糊地缠在一起交配。不过，就算它们不进行亲密的身体接触，彼此之间也不能隔得太远。相隔太远的两只牡蛎永远无法受精、繁殖，这就是安迪引进几万只处于繁殖期的牡蛎的原因。他们将这些牡蛎安放在海床上——大约每平方米10个——为这些牡蛎提供最佳的受精机会。如果雌性牡蛎体内受精成功，那么受精卵会在其鳃部和外套腔中度过长达10天的孵化期。接下来，人们就可以在闭壳的牡蛎中看到白色的牡蛎幼虫，那种白就像是生病后的惨白色。这至少可以解释为什么在单词中含有字母“R”的月份吃牡蛎，其食用口感最佳；[①] 在北半球，当年9月至来年4月都十分寒冷，此时牡蛎还没进入全面产卵期。食用繁殖期的雌牡蛎当然没有安全问题，不过有些人并不喜欢吃到牡蛎体内的幼虫。另外，从生态和经济角度去考虑，这个时间段内最好不要去捕捞牡蛎，这样它们才有机会繁衍下一代。随着时间的推移，雌牡蛎体内的牡蛎幼虫逐渐变成灰色、黑色，此时它们已经准备好离开母亲，到外面的世界自力更生了。

雌性大牡蛎一次甚至可以排出多达150万只小牡蛎。以这样可怕的繁殖量来看，世界上应该到处都是牡蛎，其他生物甚至完全不存在才对。然而，海洋是个充满危险的地方，那些牡蛎幼虫只有一小部分能顺利长大。

① 这种说法最早提出于维多利亚时代的英国。

离开母亲的小牡蛎会分泌一片可以折成两半的小贝壳，接着长出一束束毛茸茸的细毛，摆动这些细毛可以推动身体在海水中游弋。接下来的几个星期，它们都会在附近的海域内四处游荡，直到长出另一片贝壳。接着，小牡蛎的两片贝壳中间会长出一只像舌头一样的足，然后它们的身体会下沉，直到足部踩到海床。这时候，小牡蛎将踏上它们生命中最重要的一次捕食之旅。

牡蛎在海床上不断地爬行，直到找到理想的地点安顿下来。如果它们不喜欢自己落脚的地方，就会重新回到水流当中，踩着浪潮踏上继续寻找的旅程。牡蛎迫切想找到的是一种特殊的气味，这种气味将指引它们找到终极大奖——一只可以着陆、安家的空贝壳。牡蛎的空贝壳表面生活着一群细菌和微生物，它们可以刺激牡蛎以及牡蛎壳散发出一种挥发性物质，这些无形的信息素会吸引牡蛎聚拢过来。如果牡蛎实在找不到同类聚居点，它们就会退而求其次，选择在石头或木头上定居。

小牡蛎捕捉到同类气味后就会慢慢靠拢过去，同时准备自己的最后一次变身。它会稍作停留，分泌出一种白垩色的粘性物质，把自身的一片贝壳粘在另一只牡蛎身上（这种粘性物质可以在几分钟内迅速完成粘附）。从这一刻起，这些牡蛎幼贝就可以被称为“蚝仔”了。现在，小牡蛎不需要继续移动，它会吸收掉足部，然后长出巨大的鳃组织；幸运的话，在接下来的20年，它都将通过这个鳃组织来获取氧气和食物。

一年后，牡蛎会进入成熟期，其体形比指甲盖略小。本地牡蛎一开始都是雄性，然后会周期性地进行性别转变；它们在每个产卵季都会进行几次性别转换，先产生卵子，接着产生精子，接着再产生卵子。

三四年后，小牡蛎的体长长至7厘米左右，此时已经达到上市标准。当然，如果它们没被打捞上来，而是继续在海里生活的话，15年后，它们将会形成新的外壳层，体长可达11厘米甚至更大。在此之前，那种诱人的气味会不断吸引其他牡蛎（或许也包括它自己的后代）前来粘附，一只接一只，一年复一年，渐渐形成牡蛎苗床和浅滩。

人们很早之前就已经知道牡蛎复杂的生命周期了。他们发现牡蛎彼此粘附、喜欢群居的特点之后，也就找到了增加收获的方法。19世纪末正是捕捞牡蛎的黄金时期，美国人从剥壳作坊和罐头厂回收空贝壳，然后把它们扔回牡蛎所在的海域。只要那里仍有足够多的成年牡蛎，这些空的牡蛎壳就可以为它们的后代提供更多居住和生长的空间。

有时候，人们在扔回空贝壳的同时，也会清除牡蛎的天敌，包括海星。1879年，康涅狄格州的纽黑文市引进了“海星拖把”（starfish mop）。把这些破旧的棉绳放在海底拖行，可以缠住海星黏糊糊的管足，把它们收集起来；然后再把缠载海星的拖把拉出来，丢进沸水中烹煮。人们再把空的牡蛎壳和一些成年牡蛎一起投入海中，来帮助牡蛎繁殖下一代。因此，就像农民耕种土地一样，渔民也会充分“耕种”海底资源。

近年来，环保主义者也开始采用这种将牡蛎空壳放回海中的做法，希望修复几十年来造成的破坏。然而，重建生态系统是一个十分困难的挑战，也无法保证能够一直奏效，但不论如何，这些行为对牡蛎来说似乎是有效的。重建的效果颇为显著，尤其是在美国，功能齐全的牡蛎栖息地正在渐渐恢复。美国的东西海岸都有能帮助修复栖息地的牡蛎品种：大西洋海岸有“东部牡蛎”

（Eastern Oyster），太平洋海岸有奥林匹亚牡蛎（Olympia Oyster）。牡蛎在海底大量聚拢会形成几米高的牡蛎礁，过去这些尖锐、坚硬的牡蛎礁可能是航海船只最怕遇到的危险；不过，除了偶尔会撕裂船体，牡蛎礁也做了很多好事。

足够坚固、庞大的牡蛎礁可以保护海岸线免受暴风雨侵蚀，可以为幼鱼、幼贝提供庇护所，帮助它们避免被人类捕获。此外，所有双壳纲贝类都在清洁海水方面发挥重要作用。大约100年前，曾经有一段时间，从美国许多河口流出的每一滴河水都会先经过牡蛎的鳃部，再从江河汇入大海。数百万只牡蛎对水进行了过滤和清洁，并且完全不收费。牡蛎能去除淤泥和泥沙中的悬浮颗粒，减少后者令海草及其他喜光生物窒息的可能。它们还能很好地吸收人工肥料和人类污水中的残留营养物质，有效遏制有害藻华的爆发。不幸的是，就像欧洲存在的过度捕捞、引发疾病情况一样，美国海岸线附近的牡蛎也面临同样问题。

剑桥大学的学者费琳娜·楚·埃姆加森（Philine zu Ermgassen）对比分析了以往和当前的牡蛎礁数据，得出了以下结论：如今，美国已知的河口中，只有一个还有足够的牡蛎可以过滤河水。在她研究的13个河口中，只有在佛罗里达州狭长地带的阿巴拉契科拉湾还有足够多的牡蛎，可以过滤即将注入墨西哥湾的河水。这一令人难以置信的事实，很大程度上还是得益于当时自然保护主义者重新引进、繁殖牡蛎的努力。在美国，几乎每个沿海的州都在实施着不同形式的修复牡蛎生态家园计划。当地居民组成志愿小分队牺牲自己的时间，专门参与这项活动，因为他们希望看到牡蛎在家门口重现。

目前，人们正在测试各种将贝壳放回海里的技术。卡纳维拉尔国家海岸浅水区位于佛罗里达州，距离约翰·肯尼迪航天中心不远，这里禁止人们使用拖网和钓鱼，但牡蛎礁仍然遭受到破坏，大量来往的船只使得牡蛎曾经的栖息地变得光秃秃的。为了解决这些问题，一万名志愿者参与了一项将贝壳捆绑到塑料网上的活动。这些志愿者中有些是轮船船员，他们利用休息时间，在数百万只空贝壳上钻孔，以便把它们固定在礁石上。自从开展这项活动之后，那片海域得到了修复，如今已长满新的牡蛎，和未经破坏的牡蛎礁已经没有区别了。

在路易斯安那州和亚拉巴马州，人们正在尝试利用牡蛎礁来保护海岸线，使其免受飓风和风暴的侵害。回收的空贝壳被绑在塑料网上固定于海岸上，之后它们会逐渐形成新的牡蛎礁。除了塑料网之外，人们还利用混凝土做成内里布满孔洞的礁体，其构造犹如巨大的足球，可以帮助更多牡蛎定居下来，形成新的牡蛎礁。

在美国的带动下，其他国家也在尝试修复牡蛎生态系统。英国计划在几个旧牡蛎养殖区重新引进当地牡蛎，包括埃塞克斯的黑水河口和索伦特南部的海岸，但目前只有安迪·伍尔默和曼博斯牡蛎公司在进行这项事业，而大堆大堆的空贝壳正是这些工程的关键部分。

除了将繁殖期的苏格兰牡蛎引入威尔士，安迪的团队还要把4吨海扇贝壳放到废弃的曼博斯牡蛎养殖场里。目前，那里已经有一些贝壳，但安迪想知道放入更多会不会更有帮助。

这些空贝壳来自附近的巴里湾。那里的人们在退潮时，仍然会使用手耙和筛子，从泥浆和沙滩中采集牡蛎，这是几个世纪以来的一贯做法。牡蛎加工厂处理完牡蛎后剩下大量空壳，厂长们允许安迪的团队处理这些废弃物。不过，雇用船只和船员将这些空贝壳运到曼博斯需要花上数千英镑，安迪正在努力寻求合适的方法来推动整个计划，保证其经济、可行。

安迪想到了一个好主意，为那些入侵的指甲履螺找到合理的用途。他正在尝试推行一个计划，将那些误捕上来的黏糊糊的入侵者尽可能多地保留下来，通过冷冻手段使其彻底死亡，再腌制起来，最后出售给当地的垂钓者。安迪告诉我，腌制过的指甲履螺会变得富有弹性，但在海水中浸泡后又会恢复原形，可以作为钓鲈鱼和鳕鱼的完美诱饵。

目前，安迪团队已动用三管齐下的策略恢复曼博斯牡蛎养殖业：引入一批繁殖期的牡蛎；倒入空贝壳，为新孵出的牡蛎提供定居点；清除不受欢迎的软体动物。现在，他们所能做的就是等待，看看引进的牡蛎能否成功产卵。

住在贝壳里的动物

牡蛎不是唯一可以创建生态系统的软体动物，许多其他种类也在为此做出努力。蓝贻贝是一种在大西洋和太平洋浅海水域都很常见的软体动物。它们用黏糊糊的足丝将自己锚定在岩石上，或者相互黏连固定，形成抵御风浪的海堤。你可能已经在沙滩上见过它们把自己固定在岩石上的样子。

马贻贝（Horse Mussel）看起来就像是蓝贻贝的放大版，但它们的味道不怎么样。马贻贝栖息在海面下几百米深的海床，寿命长达50年。马贻贝分布得很广泛，不喜群居，只在少数几个地方聚集成群。最壮观的马贻贝聚居现象发生在缅因州的芬迪湾（Bay of Fundy），那里的马贻贝堆积成山，形成3米高、20米宽、绵延数百米的堤礁，这些贝类栖息地很容易被人们打渔时使用的拖网所破坏。一旦破坏，很可能需要几十年才能恢复——如果真的能恢复的话。

在所有能自行建造栖息地的软体动物中，最令人惊讶的也许是一种被称为“火焰贝”(Flame Shell）的小型蛤蜊。它们得名于壳口上始终向外伸展的橙色和红色触手，这些触手让火焰贝的贝壳永远无法完全闭合。它们不像成年牡蛎那样永久定居于某个地方，而是来回迁移游荡。在受到干扰或威胁时，它们会通过开合贝壳，利用水流推动身体窜到开阔水域。但在安全的环境里，它们一般都忙于给自己筑巢。

与其他贻贝相似，火焰贝会分泌出很多黏性很强的足丝，将卵石、砾石和贝壳碎片粘合起来，形成一个厚实的蜂巢状结构覆盖在海床上。火焰贝喜欢待在狭窄的缝隙里，大多情况下将其华丽的触须打开以保护自己。当我第一次听到火焰贝礁石时，我首先想到的是它们在水下铺设了一张红地毯，整个海底看起来像着了火一样。但事实上它们更谦虚隐秘，那种有趣的排列方式让我更加喜欢它们。

丹·哈里斯（Dan Harries）来自爱丁堡赫瑞–瓦特大学的科研潜水队，他对火焰贝十分了解。他告诉我，火焰贝善于隐藏：“它们偶尔会出现在巢穴的入口处，那时你就能看到它们，但通常情况下，它们都是躲藏起来的。”要找到它们，你需要找那些凹凸不平的可疑之处，通常是在碎石和沙子的平面上，那些地方本不应该有东西。如果你轻轻触摸一下，会发现它们十分松软。

还有一些住在火焰贝礁岛里的动物。数千个成丛的海蛇尾(Brittle Star，海星的远房亲戚）聚集在火焰贝礁上，挥舞着它们的腕足。同时，一种被称为“鳞沙蚕”(Sea Mouse）的蠕虫偶尔会呼哧呼哧地爬过，身上彩虹般的刚毛就像华丽的外衣。海绵、软珊瑚和海洋冷杉（Sea Fir，水母的亲属，看起来就像微型的常绿乔木）都是火焰贝的拥趸。在这个不断变化的小型聚居区，它们都要努力通过自己的方式抓住火焰贝礁岛，以免滑落。这些软体动物和它们的巢穴一起将荒芜的海底改造成了一个繁华热闹的社区。

最近，丹所在的潜水队发现了世界上最大的火焰贝礁。他们避开繁忙的航道，来到位于斯凯岛（Isle of Skye）和起伏的苏格兰高地之间的阿尔什湾（Loch Alsh），然后在这附近的一处入海口下潜。随着每天潮汐涨落，海水在阿尔什湾和拉赛海峡（Stunds of Raasay)之间的狭窄河道进出，使得这里成为火焰贝的理想栖息地。

潜水队原先是打算潜下去绘制阿尔什湾水底的地形图的，但他们意外地发现下面到处都是火焰贝。这片火焰贝礁占地约75公顷，面积相当于近3000个标准网球场加总。据估计，这里大概生活着一亿只火焰贝。

“我们好奇的是，为什么以前没有人注意到这些。”丹告诉我。有理论认为这个贝壳礁是天然形成的，还会来回移动——这个理论正在验证阶段。由于火焰贝没有固定在海床上，也没有什么能阻止它们迁徙，所以它们能够继续移动，到其他地方建造更多的巢穴。

要给其他生物建造家园，不一定非得让数百万软体动物在巨型贝礁和海床上聚集。独居型海贝同样可以形成重要的栖息地。章鱼和其他一些鱼类会将卵产在空贝壳内；而陆地上，石蜂也常常把蜗牛的壳当作巢穴。为了抢“房子”，大岩螺（Belligerent

Rockshell）甚至会想办法把蜗牛撵出蜗牛壳，而非等蜗牛死了才钻进去。它们的另一个受害者是蛇螺（Vermetid Snail，也被称为蚯蚓锥螺［Worm Snail］），这种螺的贝壳呈管状，喜欢固定在珊瑚礁之上，看上去就像随意挤出的牙膏，不过并没有几何学上的优雅可言。而贝壳的开口处看上去就像一只架在棍子上的外星生物的眼睛。大岩螺会把蛇螺从贝壳中吸出来，并留下一些可怕的蓝色粘液，然后再把卵产在壳管内。这个故事听起来十分离奇。

还有一些动物会充分利用二手贝壳，其中有些在科学界和爱好者群体中还挺有名气——甲壳动物，它们似乎把自己当成了软体动物，并让空贝壳焕发新生光芒。

寄居蟹找房子

潮水退下后，海滩上常常会留下一个个小水洼。当你静静地盯着一个小水洼观察时，可能会发现有只贝壳奇怪地移动了。它不是缓慢而平稳地滑行，而是向前冲了一小段路，然后在危险之处突然停下来。这时候，如果你因为好奇而拿起它一探究竟，迎接你的可能不是软体动物的柔软触须，而是一阵强烈的刺痛。

大多数螃蟹都会自行制造出外壳，它们建造一套"防护衣"，而且在此后的一生里不断地脱落和更换外壳。换壳的时候，螃蟹会先找一个安全的地方躲起来，直到身上新产生的外壳变得干燥而坚硬。不过，凡事都有例外，世界上有近千种螃蟹没有换壳的困扰。因为它们早已永久性地失去了自己的外壳，只好利用他人的空贝壳。这就是寄居蟹，它们借用别人的贝壳已经有很长历史了。

斯皮顿（Speeton）是英国约克郡的一个村庄。村庄不远处有一座悬崖，站在悬崖上可以俯瞰整个北海。2002年，人们在斯皮顿发现了一块罕见的贝壳化石，是一种属于菊石目的头足纲动物，生活在130万年前的白垩纪时期，目前已经灭绝。这一软体动物死后，它的贝壳沉入海底。一只路过的螃蟹发现了这只贝壳，便爬进去安了家。荷兰古生物学家勒内·弗赖耶（René Fraaije）发现这个保存完好的贝壳化石时，这只螃蟹就像搭便车一样寄居在菊石目动物的壳里，一只爪子正往外伸出窥探。它是目前所知的最古老的寄居蟹，而且是迄今为止发现的唯一一个待在菊石目动物贝壳里的寄居蟹。

如果你看到一只赤裸的寄居蟹，一定会觉得非常奇怪。它把柔软的腹部弯曲成一个点，就像某种畸形的虾。像许多物种一样，生活在腹足纲软体动物贝壳中的寄居蟹，会先把柔韧的尾部推到空壳底部，紧紧抓住中心支柱，然后整个退到壳里调整身形，再把钳子堵在壳口处，设置陷阱以攻击入侵者。

其他寄居蟹也会利用双壳纲软体动物脱落下来的单扇贝壳，比如蛤蜊或海扇的，它们像举着伞一样把贝壳举在头上。有些寄居蟹专门寻找狭长的掘足纲动物的贝壳。它们会把钳子弯曲成一个合适的形状，守住自己管状家园的入口。不过，寄居蟹不会谋杀贝壳原先的主人，它们通常只使用空贝壳：谋杀这件事，它们一般会等待其他动物去做。

大多数寄居蟹生活在海里，并且已经进化出敏感的嗅觉，能够感知贝壳原先的主人是否已经被吃掉。这主要是因为捕食者在吃掉软体动物后会分泌出一种氨基酸；这种氨基酸漂入水中，散发出一种信息素。捕食者吃掉软体动物后，常常会丢弃其贝壳，寻味而来的寄居蟹就会迅速扑上去占据贝壳。寻找新贝壳对寄居蟹来说非常重要，它们为此投入了大量时间。对寄居蟹来说，虽然它们不需要自行建造贝壳，但也并不空闲：因为随着自身的成长，往往需要更大的家园。像金凤花姑娘[①]一样，寄居蟹一直在寻找完美的家园：不能太小，否则居住体验不好；也不能太大，不然移动起来会很麻烦。

寄居蟹物种的进化完全是为了适应他人遗留下来的贝壳，很多科学家都对此感到好奇，所以纷纷密切关注寄居蟹。这些科学家是行为生态学家，醉心于研究动物的种种行为。他们在研究寄居蟹时，往往会花时间给它们修补破损的贝壳，也会给它们编号，或者把它们的贝壳家园互换，看它们发现家被换了有什么反应。通过详细的行为学研究，科学家们弄清楚了一件事：寄居蟹的名字当之无愧，它们的行为非常反社会。一方面，它们对偷窃其他动物的贝壳这一行为完全没有感到不安。适合的贝壳家园非常紧俏，而寄居蟹们长期处在被驱逐的危险中，因此当两只寄居蟹见面时可能会发生许多事情。首先，它们会举起各自的蟹钳碰撞一下，这是种仪式性行为，双方很可能无需打斗便能解决问题。个头较大的寄居蟹举起蟹钳进行恐吓，这样它的对手便清楚自己该干什么了（蟹钳的尺寸很好地展现了身体的尺寸和攻击能力）。有时候，较小的寄居蟹会直接投降，一场战斗就此结束。失败者要扔下贝

① Goldilocks，金凤花姑娘是美国传统童话故事中的主人公，喜欢喝不冷也不热的粥，坐不软也不硬的椅子，以及其他一切“刚刚好”的东西。——编者注

1. 一只在自己呈阿基米德螺线状卵旁边的囊舌目海蛞蝓

2. 一只短尾鱿鱼正在展示其华丽的、具有交际能力的外套膜

3. 图为排石鳖，其外壳由八块整齐对称排列的壳板组成

4. 一只巨型砗磲

1. 一只多刺牡蛎——海菊蛤

2. 一条由绿松石、红色的海菊蛤和白色海螺壳制作而成的阿兹特克双头蛇雕塑，它可能是16世纪一种仪式礼服的一部分

3. 一只小小的黄宝螺

4. 一个由海菊蛤制作而成的面具，公元前800年到公元前400年之间制造于厄瓜多尔马纳比省

5. 安迪·伍尔默正在威尔士曼博斯外侧的斯旺西海湾投放牡蛎

6. 满手的本地牡蛎，它们将会被放回海底

7. 一只身带条纹的寄居蟹。它将把家安置在一只丽口螺的螺尖部分，螺壳外紧紧缠着一圈水螅虫

1. 在冈比亚牡蛎节上，法托·詹哈与摔跤手们共同庆祝

2. 牡蛎节的传统服饰

3. 冈比亚的一个牡蛎壳堆

4.TRY 牡蛎妇女协会的一名成员正在开牡蛎

5. 牡蛎节上的庆祝活动

6

7

9

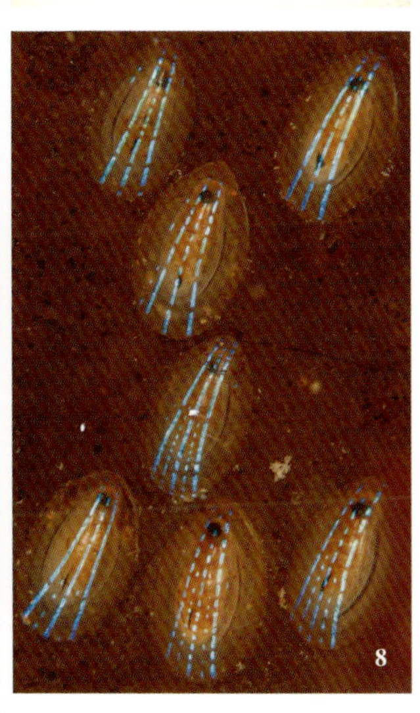

8

6. 电子显微镜下观察到的笠螺（一种帽贝）的牙齿。这些牙齿是已知的最坚硬的生物材料，让笠螺得以刮食岩石上的海藻

7. 大法螺，图片来源于图书《图像贝壳学》，由洛弗尔·李维根据卡明博物馆的藏品绘制，1843年

8. 聚集在海藻叶上的蓝光鞭毛藻

9. 在密克罗尼西亚的帕劳群岛外海，一只带腔室的鹦鹉螺正在游泳

1. 在圣安蒂奥科岛上的民族博物馆，伊格纳齐奥·马罗库正在展示一种曾经用来采集江珧蛤的工具

2. 由阿苏缇娜·佩斯和朱塞平娜·佩斯共同制作的海丝刺绣

3. 一只雌性船蛸正从壳中向外窥视，它将这只壳当作便携式家园，用来抚育幼虫并控制自身的浮力

4. 一只藏在贝壳里的纹理章鱼，正在向外窥视

5. 未经任何加工的江珧蛤足丝

6. 一只漂浮在大量气泡表面的海蜗牛，它依靠自己的蓝色贝壳和腹足，潜藏在开阔的大洋里

7. 一群船蛸幼体，平均体长为1毫米

8. 海丝织工埃菲夏·穆罗尼

9. 一只矗立在地中海海床上的江珧蛤

1. 一些由菲利普·布歇和他的团队在巴布亚新几内亚附近岛屿发现的微型软体动物

2. 一只海天使，但实际并不像它的外表那般美好。这种没有贝壳的腹足动物是海蝴蝶的天敌

3. 设置在大加那利岛附近的 KOSMOS 中型实验生态系统，用于研究海水酸化对海洋生态系统的影响

4. 一只拥有微小羽翼和左旋贝壳的海蝴蝶

壳家园裸身逃跑，而胜利者则慢悠悠地去检查空出来的贝壳，尝试它的大小，再决定是否搬进去。如果二者势均力敌，略小的寄居蟹可能会举起双钳，反复向前突刺，希望将对方吓走，以保住自己的贝壳家园。如果对方不上当，那么一场混战就不可避免。

在搏斗过程中，螃蟹会趁机检查对手的贝壳家园是否值得为之战斗。如果值得，那么一只螃蟹将爬到另一只上面，并反复用蟹钳捶打贝壳。这场战斗的结果，可能是攻击者精疲力竭主动放弃，也可能是防守者疲于应付最终投降并离开。

但对于生活在陆地上的几十种寄居蟹来说，情况就不太一样了。

在海拔高或气候干燥的环境里，寄居蟹们可能不得不接受贝壳家园供不应求的结果，从而选择入住其他“家园”，例如有洞的木头或者废弃的塑料瓶。在马达加斯加，有人看到过一些陆生寄居蟹守在摇摇欲坠的悬崖底部，等待偶尔掉下来的空心贝壳化石。在海滩上，陆生寄居蟹往往匆忙地冲向潮汐线，希望在那些被海浪冲上来的零碎杂物中找到新家。然而，周围的寄居蟹实在太多了，大多数合适的贝壳可能已经被占领了。严重的住房短缺迫使这些螃蟹们变得更加社会化。

寄居蟹的二手房交易

当一只陆生寄居蟹幸运地遇到一只空壳（有时来自行为生态学家的投放），并且发现周围没有其他螃蟹之时，它会靠近空壳仔细观察其大小是否合适。如果它喜欢这个贝壳，就会入住其中，再顶着贝壳继续旅行。有时候，如果贝壳太大，寄居蟹就会静静地守在旁边，有时甚至长达24小时。在这段时间里，会有其他寄居蟹带着贝壳悠闲地走过，并停下来看看怎么回事。渐渐地，这里会出现一个寄居蟹聚会的场景。不过也不要高兴得太早，因为当这种情况发生时，就意味着这些寄居蟹要开始排队了。

一群寄居蟹围在一只大贝壳周围，根据体形的大小开始排队，体形最大的排在队伍最前方，最小的排在最后面。这种有序的队列被称为“空屋链”(vacancy chain)。为了交换紧俏资源，比如工作和房子，人类也会有这样的行为。

寄居蟹们爬来爬去，以确定自己的站队位置，并查看彼此带来的贝壳家园。有时候，如果寄居蟹太多，它们还会形成好几条队伍；此时，事情就变得更有趣了：一场激烈的竞争随之而来。

最大的寄居蟹会全力以赴，争夺梦寐以求的“超级豪宅”，而排在队伍后面的小蟹则像超市里排队付款的购物者那样变更队伍，看哪个收银台移动得更快。最终，在蟹钳的一阵乱舞之后，其中一个队列会获得那只空贝壳的控制权，而队列中的每只寄居蟹都可以和相邻的其他蟹交换房子。这时候，每只蟹都从自己的贝壳家园中出来，移居到自己前面那个更大的贝壳中。最后，交换成功的螃蟹都获得了尺寸更大的新贝壳。而其他失败者则沮丧离去，再次走上寻找新家的旅途。行为生态学家发现，空屋链为所有参与的寄居蟹都带来了利益：只需要提供一个新的贝壳，就可以让所有参与其中的螃蟹都获得更合适的新家园。

行为生态学家马克·赖德雷（Mark Laidre）承接了一项令人羡慕的任务：去太平洋沿岸的哥斯达黎加，研究奥萨半岛海滩上的寄居蟹。在这次任务中，他耐心地观察了抛弃自己家园的寄居蟹，并给它们提供新的贝壳或是其他寄居蟹使用过的旧贝壳。从外表看，这两种贝壳大小差不多，但二手贝壳的入口较宽阔，内部空间较大，因为以前的住户已经对贝壳进行过改造（寄居蟹分泌的化学物质能够软化碳酸钙，便于它们刮掉内层）。当赖德雷为寄居蟹提供的是新壳时，它们常常会因为壳体太小而难以适应，有时候甚至部分身体会裸露出来，容易遭到其他掠食者的攻击。与此相反，大部分得到二手贝壳的寄居蟹则能够很好地适应它们的新家。除了更宽敞，改装过的贝壳也更轻巧，便于携带。此外，赖德雷还把寄居蟹放在特制的小型跑步机上测量它们携带新贝壳和二手贝壳所需的能量。结果，他发现那些携带二手贝壳的寄居蟹更容易移动。

问题的要点是，只有体形较小的幼蟹可能搬入新贝壳，并在其中开展长期的改造工作，而且这是在它们找不到二手贝壳的情况下才会采取的最后手段。奥萨半岛的海滩上存在着一个蓬勃发展的二手市场，在那里，寄居蟹们会互相交换经过改造的贝壳家园——那些二手贝壳就像寄居蟹界的传家之宝，在一只只寄居蟹中传递，直到破烂得无法使用。

在海里，寄居蟹们则不用担心能否换到经过改造的贝壳。一方面，海水能够托起它们的贝壳家园为它们减负，使得移动起来不那么费力。另一方面，海洋寄居蟹使用的贝壳往往要更坚固，这样才能更好地保护它们免受其他捕食者（包括很多其他品种的螃蟹，它们可以轻而易举地破开软体动物坚硬的外壳）的威胁。改造一个贝壳，让它变得更大，但同时也会变得更脆弱，对海洋寄居蟹来说，这种付出是不值得的。

寄居蟹能带着贝壳在海浪中不断地移动，使后者免于被埋藏或碾成碎渣，所以寄居蟹被生态学家视为生态系统工程师。海狸在建造水坝和池塘时，也是在设计各种生态系统，就像啄木鸟在树上钻洞；欧洲食蜂鸟（European Bee-eater）在地上和陡峭的悬崖挖掘巢洞，而当它们离去之后，其他鸟类就会搬入其中。这些生物界的工程师都在创建、修葺和维护栖息地，同时也造福其他物种。就寄居蟹来说，它们不只是抢救了贝壳，在居住期间也会收留迁移途中遇到的搭便车者，形成一个微型的移动生态系统。

寄居蟹居住的贝壳里还生活着数以百计的其他物种，它们或主动或被动地存在其中，或者挂在壳外兜风。到目前为止，和寄居蟹生活在同一屋檐下的物种，其名单已经可以列50页。它们之中包括一些蠕虫，身体扭曲地盘在贝壳里，头却放在壳口处，随时准备从寄居蟹嘴下偷些食物（它们也会吞食寄居蟹的卵）。此外，还有海绵、海鞘、藤壶、苔藓虫、珊瑚和虾等，都居住在寄居蟹的贝壳内外。甚至有些腹足纲动物，它们拥有或扁平或凹陷的外壳，但也和寄居蟹生活在同一贝壳内。有时候，你在寄居蟹的贝壳家园还能找到两三个双壳纲贝类。

神奇的造壳海葵

在寄居蟹的房子里，这些追随者都可以免受捕食者的威胁，还获得了可附着的坚硬外壳，这在柔软、泥泞的广阔海床算是罕见物，毕竟那里还时常有寄居蟹徘徊着寻找家园。寄居蟹本身也从这个庞大的队伍中获益。有些寄居蟹会故意抓住海葵，用它们来修复贝壳，并形成一排用作防御的利刺。而当它们换新家的时候，甚至会把最喜欢的海葵也一起带过去。

有一种特别不一样的海葵，它能随着自身的生长，帮助寄居蟹扩建贝壳房屋。1895年，美国博物学家威廉·希利·达尔（William Healey Dall）首次发现一种贝壳，将其命名为“柱座”（Stylobate）。起初，他以为那只贝壳属于一种罕见的深海螺。但25年后达尔才意识到这种“黄金圣衣壳”并不是真正的贝壳，而是趴在寄居蟹背上的那只海葵分泌形成的；它在这个纸样贝壳外面增加了一层层金色物质，就像把几层报纸铺在气球上做出纸碗一样。海葵会停留在贝壳的开口处，然后沿着螺旋旋转的方向一圈圈扩大，就像海螺活着时干的那样。这样，海葵获得了一个坚固、安全的附着物，而寄居蟹则永远不用担心换房子的事。看起来，它们形成了一种十分理想的合作关系。

又过了几个月，我再次收到安迪·伍尔默的电子邮件。他告诉我，那些引进的牡蛎要在曼博斯海域度过它们的第二个冬季了。现在，他已经在前往检查它们状况的途中。他还告诉我，附近的塔威河与尼思河冲来了大量淤泥和矿物质，使得这里的海水饱含絮状物，导致水下摄像机无法正常拍摄。他几次放下拖网，采集到一些健康的苏格兰牡蛎，这说明它们在斯旺西海湾住得很好。有些牡蛎越长越大，壳上已经长出白色的镶边，这也证明牡蛎正在健康成长。

我打开安迪发给我的一张照片。照片上，他抓着一只很大的成年牡蛎，牡蛎上还附着一只小得多的牡蛎：是一只牡蛎幼仔。安迪告诉我，他不确定这只牡蛎幼仔是不是在威尔士出生的，或者是从苏格兰移植牡蛎时夹在大牡蛎壳上带过来的。不管答案是哪个，这都是一个好的现象，证明牡蛎现在已经重现威尔士，毕竟它们已经消失很久了。

第 6 章

海洋丝绸

Spinning Shell Stories

海丝（sea-silk）是一种神奇的织物原料。关于它，世上流传着很多神奇故事。有人说，伊阿宋和他的水手乘“阿尔戈”号去寻找的金羊毛，可能就是用海丝做的。还有人描述过罗马皇帝和贵妇跳舞的场面，他们身上穿的闪亮礼服都是由海丝制成的。这些传说都给人留下无限遐想。还有传说称，世间有一对海丝制成的手套，它们精致、完美，刚好能填满半个胡桃壳。据说埃及法老曾用海丝制成船帆带动帆船航行，他们的木乃伊也穿着由海丝做成的外衣。

《圣经》中曾多次提到海丝与“金线织物”（cloth of gold）的关系。1520年，亨利八世与法国国王在“金缕地”（Field of the Cloth of Gold）会面时，现场就装点着由海丝制成的家族徽章和旗帜，亨利八世的随从也身着精致的金色长袍，以衬得上海丝制成的装饰物。那么，这么好的布料来自哪里？公元2世纪和3世纪，中国商贩讲述了一个离奇故事。他们说，罗马帝国统治的海洋之下生活着一种水羊，它们偶尔会来到岸边剐蹭岩石，因而留下一簇簇羊毛，人类将这些羊毛收集起来织成上好的布料。10世纪的阿拉伯商人也讲过类似故事：一个名为Abu qalamun的海洋怪兽每年都会在固定时间上岸，留下一些金色毛发；由其做成的布匹价值连城，因而被禁止出口。12世纪，一位摩尔作家称这些海丝来自一些生活在海中的小绵羊，它们的脚就像是鸭蹼。

这些传说听起来都相当牵强，水羊的故事可能只是一个有点夸张的笑话。不过，从罗马时代起，地中海附近的作家提到了海丝的另一个可能来源。他们写到，那种上好的丝线来自一种巨型海贝，这种海贝有着闪闪发光的胡须。从这里开始，海丝的故事终于慢慢接近真相。

海丝是江珧蛤的胡须？

从古典时期起，就不断地有地中海双壳纲江珧属（pinna）贝类消失，其数目庞大。如今还存在的一种双壳纲江珧属，被称作“尖角江珧蛤”(Noble Pen Shell)。它们就像巨蚌一样，孤零零地矗立在海床上，宽度至少有男人摊开的手掌大，甚至长达一米，壳外经常覆盖着一层柔软的海藻。它们的寿命长达20年甚至更久。江珧属类物种还有其他几种，但体形均不如尖角江珧蛤，后者是地中海最大的贝类。

这种巨大的软体动物，会从贝壳中伸出一簇有黏力的丝线把自身固定在海床上，以阻止自身被湍急的水流冲走。其他双壳纲贝类也长有类似丝线：如果你曾料理过青口贝，那你一定扯掉过它们身上那些如同苔藓一般的触须。

这些纤维状的固定物，其形成过程就像生产注塑塑料。软体动物的内部腺体会沿着足基凹槽分泌胶原蛋白。当软体动物的足基部触及海床时，仅需几秒钟，这些蛋白质就会形成一条细小的丝线；每条丝线的末端都有粘性，可以固定在海床的硬物之上，例如海草的根部、沙粒或其他碎片。一条新丝线形成后，软体动物就会继续分泌下一条，直到形成1000条左右。之后，成束的丝线牢牢抓住固定物的中央躯干。这些丝线大小跟人类的头发差不多，长度可达20厘米。它们被称为“足丝”，谈及海洋丝绸时，人们时常会提及这个词。那么，这些精致的足丝真的是传说中的金羊毛吗？答案是肯定的，也是否定的。

丹尼尔·麦金利（Daniel McKinley）是美国的生物学家兼科学史作家。1990年代，他决定弄清楚人们如何从深海中捕捞江珧蛤，以及为何它会出现在众多的神话及预言中。麦金利收集了许多关于海丝的故事，试图锁定它们最早出现的时间。

他研究了数百份手稿、书籍和博物馆标本，试图从神话中找出事实的真相。什么是海丝？人们在记录江珧蛤和足丝时，究竟想表达什么？这些精美的织物真的存在了数千年吗？麦金利将他的发现整理出来，并于1998年发表了一篇论文——《江珧蛤及其丝质触须》(*Pinn and her silken beard*)，讲述了他想告诉大家的信息。

研究海丝故事时，麦金利遇到的最大困难是辨认某些特定词的具体含义，因为它们的含义在不断地变化，而且常常会被错译。"足丝"一词的现代含义是清晰的，特指许多双壳纲动物用来把自己固定在海床上的纤维，它们由软体动物的足丝腺分泌而成。由此可见，由这些纤维织就的丝制物品也应该被称为"足丝"。但问题是，在古代，这个词语并不总是特指由软体动物分泌而成的纤维。麦金利在追溯历史时，发现这个词语的含义越来越模糊，最后甚至根本无法确定当时的记录者想表达的意思。

在一些古老的语言中，例如拉丁语、希腊语、希伯来语和腓尼基语，都有用来形容精致布料的类似词语，那些布料可能由亚麻布、棉或蚕丝等原料制成，但也没有特指某种具体的材料。例如，在《旧约》中，希伯来语中的 būṣ 和 šeš 在不同的时期会被译为拉丁语中的 byssus，英语中的 fine linen 和 silk，以及意大利语中的 bisso。

在有关足丝的故事中，亚里士多德是一个重要人物。他最早用"足丝"一词来描述尖角江珧蛤和它们那华丽的触须。然而，当我们深入了解他写下的描述文字，以及这些文字是如何被翻译之时，却出现了一个不同版本的故事。

亚里士多德在公元前350年曾著有图书《动物志》(*The History of Animals*)，其中提到尖角江珧蛤。此后，这部希腊语原著被翻译成多个外语版本。例如1910年，动物学家和贝壳形状研究者达西·温特沃思·汤普森翻译了该书的一些文字，比如“在那些用来固着于砂砾和淤泥的纤维中，江珧蛤开始生长”。13世纪的拉丁文译本提到江珧蛤生活在“沙地深处”。这句话出自亚里士多德最初的希腊语单词 βυσσου。在这句话中，人们将它翻译为 βυσσός，意为“深度”。这也许正是亚里士多德最初的理解（不知为何汤普森将其理解为“淤泥”）。真正的问题出现在15世纪下半叶，当时，意大利人西奥多罗斯·伽萨（Theodorus Gaza）负责重新翻译亚里士多德的著作，他改变了那个关键的希腊词的意思。他没有使用“深度”的意思，而是将 βυσσου 翻译为“足丝”(byssus) 或“细麻”(fine linen)。出现这种翻译错误的原因在于，他将重音从最后一个音节（βυσσός）变到了第一个音节（βύσσος），从而改变了它的意思（重音是在亚里士多德之后才出现的）。因此，出错的原因就是这么简单。从那时起，江珧蛤就是从“足丝”开始往上生长，就像一棵树从根部开始往上生长一样。

1476年，伽萨翻译的《动物志》在威尼斯出版，受到读者的热烈欢迎，销量超过了以往所有版本。由于错误地描述了江珧蛤和足丝之间的关系，他引发了一场有中国商人参与传播的游戏。故事被重塑，新的观点逐渐定了下来。最后，大多数作家和历史学者都认定，无论古人如何描述足丝，海丝就是用尖角江珧蛤的丝质纤维织成的。

事实上，直到15世纪，仍然没有任何理由可以把足丝和江珧蛤联系起来。但这一情况很少有人谈及，历史文本——无论是《圣经》、罗塞塔石，还是纸草书卷及其他文献——提及的足丝，很大程度上指的都是亚麻或蚕丝。

考虑到这些，丹尼尔·麦金利对古代关于海丝的很多传说都持怀疑态度。他相信，伊阿宋和“阿尔戈”号追寻的海丝制成的金羊毛的故事，不管多么动听，都不过是数百年里所有故事中的一小部分。目前，已有科学证据表明，埃及法老的木乃伊穿的外衣是由亚麻制成的，而非海丝。在麦金利看来，《圣经》中提及的海丝和金线织物之间的联系，也同样经不起推敲。此外，可以确定的是，亨利八世和他的随从并没有从头到脚都穿着海丝织物。

不管怎么说，海丝确实已经现世很久，虽然不如传说中那么广泛或重要。不过，在现实中，海丝确实很罕见。

从神话到现实

最早关于海丝的文字记载（不是基于人们的道听途说或错误翻译）出现在3世纪初。“它产量太少，不足以用来纺织和缝制长袍。不过，对鱼类来说，它们倒也是十分必要的外衣。”这句话源自罗马帝国非洲行省的迦太基学者，名叫德尔图良（Tertullian）。他还描述了羊毛是采自“巨大贝类”那些犹如青苔般的丝簇。显然，他说的是尖角江珧蛤及其丝质触须。

公元301年，为了阻止无良商人哄抬物价盘剥消费者，罗马皇帝戴克里先曾在全国颁行一份商品限价目录，海丝位列其中。6世纪中叶，君士坦丁堡的海丝产量再次提高，皇帝查士丁尼将其作为礼物赠送给来访贵宾，包括一件“毛制斗篷，其原料并非绵羊毛，而是采自深海”。

与书面记录相比，现实中的海丝遗存更加支离破碎，难觅踪迹。我们当然可以认为是蛀虫蚕食了大部分海丝，但虫蛀的问题并非海丝所独有，其他天然布料也同样如此，但后者显然更频繁地被考古发掘到。目前已知的最古老海丝来自公元4世纪，距今约1700年。它在布达佩斯的阿昆库姆遗址中被发现，那里曾是罗马军团在帝国北部边缘的驻扎地。1912年，人们在阿昆库姆发现了一座坟墓，里面有一具被亚麻包裹的女性木乃伊。在她的两腿之间，人们还发现了一些面料碎片，当时被鉴定为海丝。当时的记录显示，这一海丝制品很粗糙，而且容易破碎，材质很像人类的头发。人们用显微镜观察，发现纤维的截面呈蛋形，正是海丝的特质。不过，这块布料出自哪里仍然成谜；后来爆发了第二次世界大战，这块海丝就在混乱中丢失了。

另一块古老且经过科学验证的现存海丝来自14世纪。1978年，在巴黎郊外一处潮湿的地下室，人们发现了一顶针织帽。帽子上有几个孔洞，你可以清楚地辨认出它是一顶贴合人体的无檐帽。这顶帽子证明了海丝并不脆弱，其羊毛般的质感给人一种很温暖的感觉。

在丹尼尔·麦金利的书中，他试图找到证据证明海丝曾被用来纺织成雪纺织物，但无果。现在说到能放进胡桃壳的海丝手套，很可能会跟另一对相混淆，即19世纪早期的利默里克手套（Limerick gloves）。这种产自爱尔兰和苏格兰的皮革手套，确实曾被放在胡桃壳中售卖。

有观点认为，海丝如此罕见，很适合作为一种神秘形象出现在文学创作中。在《海底两万里》里，儒勒·凡尔纳安排性格叛逆的探险者、“鹦鹉螺”号船长尼莫和他的船员穿着足丝制成的制服。在作品的开头，尼莫俘虏了科学家阿龙纳斯教授，后者所在的队伍认为“鹦鹉螺”号是一只危险的海怪，发誓要将其捕捉。

随后，尼莫和被俘虏的阿龙纳斯教授一起，到世界各地的水下王国探险。有一次，他们在航行过程中靠近了一座海底火山；甲板的温度变得异常高，阿龙纳斯想脱下足丝外套。在法语原版书中，凡尔纳花了一些篇幅来介绍足丝，解释船员从江珧蛤身上采集纤维，用以制作制服。英语版本的译者则省略了这些细节，导致读者一直在猜测尼莫的衣柜中到底藏了什么奇怪的东西。

我第一次见到海丝时感到十分失望，我怀疑当年罗马皇帝的舞伴也是同样的心情。那时候，我正在访问伦敦自然历史博物馆，参观那里的软体动物藏品。馆长乔恩·阿布利特（Jon Ablett）和我在博物馆大厅碰面，正好是那具标志性的梁龙骨骼的下方。然后，他领着我穿过一道门，走下一段狭窄的楼梯，来到一个放有大量藏品的房间。这里摆放着很多橱柜，呈一字排开，里面放满了软体动物。除了这里，还有几个大房间和走廊也都是这种橱柜。琼恩打开其中一个抽屉，抽出一个盒子，拿出一副金黄色的手套。这是属于汉斯·斯隆（Hans Sloan）的四副海丝手套中的一副，他收集的17世纪藏品正是大英博物馆得以建立的基础，并且成立了自然历史分馆。不过，这副手套不允许试戴；它们看起来很厚，一点都不轻薄、易碎；另外，想找到一个足够大的胡桃壳来装下它们并不容易。

这副手套是60个已知的海丝藏品之一。瑞士巴塞尔的自然历史博物馆设立了一个海丝项目，负责人是海丝研究学者菲利斯塔斯·梅德（Felicitas Maeder），她正在收集和记录海丝的相关信息，并公布在其网站上。她曾走遍世界各地的博物馆，收藏1950年代之前的海丝制品。在这些制品中，针织手套和长手套是最常见的，另外还有一些帽子、围巾和领带。成簇的金色海丝还会被制成无纺毛线。芝加哥的菲尔德自然历史博物馆藏有一副来自意大利的海丝耳罩，摩纳哥的海洋博物馆也有几件毛茸茸的海丝物品，包括一个女士钱包，看起来有点像苏格兰人常用的毛皮袋。

这个海丝项目收集到的大多数物品都可以追溯到18世纪和19世纪（来自14世纪的巴黎无檐帽是个例外），其中许多都是意大利制造的。正是在那段时间，地中海南部的人们开始慢慢梳理有关尖角江珧蛤和海丝的故事。从那时起，关于海丝这种传奇布料的画面才逐渐明朗。

"他们告诉我这东西很罕见，所以我把它们送给你。"1804年，霍雷肖·纳尔逊（Horatio Nelson）曾在给他的爱人艾玛·汉密尔顿（Emma Hamilton）的信中如此写道。一年后，纳尔逊死于特拉法尔加战役。他所指的是一副"用撒丁岛巨蛤的触须制成"的手套。彼时，人们热衷于收集那种海丝手套。

不过，海丝织物的起源仍然是个谜，没人知道是谁最先将巨蛤的触须编织成丝线和织物。直到文艺复兴时期，尖角江珧蛤和海丝样品才开始出现在猎奇者的橱柜中。

欧洲各地的学者和贵族开始举办各种各样的奇异物品展览会。展览会上物品种类繁多，人们将其摆放在特制的器皿中，或者放满整个房间；其中有动物标本和骨骼，还有羽毛、蝴蝶、贝壳、珊瑚、古老陶器、萎缩的人脑、钱币等，甚至还有独角兽和美人鱼，后面这两个很可能是用其他真实存在的动物的器官拼接起来的。

这些物品背后暗含着一个想法，即汇聚成一本尽可能齐全的自然大百科。通过寻找这些几乎完全不同的个体之间的关联，来帮助理解世界到底如何运转。这些努力发生在科学和艺术这两门学科彻底分离并发展出各自的规律之前。参观展览的观众们肯定会对海丝产生疑问，并好奇它们到底来自哪里。

19世纪，作为人类高超的手工艺术的典范，海丝制品开始出现在各种国际展览上。海丝于1801年在巴黎的卢浮宫展出，并于1876年首次被带到美国，出现在纪念《独立宣言》签署一百周年的费城世界博览会上。

这些海丝制品是在何时、何地做成的？部分旅行家记载了一些信息，他们大部分都是参加过意大利壮游[①]的年轻绅士。根据这些目击者的描述，在意大利的地中海沿岸，渔民会用金属长钳来探测江珧蛤所在的深度；他们还潜到水底，用绳子套住江珧蛤的贝壳将其拖出水面。而之后海丝的清洗、梳理、纺线和编织等工作则主要由妇女承担，尤其是来自修道院和孤儿院的妇女。正如一位作家在1771年所写的那样："前期的准备工作既需要体力，也需要技巧。"

很多研究报告都指出，海丝的产业中心在塔兰托，这个城市位于意大利南部，正好是靴子状地图的鞋跟处。人们很容易误会该城市盛产的另一种优良织物塔兰托布（tarantine）是由海丝制成的，但实际上塔兰托布的原料是优质羊毛。另外，也有些报告提

① 壮游（Grand Tour），一种旅游形式。16世纪之后，欧洲的贵族子弟在完成学业之后，会到巴黎、罗马、威尼斯、佛罗伦斯等城市进行一次文化旅行。现在这种风气依然盛行，但壮游地区已扩展到全世界。——编者注

到海丝可能来自那不勒斯、西西里岛和科西嘉岛，还有些说西班牙和法国大陆也曾出产。不过，撒丁岛是唯一一个已经确定出产海丝的地方。

即使将塔兰托和撒丁岛所产的海丝加起来，总量也不会很大。纳尔逊在送手套给艾玛时的描述非常准确，海丝的确稀少。首先，足丝的产量很少。编织一对海丝手套大概需要150只江珧蛤，它们不像棉花田或绵羊那样，可以多次收获或剪毛；江珧蛤是一次性生产原料：人们把它们从深海中捕捞上来并把它们杀死，才能取得其身上的触须。有时候，人们还会吃掉它们的肉。至于江珧蛤的味道，希腊和罗马作家的感觉复杂，他们认为个头小的江珧蛤，配着红酒或醋来食用确实美味，但也很难消化，而且不利尿。因此，直到如今，在意大利南部，江珧蛤肉仍然是一种廉价食物。它的烹调方法也很多样化，包括裹着面包糠油炸、做汤，和柠檬汁一起烧制并配上梅子干食用。

一些人希望刺激海丝产业发展但最后无果，他们留下了相关记录，证明海丝产业从未繁荣过。1780年代，大主教朱塞佩·卡佩切拉特罗（Giuseppe Capecelatro）希望为塔兰托贫困的海丝纺织工人创造就业机会。他为到访的贵宾赠送海丝制品，希望以此引起大众对海丝的兴趣。19世纪中叶，撒丁岛的医生朱塞佩·巴索-阿诺克斯（Giuseppe Basso-Arnoux）想起童年时期家人每个礼拜天都会穿戴精美的海丝饰品、围巾和手套，他决定余生致力于恢复这些传统。在访问伦敦时，他试图引起大家对海丝交易的兴趣，但同卡佩切拉特罗及其他人一样，他的努力没有取得很大的反响。

近代以来，又有人试图重振海丝制造业。1920年代，塔兰托的里塔·德尔·贝内（Rita del Bene）尝试建立一个有关海丝的政府职能部门，但最终失败；后来，她出资创建一家培训机构，教授人们海丝纺织手艺，取得了一些成就；不久后，“二战”爆发，这一努力再度中断。战后，塔兰托的海丝市场并没有得到恢复。不过，海丝产品制造业也没有完全消失。

塔兰托以西，距离第勒尼安海120英里处有一个小岛，正好位于撒丁岛海岸线边上。岛上还在生产这种传说中的丝线，并且流传着大量故事。

圣安蒂奥科岛奇遇

前往圣安蒂奥科岛（Sant’Antioco）路上的所见所闻犹如童话：我们沿着旁边长满仙人掌的道路行驶，经过一群粉红色的火烈鸟，开上一道通往小岛的桥梁。在那里，你会遇到一些人，他们是世上仅剩的一群仍采集巨型贝壳的触须来编织的人们，他们会把那些触须编织成精美的金色布料。

我开着从机场租来的菲亚特500一路颠簸上了小岛。我放慢速度，欣赏山坡上橙红、金黄的房屋群，眺望那片据说生活着尖角江珧蛤的蓝色海域。我特地到此拜访那位掌握着海丝秘密的女人，希望揭开那种神秘至极的织物背后的真相。

山顶有一条鹅卵石铺成的狭窄小道，道路尽头是一座高墙围绕的开放式庭院，院中有一栋小石屋。这里曾经是一个葡萄酒酿造作坊，现在作为一个民族博物馆，存放着圣安蒂奥科岛过去几个世纪使用过的工具和机器。这个博物馆由当地一个名叫Archeotur的机构运营和管理，该机构致力于保护过去的物品和习俗，使其不至于被现代抛弃和遗忘。这间小小的房子存放着诸多当地行业的相关资料，其中包括面包制造业、奶酪生产、制鞋业、木桶制造业、染色和纺织业。当然，还有海丝纺织。

接待我的是 Archeotur 机构的负责人伊格纳齐奥·马罗库 (Ignazio Marrocu)，他留着白色胡须，身穿亮粉色衬衫，面带微笑。他把我带到一个堆着沙子的玻璃缸前，里面有一群尖角江珧蛤。他抓出一只江珧蛤递给我看。只见那江珧蛤至少有50厘米长，而且出乎意料的沉。壳口处，也就是附着于海床之上的部分，江珧蛤被像扭曲的白色窗框状的管虫和干枯的海藻覆盖；再往下的部分则逐渐缩成一个点，覆盖着一些鳞片，就像爬行动物的皮肤。

接着，伊格纳齐奥拿出一个打了结的线团，里面嵌有很小的贝壳和海草碎叶，就像是常年住在海边的老人颔下的姜黄色胡须，上面沾了一些吃晚餐时剩下的碎屑。这就是原始的、未经任何处理的江珧蛤足丝。他把一小撮金色纤维放到我手上，那东西在阳光下闪耀着灿烂的光泽。这就是海丝。

博物馆里有一块很大的展示板，上面贴着一些过往海丝织工的照片。其中的一张黑白照片上有四位戴着头巾坐成一排的年轻女孩，她们都围着围裙；其中一位膝上放着装满足丝的篮子，另外三位则用木制纺锤，将足丝编制成线束。

另一张彩色照片上有一位戴着圆框大眼镜的老太太。她戴着白色头巾，身穿蓝色连衣裙。就像那张黑白照片中的女孩一样，她正忙着编织海丝。伊格纳齐奥告诉我这是埃菲夏·穆罗尼 (Efisia Murroni)，2013年过完百岁生日后不久便离世了。她从伊塔洛·迪亚纳 (Italo Diana) 那里学会了编织海丝的技术，后者在圣安蒂奥科岛开有一间工作室，编制带有撒丁岛传统图案的织物，直到

1959年去世。

埃菲夏照片的周围还有一些照片，展示了伊塔洛的纺织作品。这其中有：一个蹒跚学步的孩子穿戴着用海丝编织的针织帽和外套，一条带着金色流苏的针织围巾，一个女人举着一条和她一样高的刺绣挂毯。还有一张看起来很复杂的设计，里面有一对马（或是独角兽）和一对看起来像观赏型火鸡的鸟。它们周围是别的动物，还有一排手牵着手的人。在这些照片中间，有一块看起来纹样混乱的布料，它向我们讲述了它诞生背后的故事。

1930年代，墨索里尼访问了附近的卡尔博尼亚小镇。为了纪念这件事，伊塔洛编织了这件作品。卡尔博尼亚是围绕着一个煤矿兴起的小镇，镇上街道的整体轮廓是仿照墨索里尼的脸建造的。这件刺绣作品的中央原本写着“领袖”①（Il Duce）二字，但这种向法西斯致敬的文字后来被新的纹样所覆盖。

伊塔洛的技艺由埃菲夏传承下来，但埃菲夏并没有传给自己的女儿，而是传给了一对来自圣安蒂奥科岛的姐妹。几年前，阿苏缇娜·佩斯（Assuntina Pes）和朱塞平娜·佩斯（Giuseppina Pes）对海丝编织技艺产生兴趣，而埃菲夏也同意教授她们。

① 特指墨索里尼。——译者注

海丝编织技艺

佩斯姐妹把孩子送去学校后，就来到了这个博物馆。进门之后，她们微笑着亲吻了我的脸颊以示欢迎。她们表示乐于向我展示海丝编织技艺，所以我们坐上一辆有些年头的宝马轿车就出发了。轿车的司机是朱斯蒂诺（Giustino），她是 Archeotur 机构的热心志愿者，而且她的英语说得比我的意大利语好得多。我们来到圣安蒂奥科的郊区，走进一间小屋。这里的守门人是一只友好的小猫，发出喵喵叫声。

阿苏缇娜打开门，欢迎我们来到她家。屋内放着两架大型纺织机，上面挂着颜色鲜艳的毛织品，灿烂的阳光从屋外射进，室内满堂光彩。墙上挂着绣有传统撒丁岛图案的编织品。接着，她把我们带到楼下一间阴暗的小房间，拿出一个塑料袋，里面装着一个费列罗巧克力盒。她从盒中拿出一小撮珍藏的足丝，摊在桌上。随后，阿苏缇娜和朱塞平娜向我展示了编织海丝的过程。

首先，要把足丝放进海水中浸泡数小时，然后再放进淡水中浸泡（此时，足丝形状并没有太多改变）。我们把沙子和贝壳碎片捡出来，开始看到足丝的形状发生了改变。阿苏缇娜打开一个红色纸箱，里面装有一束像是人类头发的红褐色纤维。她拿起一把纤维，用有些骇人的大齿梳子反复梳理，这让我想起以前每天早晨上学前痛苦地梳理我那头杂乱卷发的场景。

阿苏缇娜拿出一把木梭，就是用来纺棉、毛和亚麻线的那种。它看起来像一只蘑菇，有着又长又细的杆，顶端有一个小钩。阿苏缇娜把梳理好的足丝固定在钩子上开始纺织。我看着纺锤来回穿梭旋转，把足丝纺成一根根线，然后缠绕在棒子上。阿苏缇娜轻巧地将更多的足丝织成线束。这个过程看起来很简单，不过我知道实际很难。

几分钟后，她织出了一米多长的线束。这些线束厚实，手感柔软。她告诉我，如果把线泡在柠檬汁中，颜色会变得更鲜艳。她们有一件复杂的刺绣作品，上面绣了一对喙对着喙、互相凝视的鸟。它们被缝制在白色的亚麻布上，用了两种颜色深浅不一的足丝，一种是深棕色，另一种是淡金色。

海丝除了可以用来刺绣，也可编织成物品。朱塞平娜拿出一台微型桌面纺织机，向我展示如何用海丝编织一条窄领带。我想象着她们的祖父系着这样的领带去参加礼拜日的祷告。朱塞平娜的手指快速翻飞，她把金黄色的纬线穿过经线，并把它们拍打到位，编织成一片松软的布料。然而，没有人会戴这条领带，它可能永远都无法完成，因为近来已经很难获取足丝。在民族博物馆，伊格纳齐奥向我介绍了一把有着木质长柄的金属工具，它曾经被用来挖掘浅海之下的江珧蛤。不过，这种行为现在已经被禁止。自1992年开始，政府规定全面禁止采集尖角江珧蛤。

和海马、海獭、海豹以及其他两百多个品种一样，尖角江珧蛤目前已被纳入欧盟法律的保护范围。专家表示，由于海水污染，生长海草的海床遭到破坏，江珧蛤的生存受到严重威胁。它很容易遭到船锚和渔具的碾压；此外，某些人采集它们并不是为了收集足丝，而是将其贝壳做成艳俗的装饰品、灯罩等。现在，故意伤害或捕捞尖角江珧蛤已被列为刑事犯罪。

因为保护江珧蛤的禁令，阿苏缇娜和朱塞平娜已经无法获得海丝，她们似乎平静地接受了这个事实。很明显，她们都希望能够保住从埃菲夏和伊塔洛处传承而来的技艺，但她们手中所能用的足丝纤维却日渐减少。有时候，当地渔民发现一些死亡的江珧蛤后会送过来交给她们。就算是这样，她们拥有的足丝也依然很少。如今，海丝变得比以往任何时候都稀少、珍贵。

佩斯姐妹并不是海丝编织技艺的仅有传人。Archeotur 机构的另一名成员帕特丽恰（Patricia）也和我们一起过来参观，并不时地用意大利语说些什么。朱斯蒂诺担当翻译，告诉我："她说她奶奶也会编织海丝。"

告别大家之后，朱斯蒂诺将我送到小镇上。在那里，我拜访了圣安蒂奥科岛上的另一位海丝织工，她拥有佩斯姐妹和帕特丽恰的祖母都没有的东西：充足的新足丝。

最后的海丝大师

我走进昏暗、凉爽的足丝博物馆，瞬间感觉像走进了童话之中，这就是我之前所期待的小岛之旅。这个博物馆是间拱形的石屋，曾是镇上的谷物售卖场所，现在则是存放各种海丝的圣地；这里的基娅拉·维戈（Chiara Vigo）女士自称是世上仅存的海丝大师。

石屋的墙壁上排列着一个个玻璃柜，里面陈列着无数令人费解的物品。一尊江珧蛤的青铜雕塑立在地上（看上去比真实的江珧蛤大得多），还有基娅拉的巨大雕像，以及许多海鱼、贝壳和美人鱼的模型。基娅拉正在工作台前忙活，旁边安静地坐着一群人。

关于纺纱织布，一直流传着很多古怪的故事。睡美人被纺车扎破手指之后陷入了沉睡。阿尔弗雷德·丁尼生以亚瑟王传奇为蓝本的作品《夏洛特女郎》出现在许多拉斐尔派画家的作品之中。夏洛特由于受到诅咒而无法与城堡外的世界联系，她只能通过房间里的一面镜子来看外面的世界，并把看到的东西都织出来。在罗马和希腊神话中，命运三女神分别负责纺织生命线、决定生命线的长短以及剪断生命线。世界各地的传说都赋予了纺织女性巨大的力量、智慧和魔力。我在足丝博物馆里找了个座位坐下来，旁边的丽贝卡担当我的翻译。

在明亮的灯光下，基娅拉一丝不苟地梳理和纺织足丝，就像我在佩斯姐妹家里看到的一样，虽然基娅拉增加了自己的独特方法。在忙活的同时，基娅拉也絮絮叨叨地讲了一些跟海丝相关的故事。她告诉我们，在一万年前的中东，海丝就已经出现；她提到了《圣经》中的海丝故事，说所罗门王身上那闪亮的长袍就是海丝织成的；她还讲了自己与大海之间的誓言。

基娅拉和我做了一个小游戏，这游戏她每天都会重复许多次：她让我伸出手，闭上双眼感受一下。我照做了，但什么都没感觉到。等我睁开眼睛，发现手上放了一团海丝，它们竟然轻盈到让人感觉不到任何重量。

接着，她拿起一把木梭，把足丝纤维捻在一起，边捻边哼着一首意大利歌谣。我安静地聆听着调子，并没有询问丽贝卡这首船夫号子到底表达了什么。足丝一圈又一圈地盘起来，基娅拉露出灿烂的微笑，周围的参观者则看呆了。随后，有参观者也跟着加入了哼唱队伍。

将一把足丝纤维纺成一根长长的线之后，基娅拉取下木梭，拿出一个白色塑料杯，里面盛着半杯淡黄色的液体。她解释说，这是一种根据秘方配制的特殊混合物，里面有柠檬汁和十几种不同海藻的提取物，还有一种撒丁岛大型水果的果汁。基娅拉把长线浸泡在液体中，然后再抽出来，轻轻地挤出液体并用纸巾吸干。随后，她分别拿起足丝线的两端，看着我们，仿佛在说，“下面是见证奇迹的时候……”显然，这根足丝相当柔韧，而且很有弹性。

接着，她站起来，拿着丝线走到窗前。在阳光的照耀下，丝线金光闪闪。她把线分成两段，分别递给我和丽贝卡。

表演结束，海丝的制作也已完成。基娅拉绕着房间走了一圈，向大家展示她的海丝作品。世界各地都有个人和机构委托她制作织物和刺绣。最近，一群霍雷肖·纳尔逊的粉丝请求制作一对海丝手套，就是他们的偶像纳尔逊送给情人的那种。她拿出一块镂空编织式样的海丝小方巾放在我手里。这块方巾精致、纤巧，不过我还是不太相信它能放进一个胡桃壳里。基娅拉的作品大多用于教堂，她还向我们展示了一件绣着圣母玛利亚和婴儿耶稣图案的刺绣。这些作品都没有价格标签，都不是用来出售的。这样的商业冒险倒是与她的一位伟大合作者——大海——的精神相左。博物馆以及基娅拉的努力都是公益性行为，其运营资金只能靠博物馆门边上那个盒子所获得的慷慨捐赠来维持。

木制框架里装着一幅刺绣作品，绣的是一只金色狮子，它的前爪高高抬起，还有一条奇特的尾巴。这是基娅拉的祖母在几十年前制作的，正是她教会基娅拉如何编织海丝作品。基娅拉还告诉我们，她的家族30代人都在从事海丝编织工作（我估计，那应该传承了600到900年）。后来，我从圣安蒂奥科岛上的其他人那里得知，基娅拉的祖母同埃菲夏·穆罗尼一样，也是从伊塔洛·迪亚纳那里学会如何编织海丝的。

博物馆的石头窗台上摆了满满一排容器，里面装着各种颜色的液体。基娅拉拿起一个装着紫色液体的罐子晃了晃。她告诉我，那种味道刺鼻的染料是由几种生活在海洋的软体动物制作而成的。地中海中有数百万骨螺，人们捕捞了大量骨螺后把它们的贝壳碾碎，制成昂贵的皇家染料和提尔染料，用来给腓尼基人和罗马帝国皇帝的长袍染色。基娅拉向我展示了一簇淡紫色的足丝。她说，给海丝染色也是一项技术，这种技术在她家族的海丝编织工中代代流传。如果这是真的，那么她们很可能是唯一懂得这种技术的人：目前没有任何记录显示，海丝会被这些软体动物染料染色，或者其他任何染料，除了柠檬汁以外。

不过，有一件事是基娅拉永远不会透露的：她究竟如何获得编织用的足丝。如今，基娅拉已经年逾五十，她告诉我，早在30年前她就已经知道如何在不伤害江珧蛤的前提下提取足丝了。如今，由于保护江珧蛤的政府法令，这种技能显得更加重要。但具体细节她没透露，她并不相信那些前来参观和学习的生物学家，她认为他们知道之后会把海丝制品产业化，那将严重影响江珧蛤的数量。

她只透露了一点信息：伴随着月亮的某个周期，每年的某个固定的时间段，圣安蒂奥科岛附近的海床会变得很软，人们可以把海床上的江珧蛤拔起来。她会在当地一位可靠的渔民帮助下，不戴潜水设备潜入海底，从每只江珧蛤身上剪下10厘米长的足丝，就像给它们理发或修指甲一样。剪完以后，她会把巨大的江珧蛤重新推回淤泥中。她真是这么做的吗？又或者只是她编的另一个故事？

在基娅拉的世界中，故事和现实交织在一起，很难分清到底什么是真实的。按照现行法律，她不能采集整个江珧蛤，但她的网站却表明每年她可以收获到约600克的海丝。如果她真的只从江珧蛤身上剪取部分足丝，那么她每年必须处理成千上万只才够，因为50只江珧蛤的足丝加起来才大约28克。假设这些被剪取过足丝的江珧蛤还能活下来，那也必须有足够长的时间才能恢复。或许圣安蒂奥科岛周围有足够多的江珧蛤可支撑她轮流采集，而不会影响到江珧蛤的整体数量。不过，除了基娅拉，没有人知道真实情况。

关于基娅拉持续采集足丝的说法有几个重要问题。首先，经过剪取的江珧蛤能否活下来并重新长出足丝。根据已知的生物学知识，像江珧蛤这些能分泌足丝的双壳纲动物，只要负责分泌的腺体保持完整，就确实有可能存活下来，继而生长出完整的足丝，用以扎根海底。足丝纤维被剪掉之后，粘性末端也随之失去，不过这不是大问题。许多双壳纲动物在其整个生命周期里会长出新的足丝，以取代那些被折断的足丝。有些双壳纲动物甚至把这作为在海底移动的方式，它们会先抛出一条足丝，然后通过牵引肌把整个身体向前拖动。

另一个疑问是江珧蛤需要多久才能长出新的足丝，并使自己重新固着于海床上。在那之前，它们得在失去足丝的情况下，自行站起并楔入泥沙之中。如果它们翻倒了，又没办法站正，就很可能会窒息，或者更容易遭到天敌攻击。如果江珧蛤处在受保护的、平静的海水中，它们翻倒的风险就小很多。

从其他贝类来看，江珧蛤的足丝生长速度也可能很快。例如，青口贝只需要几分钟便能形成一根新的足丝纤维，虽然其长度不如江珧蛤的。有些青口贝一天可以分泌出50根纤维，不过总体而言，青口贝的生长速度取决于多种因素。湍急的水流可以刺激贝类长出更多纤维，不过那也得在合理范围内（如果水流太快，青口贝就难以固定在海床上）。天敌的气味，例如螃蟹和海星，也可以刺激足丝生长，从而更好地固着于海底，而不会轻易被天敌吃掉。

以外力戳击青口贝，制造一种波浪翻滚的水底环境，是另一种刺激足丝生长的方式。在一项研究中，人们将青口贝放置在4.5秒间隔到27秒间隔的刺激频率之下，每次长达两周（这种刺激由自动化机器完成，而非让一个学生牺牲睡眠时间来操作）；被刺激的频率越高，青口贝长出的足丝纤维就越多。

控制足丝的生长速度很重要，因为过程特别艰苦。足丝的生长需要大量能量和蛋白质，因此它们要根据实际处境来生长相应数量的足丝。这可能是江珧蛤被基娅拉剪去了足丝反而提高了产量的原因，它们把能量从供应其他器官转移到分泌足丝之上。这种改变会造成什么后果，目前还不得而知。

江珧蛤被剪掉足丝后能否重新固着于海底，以及这个过程需要多长时间，这两个课题研究起来相对容易，但目前尚没有人着手。2012年，“歌诗达协和”号邮轮在意大利海岸触礁沉没，当时确实在水下做了一项特别研究。邮轮像一头搁浅的白色巨鲸一样侧翻着沉入海底，潜水员进行水下调查时，发现附近长着许多海草的海床上有大约200只江珧蛤。他们决定把这些江珧蛤移出危险区域。

网上的新闻显示，潜水员收集起江珧蛤，把它们临时安置在海底的塑料箱中。该计划是把沉船打捞上来后，再把这些江珧蛤重新放回原来的位置。这个计划将证明江珧蛤如此处理是否可行。基娅拉告诉我，她对这个计划十分恼火，这表示已经有人萌生了捞起江珧蛤采集海丝的想法。她担心人们如果大量效仿她的行为，江珧蛤会面临灭顶之灾。

我觉得，只有海丝成为时尚的宠儿刺激庞大的市场需求，或因成为某种信仰的象征而引起世人强烈兴趣之时，这些巨型贝类才会面临灭顶之灾。如果那种情况真的发生了，人们根本不可能在不伤害野生江珧蛤的前提下，可持续性地采集江珧蛤足丝。现实情况告诉我们，这种幻想根本不可能成立。

以骆马 (vicuña) 为例。这是一种羊驼和美洲驼的近缘野生种，生活在安第斯山脉的高山草原。为了保暖，这些优雅的羊驼族动物长着超细的软毛，这些毛可以制成精美、昂贵的织物。秘鲁政府建立了一个标识系统，用来登记符合要求的骆马毛。合格的骆马毛来自那些两年内最多被采毛一次的骆马，而且剪毛过程不能对骆马毛造成任何伤害。当然，直接射杀骆马以剥皮取毛则简单多了。如今，在政府的保护下，骆马的数量在逐年恢复，但偷猎活动仍然持续发生，因为未经标记的软毛在黑市上需求很大。如果海丝有同样的市场需求，那么，类似情况将可能发生在江珧蛤身上。幸运的是，到目前为止，市场对海丝的需求仍然不大。

基娅拉正在激起人们对海丝的热情，不过，她也在极力保护圣安蒂奥科岛周边的资源。在许多情况下，她正在做的事情与之前慈善家所做的恰好相反，那些慈善家试图发展海丝产业以帮助纺织工人谋生。

海丝资源稀少且难以获取，这正是基娅拉面临的挑战，但也是她功成名就的关键。显然，她必须保护这些精致纤维的提供者，因为博物馆的日常运营和从业人员的生计都有赖于它们。通过重述传说、塑造新传统以适应现代社会，基娅拉发展起了海丝织锦事业，自身也成为传说的一部分——她自封为一种正在消失的传统技艺的救世主，并赢得世人的持续关注。

我拿着那段基娅拉给我的海丝走出博物馆，来到明媚的阳光之下。在我身后，古老的故事正从博物馆的大门中飘荡出来。恍然间，我意识到拿着一缕用贻贝纤维制成的丝线是多么离奇的事情。话又说回来，为什么从羊背上获得的羊毛或者由蚕吐出来的丝就不会让人觉得奇怪呢？这让我想起2012年在伦敦维多利亚和阿尔伯特博物馆里看到的一条蜘蛛丝披肩，它的原材料来自马达加斯加的数百万只黄金蜘蛛（Golden Orb-Weaver Spider）。

我已经观看过海丝的制作过程，并且确信它的存在。然而，关于海丝，我还有一些想了解的事情。

我沿着山坡往下走，来到一个小码头。在那里，有渔民正在卸载捕获的章鱼，满手都是不成形的白色黏液，还有另一些人正在招揽生意：近日来，这里还有比自己捕捞海产品更赚钱的职业——带着游客去钓鱼。码头上有好些大船，船上配备了足够一天用的钓鱼工具和食物。我来到一条被漆成蓝色的小木船前，船上放满了绳索、塑料浮标，还有一对破旧的船桨。舰板上有一条刚死不久的小鱼，鼓起的眼睛仿佛在盯着我看，它或许是条虾虎鱼。船长把我拉上船，我正想着他是不是要我帮忙划桨。这时候，藏在船尾的小引擎发出声音，把我拉回现实。我们驶过平静的海面，来到岸边的一个地方。他将一根木杆从船身的一个洞里推出去，把船只锚定在浅滩上。我翻过高高的舷缘，走进冰凉的海水里。

我踩着水往前游动，嘴里咬着呼吸管。终于，我看见了尖角江珧蛤，它们隐藏在郁郁葱葱的海草和海藻之间。它们的外壳看上去很柔软，还带着褶边，但当我游过去用指甲碰触它们时，才发现它们原来非常坚硬。被碰触的江珧蛤微微颤动，缓缓收起那白底黑点的外套膜并关闭贝壳，嘴巴也缩成一个朝向海面的褶皱半圆。

江珧蛤周围生活着许多其他生物：我身边不时地有绿色的小鱼穿梭而过；在一只贝壳上方，鲜红的海星正舒展开身体；孔雀缨鳃蚕（Peacock Worm）正从那些细管中伸出一丛丛羽状触手。一只喜湿螺（Bubble Snail）在江珧蛤背上缓缓爬动，它是一种囊舌目海蛞蝓。我盯着它，发现它正背着一只脆弱的贝壳，宛如一块裹在两片橙绿色纱幔中间的名贵大理石，完美地融进它所居住的同色系蕨藻中间。

我尽可能缓慢、安静地靠近几只江珧蛤，仔细观察藏在它们壳中的甲壳动物。经过长时间的研究，人们已经知道江珧蛤身体内部生活着一些微型生物。

这些甲壳动物一般被称为“豆蟹”，人们常常将它们描述为哨兵，因为它们守护着很多没有视力的软体动物，并在威胁或食物靠近时发出预警。老普林尼是这样描述的：“当小鱼靠近江珧蛤时，豆蟹会轻轻咬噬江珧蛤以传递信号，后者就会迅速关闭贝壳，之后，它们便可以一起共享晚餐了。”最近的多项研究显示，有两种甲壳动物与江珧蛤关系密切，一种是名为 Nepinnotheres pinnothere 的螃蟹，另一种是叫作 Pontonia pinnophylax 的虾，但它们并不是江珧蛤的保镖或捕猎伙伴。它们只是躲在江珧蛤的贝壳里，将其当作一个安全的避难所。螃蟹也以浮游生物为食，与其他滤食性贝类所吃的一致；而虾则以江珧蛤鳃表的食物碎屑和假粪便为食。

江珧蛤和豆蟹曾经在人类历史上有过特殊地位。据一些古老食谱记载，豆蟹曾是做汤的原材料。它们也曾经被当作道德楷模，用以鼓励人们也可以像它们那样无私地合作。创作于2世纪的古希腊著作《梦的解析》(*The Interpretation of Dreams*) 提到，如果夫妻梦到他们像江珧蛤和豆蟹那样和谐相处，那他们未来将拥有一段长久而幸福的婚姻。确实是奇怪的梦。

我一个一个地查看江珧蛤，发现它们似乎并没有被那些小蟹或小虾占用居所。有一只江珧蛤已经死去，它依然张开的贝壳里依稀可看到一条鱼的模糊影子。这只怪物正慢慢往后撤，仿佛不想被人发现它正躲在里面偷偷观察外面一样。

我看到的尖角江珧蛤大部分体形都比较小，大约只有我的手掌宽。它们尚未发育成熟，这意味着这里是个特殊的江珧蛤育苗场。对圣安蒂奥科岛的江珧蛤来说，这算是一个好现象，不过我也不能完全确定。如果要确认这个事实，须得花上数天或数周来统计整个海岛的江珧蛤数量，然后再与一段时间之后观察到的数量进行比对。但幼体的存在证明了这附近有成熟个体，且它们还成功地繁殖了。这些应该不是基娅拉将要采集的江珧蛤，因为它们距离小镇太近，很容易引起有心人的注意。我浮出海面，看到几百米外的海滨，有导游带着游客驾船驶过。

地中海的江珧蛤已经被保护了二十多年，人们对它们如今的情况所知甚少。一些科学研究对该处江珧蛤的分布范围和大小尺寸进行过绘制，迹象表明，它们的数量已经恢复到正常范围。不过，它们的海草栖息地仍然面临各种威胁，尤其是海水温度上涨。幸好，江珧蛤也可以生活在其他栖息地。例如，在多沙、泥泞的环境下，它们所面临的威胁比较小。从某种程度来说，保护江珧蛤需要做好预防措施，只有主动的保护才能确保它们的数量不至于下降，因为它们实在太脆弱了，等到灾难降临之时才开始行动，那将为时已晚。

在我的脚下，尖角江珧蛤似乎在沿着海底滑行，但实际上是它周围的海藻在随着水流摆动，而江珧蛤则在原地一动不动。它们已经深深嵌入柔软的淤泥中，并由那些看不见的足丝牢牢地固定着。

毫无疑问，人们仍然会对海丝感到着迷，那些早已过时的传说仍然被说得像真实存在一样。当然，现实中这些拥有金色触须的大型贝类确实给人类带来了很多惊喜。例如，我们惊叹于江珧蛤与小螃蟹竟然是共生关系，惊叹于空贝壳仍可以收留章鱼和小鱼；我们可以考证是谁第一个用江珧蛤的足丝来纺线的，也可以思考为什么数个世纪以前的拼写错误会导致形成根深蒂固的错误认知，还可以欣赏古今匠人们织就的精美刺绣。

朱塞平娜和阿苏缇娜还会继续她们的纺织事业，不过大多数情况下都将使用替代品，而不是海丝。基娅拉还会运营她的足丝博物馆，也将继续讲述她那冒着风险暗中采集海丝的故事。

尖角江珧蛤确实很罕见。作为海洋生物，它们能为人类提供某些东西，但人类不应该为了一己私欲而无止境地掠夺它们。所以，那些新纺就的足丝纤维，只有继续保持只是一些颜色暗淡、只在那座小岛闪光的古怪丝线，那才是一件好事。

第 7 章

船蛸的旅程

Flight of the Argonauts

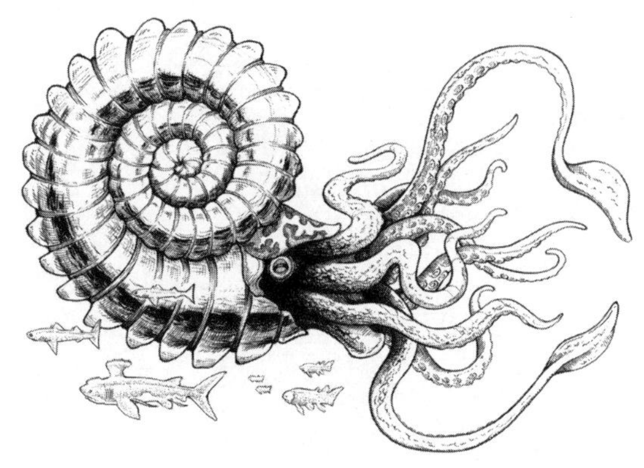

我从没见过活的船蛸，似乎也很少有人见过。2012年10月，在距离洛杉矶海岸几英里的海域，原本去钓鱿鱼的渔民意外捕获了一只雌性船蛸。他们把这只奇怪的生物带回岸上，交给了当地的一个水族馆。热带物种出现在加利福尼亚温暖的水域中，这种情况很不寻常。卡布利洛海洋水族馆的工作人员认为它是被来自南方的洋流裹挟而来的，并把它安置在一个温暖的水缸中。进驻之后，船蛸精疲力竭地躺在水底，十分无助，饲养员们担心它会死掉，其中一位认为必须帮它回到水面上。经过饲养员的一番努力，那只船蛸又活跃起来，并开始在它的临时住所中游弋；最后，它开始进食，一点点抓取提供给它的鱼和虾。

后来，这只船蛸被捕的视频被发布到网上。在视频中，只见它悬停在水中，贝壳闪烁着青铜色的光。在开始那几秒，你很难辨认贝壳里面藏的到底是什么动物。接着，它突然从壳中弹出来，舒展开自己那优雅、闪亮的身体。它伸出八只腕，抓起外壳熟练地旋转起来，然后再次爬回壳内。

船蛸是唯一一种住在贝壳里的章鱼。八腕目（Octopoda）动物大约有300种，大多都身体柔软，没什么盔甲。然而，有时候你可能会留意到有普通的章鱼从空贝壳里往外窥探的信息。几年前，网上有段视频广为流传，一只生活在印度尼西亚海域的章鱼，带着捡来的半个椰子壳，以手作足，大摇大摆地在海床上行走。然而，真正一辈子都生活在贝壳中的章鱼只有四种，它们都属于船蛸属（Argonauta），分别是扁船蛸、诺氏船蛸、阔船蛸和瘤船蛸。这四种章鱼外观看起来很相像，都有着苍白而单薄的壳，壳上布满了棱纹和一排排瘤子。根据种类的不同，船蛸的贝壳可长达5—30厘米，但内部空间却相当小。船蛸终其一生都生活在热带和亚热带的海水表层，正好在它们那些八腕目亲属的头顶上方，后者大多数都在靠近海底的地方懒散游荡，很少跑到上面的开放水域冒险。

进驻卡布利洛海洋水族馆一个星期以后，那只船蛸给大家带来了一个超级惊喜：它所生活的那个鱼缸里发现了上千只小船蛸——原来它一直都携带着受精卵，而现在船蛸宝宝们已经孵化出来。

水族馆中的所有人都来帮忙清点这些刚刚降生的小生命。工作人员都离开办公桌，来访的学童则得到一次参与科学研究的机会。几天之后，这只船蛸一共孵化了22272只船蛸宝宝，每只仅有1毫米大。人们用显微镜观察这些新生的船蛸，同时用视频记录下来。这些跳动的船蛸宝宝呈椭圆形，大多数的身体都是透明的，有两只大大的黑眼睛，还有一些一收一放的斑点；它们聚集在一起，上一分钟还形成长颈鹿的图案，下一分钟就变成了分散开来的小黑点。船蛸宝宝身上忽隐忽现的颜色是由色素细胞生成的，外套膜的细胞中充满了色素颗粒，并通过肌肉的收缩和扩张来展现不同颜色。船蛸宝宝抓取水中的浮游生物，并用它小小的腕足将其铲入口中；这是史上第一次用摄像机记录下一个船蛸宝宝进食的画面。

不幸的是，这只加州船蛸和它那些后代仅在鱼缸里存活了数周。水族馆的饲养员很难将它放回大海，因为这里距它的热带栖息地太远了，而那股送它来加州的温暖洋流也已停止。大约在同一时间，人们在附近海滩发现了一些船蛸贝壳，它们是被海水冲上来的，这表明船蛸出现了集体搁浅。所以，就算水族馆的工作人员将那只船蛸放回海中，它可能也无法存活下来。不过，这位流浪者至少为研究人员提供了一些关于它这个神秘物种的新信息。

人们知道船蛸的存在已有近千年，也为此困惑了近千年。有两个问题一直困扰着许多伟大的人物：船蛸的贝壳究竟有何用处？它们又从何而来？

“Argonaut”这个词源于希腊神话，最初是指那些和伊阿宋一起搭乘“阿尔戈”号（Argo）出海寻找金羊毛的英雄水手。希腊哲学家亚里士多德首次用这个词来称呼这种软体动物。他指出，船蛸以贝壳为船，在海面上漂流，又以腕足作船桨划行，或者张开两条腕足作为风帆帮助滑行。几百年来，博物学家们一再描述着这种景象，而作家们也自称曾见过这些诡异的动物。儒勒·凡尔纳1870年发表的小说《海底两万里》中也出现了船蛸。尽管被关押在尼莫船长的“鹦鹉螺”号潜艇中，但海洋生物学家阿龙纳斯教授依旧思考着他看到的奇特景象：数百只船蛸在海浪中穿行，它们挥舞着触手，仿佛不停扇动的耳朵。

鹦鹉螺和纸鹦鹉螺

船蛸的另一个常见名字是纸鹦鹉螺，因为它们有着像纸一样轻薄的外壳，整体看起来有点像鹦鹉螺。鹦鹉螺的外壳被分隔成多个独立的腔室；相比之下，船蛸的壳则没有独立的腔室。随着鹦鹉螺的生长，壳口不断增大，身体也向外侧缓慢推进，并周期性地封闭它们身后的腔室。这些隔断的腔室之间被一根体管（siphuncle）连通着，体管通过渗透作用清空新的腔室，以便气体进入。鹦鹉螺可以通过调整腔室内的气体，就像潜艇的压载舱那样，来控制身体的浮沉并降低移行时的能耗。像其他头足纲动物一样，鹦鹉螺有一个两叶状的漏斗结构：可以吸进海水，然后再从漏斗状的结构喷射出去，以此推动身体移动。鹦鹉螺通过改变漏斗状管道的位置来调整前进方向，它们在往前移动时很缓慢，但往后逃走的速度却快得多。当感觉到危险时，鹦鹉螺会把身体缩进壳内，并用一个俗称“罩子”的皮质板门来封闭壳口。

鹦鹉螺贝壳的内部有一层珍珠层，因此，鹦鹉螺又名珍珠鹦鹉螺。在贝壳外部，螺体背部饰有姜黄色的虎纹状斑纹，到腹部则褪为白色，就像是海水把纹饰冲掉了一样。鹦鹉螺科中有四种类型已经被确认，分别是大脐鹦鹉螺（Belly-Button Nautilus）和白斑鹦鹉螺（White-Patch Nautilus），归为鹦鹉螺属；另外两种被归为异鹦鹉螺属（Allonautilus），这是个新属，其活体标本在几年前出现过，当时人们认为它们与现有的种类有较大差异。这些鹦鹉螺都有大约90根触手——数量为头足纲动物之最——这让它们看起来就像塞了满嘴的意大利细面条。它们占据着印度洋和太平洋等热带海域的深水区，人们很少发现活体样本。鹦鹉螺死后，它们的空壳会浮上海面，漂移到很远的海岸。

在很长一段时间里，人们对鹦鹉螺的认知仅局限在这些空贝壳上。收藏家喜欢这些闪亮的贝壳和外壳切面所呈现的优美螺线，而博物学家则渴望得到一个完整的标本，包括那柔软的身体。纸鹦鹉螺的贝壳也偶尔会出现在世人面前，还带来一些居住在壳中的其他生物。但这还不足以满足博物学家的好奇心，他们依旧为这些小动物的身份争论不休。

1816年，英国博物学家约翰·克兰奇（John Cranch）跟随一支命运多舛的探险队寻找刚果河的源头。他在西非的几内亚湾海域采集物种标本时偶然发现了几只船蛸的贝壳，里面都有生物居住。

克兰奇把它们放在装满海水的水桶里观察，不幸的是，这些生物只存活了数天。他观察到，如果这些生物愿意的话，它们是完全可以离开它们的贝壳的；除此之外，它们的外表和举止都很像章鱼，例如：两者都长有吸盘，可以吸附在桶上；都通过喷射水流来移动身体，而且还都可以改变身体的颜色。

后来，大英博物馆动物学馆长威廉·利奇（William Leach）把这些信息记录下来，彼时克兰奇和大部分船员都死于热病，无法把样品从非洲带回来。为了纪念这位故友，利奇将船蛸物种命名为“克兰奇快蛸”（Ocythoe Cranchi），但这个名字仅指居住在壳中的软体动物，而非它们被发现时所在的贝壳。许多著名的博物学家认为那些“章鱼”并非贝壳的真正主人，它们只是杀死了贝壳的原主人，然后占据这些贝壳并开始远行。在他们心目中，这些章鱼只不过是一群寄生虫。

早在1758年，卡尔·林奈（Carl Linnaeus）便在他的著作《自然系统》（*Systema Naturae*）的第十版中，将这种动物命名为扁船蛸。1814年，康斯坦丁·萨米埃尔·拉菲内克–施马尔茨（Constantine Samuel Rafinesque-Schmaltz）将那些经常出现在贝壳里的非法寄生物命名为Ocythoe antiquorum。约翰·克兰奇发现的则是一种新的寄生章鱼。

长期以来，人们都没有发现可以制造外壳的活体船蛸。想必它们都潜伏在深海之中，又或许它们只是另一种鹦鹉螺。事实上，找不到活体船蛸不算什么大事，毕竟，虽然鹦鹉螺的贝壳时有出现，但活着的鹦鹉螺是非常罕见的。

1828年，英国博物学家威廉·布洛德里普（William Broderip）在《动物学杂志》上发表了一份报告，指出法国马赛的一位收藏家声称拥有真正的船蛸，而不是那种寄生的快蛸属章鱼。我想，布洛德里普在撰写这份报告时一定是眉头紧锁，他指出，在下定论前仍有许多东西需要确认。不过，他还是相信，这种章鱼最终会被证实确实是抢夺了他人贝壳的海盗，而非那些“梦幻之船”的真正建造者。

章鱼驾驶着抢劫来的贝壳航行，这听起来像是个虚构故事。不过，科学家们也由此产生了更古怪的想法，并且迫使他们停下来思考。也许船蛸拥有的这些贝壳，是从古老的生物那里抢来的，而非如今活着的生物。

窃壳大盗？

这一小部分幸存的鹦鹉螺，是曾经庞大无比的头足纲动物王朝仅有的遗存。在现代海洋之中，最常见的头足纲动物都没有外壳，例如章鱼、乌贼和墨鱼。但在很久以前，身上长壳的头足纲动物才是海洋的主流。数亿年前，众多看起来像鹦鹉螺的头足纲动物在海洋中轻快地穿行。在这些动物中，种类最多、数目最庞大的应数菊石亚纲类，其中有一些看上去很像今天的船蛸，你甚至会认为它们是从同一个模子里制造出来的。到了19世纪后期，人们产生了一个十分古怪的想法：是不是裸体的章鱼，从菊石亚纲动物那里借来或偷来贝壳，才形成最初的船蛸？而如今的船蛸之所以懂得制造贝壳，是否遗传自其古老的先人？

1888年，德国的地质学家古斯塔夫·施泰因曼（Gustav Steinmann）最先提出这种想法；1923年，瑞士的古生物学家阿道夫·纳夫（Adolf Naef）再一次提出；1990年代，以色列地质学会的泽埃夫·莱维（Zeev Lewy）再次重申。他们都认为：现代船蛸的祖先，从那时起就学会躲在菊石亚纲动物的空贝壳里了。然后，船蛸进化出了修复外壳的能力，例如修补上面的漏洞和裂缝。这种修复能力越来越强，最终，船蛸可以不必再借用菊石亚纲动物的贝壳，而是可以自行制造。

莱维则更进一步，提出船蛸实际上是那些刚死亡的菊石亚纲动物的拾荒者，他认为菊石是充满魅力的"坏死后期漂浮者"（Post-Necrotic Floaters）。也就是说，菊石贝壳刚浮出水面时，体内尚有完整的动物尸体，之后整个贝壳会漂流一段时间。在此期间，那些没有外壳的船蛸祖先将卵产在"坏死后期漂浮者"体内，让孵化出来的幼儿以贝壳主人的尸体为食，并最终占据其贝壳。

要了解事情的真相，找出船蛸和菊石贝壳之间的真正联系，我们必须回到5亿年前，去了解这一切是从哪里开始的。最早的头足纲动物是生活在寒武纪末期的一种小生物，这种生物只有小脚趾大小，有着修长而微微弯曲的贝壳，就像戴着一顶巫师帽。因发现伯吉斯页岩而成名的查尔斯·杜利特尔·沃尔科特，首次发现了这种生物的化石，并将其命名为短棒角石属（Plectronoceras）生物。

可以确定的是，短棒角石属是最古老的头足纲动物（在伯吉斯页岩发现的一种名为普特莱克斯［Nectocaris］的奇怪生物可能也属于头足纲，但还没得到大家的一致认可）。这些短棒角石属生物的贝壳也分成不同的壳室，就像鹦鹉螺那样。它们生命中的大部分时间都花在跨越海洋上，就像部分浮游生物那样。在这些温和的漂流者之后，海洋迎来了更可怕、更令人印象深刻的头足纲动物。

大约开始于4.85亿年前的奥陶纪，是地球历史上的又一个重要阶段。与现在相比，那时的地球是一个陌生的地方。空气中的二氧化碳含量很高，气温也比现在高得多，而且大部分陆地都连在一起，形成一片超级大陆——冈瓦纳古陆，不过上面没什么生物居住。生命仍主要存在于海洋之中，有些生物今天依然能看到；有些则是奇形怪状的，如今已经消失不见。

三叶虫在海底急促穿过；双壳纲和腕足动物静止不动，并滤食水中生物；腹足纲动物在绿色的海草甸和红色的珊瑚礁中缓慢穿行。海床上，被称为牙形虫（Conodont）的早期脊索动物扭动着它们鳗鱼般的身体，用进化而来的锐利牙齿捕食；悬停在水中、名为笔石（Graptolite）的群体生物，看上去就像一只只精美的锯齿状叉子。对这些生物而言，在奥陶纪的海洋中最可怕的危险，莫过于遇到一只巨大的头足纲动物。

在寒武纪时期相当低调的头足纲动物，进入奥陶纪之后迎来了蓬勃的发展。它们进化出大量新种类，有的呈紧密卷曲状，有的则背负着像铅笔一样直的贝壳。目前，人们发现了一种名叫房角石（Camerocera）的巨型生物的部分遗体，这种生物拥有笔直的贝壳。据估计，这种生物身长可达10米，和伦敦的双层巴士一样长。它们都是些令人望而生畏的可怕怪物，宛如大王乌贼的远古版本，唯一的不同点在于：这些生物都居住在有史以来最长的贝壳里。

人们普遍认为，房角石大部分时间都在海底附近休息，需要移动时则通过一堆触手拉动身体前行，进食时则用触手将食物横扫进嘴中。其他拥有竖直贝壳的头足纲动物，有些会头部向下，将身体悬在水中，抓取海底的猎物；有些则在长长的外壳尾端进化出平衡物，让身体能够保持水平游动。它们就像是巨大的标枪，可以穿过海水追捕猎物。无论从哪个角度来看，奥陶纪时代的头足纲动物都光芒四射。

在这个时期的末期，冈瓦纳古陆一直向南极方向漂流，陆地上覆盖着巨型冰川，地球进入了漫长的冰河时代。由于海平面下降，大陆架露出水面，许多海洋生物栖息地因此消失，并引发了大规模的物种灭绝。海洋中超过半数的无脊椎动物都消失了，但头足纲动物是幸存者之一。

在过去的数千万年里，头足纲动物的命运可谓跌宕起伏。在整个志留纪时期以及泥盆纪早期，它们的数量反复下降，但又总能在危急时刻重焕生机。在大约4亿年前的泥盆纪早期，头足纲动物的进化树上出现了许多重要分支。鹦鹉螺科或说鹦鹉螺目进化出了现代的鹦鹉螺；鞘形亚纲动物也出现了，并且最终发展成章鱼、乌贼和鱿鱼。泥盆纪时期，头足纲动物的第三大类中诞生了有史以来最大的海洋生物之一：菊石。

菊石的传说

如果你喜欢触碰那种已灭绝的古老生物的感觉，那么，我建议你找一块菊石，因为菊石动物的化石资源丰富，分布广泛，而且很可爱。我自己就收藏了好几块，它们都是我那当地质学家的姐姐凯特发现并赠予我的——她知道我喜欢有趣的海洋生物。在这些小小的收藏品当中，我最喜欢的一块菊石化石贝壳外形紧密卷曲，螺纹复杂而精致，大小与我的拇指差不多。这个生物被困在黑色的淤泥中，如今这片淤泥已变成泥岩，镶嵌在英格兰南部海岸的基默里奇海湾的峭壁之上。在1.5亿年前，这个生物曾在海洋中穿梭游弋，如今却躺在我的桌面之上。它总能帮助我理清对世界的看法，并让我感受到时间的飞逝。

菊石贝壳分布广泛，总能轻易找到，在过去几千年中，它们一直以自身特有的方式进入人类生活，但鲜有人注意到这一点。在我的家乡剑桥镇，当你漫步在大拱廊购物中心时，脚下踩着的闪亮的石灰岩地板砖很可能就混有上古时期的贝壳。很久以前，世界各地的人们就已经发现这些呈螺旋状的奇怪石头，并且好奇它们到底是什么。那时候，人们还不知道它们的真正来历，也不会把它们当作铺地板砖的材料。

在欧洲，菊石化石也被称作“蛇纹菊石”(Snakestone)。关于它们的形成有很多传说，其中流传得最广的，是说有一位圣人在四处游历时喜欢把蛇变成石头，并从悬崖上扔下去。这些石头就是蛇纹菊石，人们认为圣人扔出的这些石头除了能解蛇毒，还包治百病，从人类的阳痿到牛抽搐等。

罗马人则认为，如果在枕头下放一块金色的菊石，那他们就能在梦中看到未来。北美的黑脚人认为菊石看起来像睡着的野牛，所以称其为“水牛石”；如果你在去旅行之前找到一块水牛石，那意味着这趟旅程将会走好运。在尼泊尔从甘达基河到喜马拉雅山的那一带，人们将黑色的菊石称作“沙里格拉姆”(Shaligram)，认为其是印度神毗湿奴的化身，并摆在寺庙里供奉；将死之人习惯喝一点浸泡过菊石的水，据说这样可以洗刷个人罪孽。

人们对箭石（Belemnite）也有相似的信仰。这种已灭绝的生物和菊石是亲属关系，和章鱼、鱿鱼一样，同属鞘形亚纲。它们的外观很像章鱼，但内部有一个子弹状的贝壳。箭石动物的贝壳化石被誉为“雷电之石”，人们认为雷电击中地面后产生了这些化石。人们常常用箭石治疗蛇毒，也会将其放在窗边保护房屋免遭雷击。在瑞典的民间故事中，人们认为“雷电之石”拥有强大能量，能帮助他们对抗恶魔。此外，人们也认为箭石是 vättar 的烛台——vättar 是一种超自然生物（在另外一些故事中，vättar 是圣诞老人的远亲），居住在房屋的地板之下，如果房子不够整洁，vättar 就会惩罚房子的主人。在18世纪的英格兰，人们会把箭石化石磨碎，用来治疗马眼酸痛的毛病。在苏格兰，人们把箭石称作“马蝇之石”，并常常用来喂马，以治疗蠕虫病。

这些为数众多的菊石动物的化石也有很多实际用途。在维多利亚时代的英国，人们认为菊石化石富含磷酸盐，因此把它们从地底挖出来制作成世界上第一种人工化肥。随着城市人口的增长，食物的需求大大提高，科学家发现磷酸盐有利于种植粮食之后，磷酸盐肥料一度非常紧缺。彼时，虽然人们可以从秘鲁进口昂贵的鸟粪（被称为鸟粪石［guano］，富含磷元素）作为废料，但终归是一笔庞大的开销。于是，家畜屠宰场废弃的动物骨骼，骨柄刀作坊的废料，埃及猫的干尸，甚至从战场上刨出来的人类遗骸都被磨碎，用作耕地肥料。后来，人们发现了离家更近的磷酸盐来源——埋在地下的古生物骨骼化石，其中夹杂着古生物的牙齿、爪子、贝壳以及海洋爬行动物的粪便，都是极好的磷肥。这些混合物被称为“粪化石”（coprolite）——这个词是希腊语的“粪便”（kopros）和“石头”（lithos）结合而成——实际上里面只有少量粪便，所以严格说来，它们应该被称为“伪粪化石”或磷酸盐团块等。这些混合物包括菊石。菊石动物死后，贝壳中的碳酸钙会被海水中的磷酸钙所取代。

英国东南部发现了很多菊石化石遗址，白垩纪时期这里曾是一片浅海。这些遗址引发了一场在全国范围内挖掘粪化石的狂潮。开采和挖掘粪化石带来了巨大的财富，对剑桥周边的城市来说尤其如此，这些地方几乎成为英国所有磷酸盐原料的来源。

剑桥的塞奇威克地球科学博物馆拥有一个粪化石展示柜，里面的大多数化石都是哈利·西利（Harry Seeley）发现的，他是19世纪中叶剑桥大学地质学教授亚当·塞奇威克（Adam Sedgwick）的助手。在整个1860年代，西利经常去剑桥附近的粪化石遗址挑拣石头，然后拿回来冲洗，试图找到一些独特而有趣的东西。目前，博物馆展出的是灰色和黑色的菊石，还有双壳纲和腹足纲动物的化石。

除了西利带走的少数样本，其他大约200万吨富含磷酸盐的化石被挖出来，装到马车、蒸汽火车和驳船上，运往风车房碾碎。随后，人们往那些化石粉末中添加硫酸以生产磷肥。这些肥料的生产成本只需进口秘鲁鸟粪的一半，因而最终大量肥料被出口到全世界。直到1880年代，由于人们发现了更便宜的磷矿石，英国的粪化石产量才有所下降。因此，可以说从俄罗斯到澳大利亚，这些地区的农作物能够繁荣生长，都得益于一些古老的贝壳。

菊石化石给人类留下了另一种更持久的遗产。200年前，英国工程师威廉·史密斯（William Smith）首次发现化石（尤其是菊石化石）是一种时间胶囊，可以借此检验地层结构。他当时负责走遍全国，开凿新运河。他发现，随着工人挖掘得越深，地层也发生相应变化，蕴含其中的化石也是如此。他将包括菊石在内的许多化石收集起来，证明了岩石会像薄饼那样沉积在同一个平面；后来，随着地壳运动，这些岩石会被挤压、折叠。

菊石化石拥有的几个特点，有利于帮助史密斯探测地层结构。它们数量庞大、易于发现，而且种类繁多，达千种以上。人们通过像指纹一样的复杂线条来对菊石进行分类。这些线条叫作“缝合线”，深深地铭刻在贝壳化石之上；它们是菊石贝壳壳室隔板与外壳之间相接处的线，当沙子和淤泥进入贝壳的壳室时，这些缝合线就会显露出来，形成一个内模。有些菊石寿命很短，它们可能会在一次地球心跳中诞生和灭绝，有时候这个时间段可能仅有几十万年。这意味着，如果在不同地方发现了同一种菊石，那就表示它们所处的地方应该处于同一时间段。这是一项强大的地质技术——生物地层学——的基础。因为菊石分布在不同的国家和地区，地质学家得以将不同地区的岩层联系起来。目前，人们已经在智利、澳大利亚、欧洲、马达加斯加、中国和南极洲发现了相同种类的菊石。

通过匹配各地不同时间段和类型的岩层，史密斯绘制了一幅两米高的巨大地图，详细描述了英格兰、威尔士和苏格兰部分地区的地质情况。通过给不同的岩层标注上不同颜色，史密斯得到了一幅英伦三岛彩虹图。这张地质图和史密斯的发现，奠定了地质学这门新兴科学的基础，并解释了数百万年来岩层是如何形成的。

严格来说，今日所谓的菊石，其实大多数应该是其他物种，这实在令人困惑。从谱系上看，今日的菊石动物应该属于菊石亚纲，这个纲似乎是从大约4亿年前的泥盆纪的头足纲动物中分化出来的。真正的菊石动物出现在2亿年后的侏罗纪早期。在此之前，有几十个菊石种群诞生又灭绝。通常情况下，人们把以上动物都称作“菊石”，但实际上它们的种类不同，尽管亲缘关系很密切。

自泥盆纪起，海洋中占主导地位的菊石动物是棱菊石（Goniatite），它们中的大多数都拥有一个结构紧凑、相对纤细的螺旋形贝壳。它们的鼎盛时期一直持续到2.52亿年前，随后爆发了一次重大灾难，生机勃勃的地球遭到重创，棱菊石动物从此消失，仿佛它们从未在地球上出现过一样。二叠纪末期爆发了一次生物大规模死亡事件，史称“大灭绝”。这次生物大量灭绝的现象很可能是一系列因素的综合结果，包括巨大的火山群喷发，深海释放大量甲烷及其引发的全球变暖。在这次大灭绝中，70%的陆地生物和96%的海洋生物都消失了，其中包括仅剩的三叶虫。在这次大灭绝中，虽然棱菊石消失了，但其他菊石动物却一直延续到三叠纪。稍后称霸海洋的是另一种菊石动物——齿菊石（Ceratite）。不过，它们的统治时间不长，只维持了5000万年左右。接着，最后一个庞大的菊石纲动物占据了舞台的中心。从侏罗纪早期起，海洋中出现了大量菊石动物。

虽然菊石动物的化石数量多得令人难以置信，但它们以及它们的亲属一直都很神秘。它们的秘密仿佛都埋葬在过去了。如今，我们除了知道菊石的贝壳，并不了解菊石动物到底长什么样。到目前为止，人们收集起来的化石中并没有发现菊石动物的柔软躯体。它们是否像章鱼那样拥有八条腕足？或者像乌贼、墨鱼，除了八条腕足之外还有两条触手？又或者像鹦鹉螺那样，拥有几十根意大利细面条状的附属物？对此，我们一无所知。

唯一可以确定的是，菊石也可能是通过喷射水流推动身体游动。菊石贝壳的壳口有一个凹槽，这可以证明菊石动物拥有一个肉质漏斗，就像如今仍存活着的头足纲动物那样。到目前为止，最大的菊石动物是德国菊石（Parapuzosia），其贝壳化石的直径长达2米。不过，我们难以想象它们是怎么在大海中游弋的。专家推测，活着的德国菊石直径可能超过3米，重量至少有1.5吨。这种巨型菊石的贝壳，其大小与大脚车的轮子相差无几。

菊石统治海洋期间发生了许多奇异景象。总的来说，就是它们的贝壳被雕刻成了规整的螺旋形；它们占据的仅是戴维·劳普贝壳想象博物馆的一个小小角落。尽管如此，有些菊石动物当年还做了许多惊天动地的事情。

勾菊石（Heliocera）拥有一个高大的螺旋状贝壳，壳面覆有尖刺，看起来就像一个危险的旋转滑梯。它们的头部向下悬挂，从漏斗中喷出的一股柔和的水流，会使它们的身体旋转起来。也许它们在海水里上下旋转的样子就像用螺旋开瓶器开红酒。日本菊石（Nipponite）是另一种外形怪异的菊石。它们的贝壳呈弯曲状，就像打了许多个结，类似于如今生活在婆罗洲白垩山上的微型蜗牛，不过后者可能略小一些。

我们不知道菊石以何为食。科学家找到了一些罕见的菊石化石，里面发现了一些胃容物，其中包括一些叫作“介形虫”（Ostracod）的小型爬行甲壳动物，还有一些海胆的近亲，名为海百合，形似花朵；此外，还有部分菊石。然而，并不是所有人都同意这些一定是菊石最后一餐的内容。可以肯定的是，其他动物会以菊石为食。它们并不像其奥陶纪祖先那样，是海洋中最高等的掠食者。如今，猎人已沦为猎物。

那些菊石贝壳上还有许多光滑的圆孔。一些专家认为，可能是菊石死后，帽贝吸附在菊石身上，因而留下疤痕。后来，专家进一步分析指出，菊石动物的结局可能更残酷。

在侏罗纪的海洋，除了菊石，还有大量可怕的动物，包括一种名为鱼龙（Ichthyosaur）的爬行动物，形似海豚；此外还有沧龙（Mosasaur）。这些动物都是可怕的海洋蜥蜴，体长可达20米，长长的嘴巴里长满尖锐的牙齿。而菊石贝壳上发现的圆孔，无论大小和间距，都与沧龙的牙齿相吻合。所以，那些圆孔可能不是帽贝留下的，而是沧龙的牙印。此外，也没有什么明显的缘由促使帽贝一个接一个地自动排成V字形队列。

菊石上发现的两种尺寸的孔洞，正好分别与成年沧龙和青年沧龙的牙齿吻合。难道是成年沧龙在教导子女如何狩猎？还是说它抢了一条青年沧龙的晚餐？无论是哪种情况，对菊石来说都不是好消息。

与此同时，随着巨大的两栖类爬行动物诞生，海洋中出现了一种新的威胁。不久之后，有壳的头足纲动物将结束其统治，并给世人留下一个巨大谜团：菊石为何灭绝了？

菊石灭绝之谜

在整个中生代，菊石取代原有的头足纲动物，成为舞台的绝对主角。与此同时，另一种带壳的头足纲动物正在悄悄地发展壮大——鹦鹉螺。从外表来看，鹦鹉螺与菊石很像，但数量和种类相对少很多。

菊石和鹦鹉螺共同经历了多次物种大规模灭绝事件，并一直存活到6550万年前。在白垩纪末期，地球再度爆发生物大规模灭绝事件，这对菊石表兄弟只有一个活了下来。

这次灾难可能是众多生物大规模灭绝事件中最著名的一次，

因为陆地上的非鸟类恐龙也灭绝了。海洋同样遭受了重大打击，只有1/5的物种活着进入第三纪。至于菊石表兄弟中到底谁活了下来，我当然是把筹码压在菊石身上。因为相对于鹦鹉螺，菊石数量众多，分布广泛，这两点都是物种能够在大灭绝事件中幸存的关键。然而，事实是菊石告别了地球，鹦鹉螺幸运地活了下来，并进化出带有壳室的鹦鹉螺。长期以来，古生物学家一直很想知道为什么会是这样的结果。

即使在今天，想找出大灭绝的原因也依然很困难。对于如今的濒危物种，生物学家可以小心翼翼地加以保护并仔细观察，预测它们为何会遇到麻烦；但寻找已灭绝物种的真正死因却是个巨大的挑战，更别提对它们做点什么了。想象一下，某个物种已经灭绝很久，它们只在岩石中留下曾经存在过的痕迹，而你却想要研究它们，这会遇到多少问题。我们拥有的都是理论。研究人员仔细研究菊石化石、鹦鹉螺和大规模灭绝事件的细节，试图还原大灭绝的起因及菊石为何没能活下来。

对于菊石的灭绝，长期以来，生物界都有这样一种理论，即它们的灭绝和它们刚出生时的生活方式有关。刚孵化出来的菊石宝宝很小。仔细观察菊石的贝壳化石，你可以发现，菊石还没孵化的时候，是生活在一个安全稳定的环境中，以蛋黄为营养来源，因此螺纹很光滑。当菊石宝宝孵化出来后，就不得不在一个不稳定的外部世界自食其力，因此，新长成的螺纹会变得不规则。

对菊石宝宝来说，当外壳长到1毫米长时，那些不均匀的螺纹便出现了。而刚孵化出来的鹦鹉螺则比菊石大10倍。据估计，幼年期的菊石和鹦鹉螺分别做着完全不同的事情：菊石作为浮游生物的一部分在水中漂流，而鹦鹉螺则可能下沉到海床附近。

如果周遭环境没什么异常的话，这种差异就无足轻重，但当情况发生变化时，菊石可就要遭殃了。大规模灭绝事件改变了游戏规则，但为什么会发生这种事情，人们仍旧在激烈争论中。化石记录显示，在此之前，菊石的谱系就已经衰落，许多种类濒临灭绝。这可能与当时海平面的下降有关——在100万年里海平面下降了150米。

然后，臭名昭著的希克苏鲁伯小行星撞击了墨西哥的尤卡坦半岛，导致地球产生大量灰尘，并引发一个漫长而黑暗的冬天。许多专家认为这就是发生大灭绝的原因，而另一些人则认为印度的大规模火山爆发也有可能导致大灭绝。如今，印度中部的德干地盾中有一层坚固的玄武岩层，厚度超过2000米，面积超过50万平方千米，可想而知，当时火山爆发和熔岩流量是多么可怕。它们把大量二氧化碳和二氧化硫排放到大气中，导致全球气候发生变化。

大气中的含硫气体会与水结合，然后降下酸雨；这将导致浅海处海水酸性提高，对浮游生物（包括附着于古生物残骸之上的幼年期菊石）造成不良影响。相比之下，年幼的鹦鹉螺则安全地藏在深海之下，不受这些腐蚀性海水的影响。

食物也可能是菊石灭绝的原因之一。2011年，伊莎贝尔·克鲁塔（Isabelle Kruta）和同事一起对一只杆菊石（baculite）进行了详细的三维扫描。她发现，在杆菊石最后一餐的内容中有腹足纲浮游生物幼虫的贝壳。其他专家则认为不能确定这一浮游生物就是食物，它也可能是路过的，恰好与杆菊石一起被封在了同一块岩石中。但如果菊石确实以小动物为食，那么具有腐蚀性且温度上升的海水会引发浮游生物群体崩溃，由此导致大量成年菊石被饿死。

至于鹦鹉螺的食物，它们如今依旧活着的后裔提供了一些线索。长着壳室的鹦鹉螺白天会藏在海水之下几百米的深处，晚上则会到浅海处的珊瑚礁附近寻找食物。它们的视力都非常糟糕，基本是通过嗅觉而非视觉来寻找食物。它们有一对敏感的嗅角（rhinophore），可以在10米之外就闻到尸体腐烂的味道。它们通过海水追踪食物的气味，就像一个人站在100米外的起跑线上能闻到终点处有人在吃布里干酪。远古的鹦鹉螺可能也有这种通过嗅觉追踪腐食的本领，因此它们能很好地适应周围水质的变化。在大海深处，只要你不挑食，就会拥有足够多的食物。

最近，纽约的美国自然历史博物馆研究人员尼尔·兰德曼（Neil Landman）表示，菊石的地理分布情形也有可能是它们灭绝的原因之一。他用地图描绘出生存到白垩纪末期的菊石在全球的分布情况，包括少量在那次大灭绝事件中活下来的。那些很快灭绝的种类都分布得较密集，而有幸生存下来的少量种类则通常分布得更广泛。所以，分布较为集中的种类通常更容易灭绝，因为它们把所有鸡蛋都放在了同一个篮子里，从地理学的角度来讲，它们更可能因某次随机事件而全部消失。想象一下，某种食粪昆虫生活在同一个牛粪堆上，如果一头牛碰巧踩中了这个牛粪堆，结果会如何？

兰德曼及其同事的研究结果有力地证明分布广泛的菊石躲过了最初的那一劫。不过，从长远来看，菊石的生存仍然难以保证。最终，所有菊石都灭绝了（有观点认为菊石仍然存在，只是藏在深海的某处，不过这种观点没有得到广泛认同）。而鹦鹉螺则存活下来，作为头足纲动物的遗存在海中继续生存了将近4亿年。

趋同进化

看过了菊石的崛起与衰落，让我们继续回到菊石和船蛸是什么关系这个问题上来。船蛸是不是从菊石那里学会了制造贝壳的技能？这是个不错的假设，但有一个致命缺陷：菊石和船蛸可能不是同时代的生物。

通过那些精致的贝壳化石，我们辨认出了10种已经灭绝的船蛸。最古老的安房宽带船蛸（Obinautilu）出现在大约2900万年前的渐新世，但也有些古生物学家认为那其实是一种鹦鹉螺；目前所发现的最古老的青年安房宽带船蛸则出现在1200万年前。如上文所述，在大约6500万年前的白垩纪末期，地球爆发了大规模灭绝事件，之后不久，菊石种类就灭绝了。尽管我们可以找到很多菊石化石，但事实上船蛸似乎并没有遇到过活着的菊石，更别说向它们学习造壳技术了，如今学界普遍认为这种情况不可能出现。

为何船蛸的贝壳与已灭绝的菊石的贝壳如此相像？关于这个问题，只有一种说法可以合理地解释：这是趋同进化的一个典型案例。它们的贝壳相似，是因为它们生活在同样的环境下，于是发生了同样的自然演变，其身体都趋近于流线型。研究表明，当它们在水中游动时，贝壳上的脊梁和肋脉状棱纹可以有效减少阻力，稳定身体并减少发生侧翻的几率。这种情况，数百万年前菊石也曾遇到过。

既然船蛸没有向菊石学习如何制造贝壳，那么，它们是不是寄生在其他生物身上呢？它们的贝壳是自己制造的吗？在维多利亚时代，船蛸引起了人们强烈的关注和讨论，有大量相关论文发表。收藏者相互分享一些保存完好的罕见贝壳化石，它们甚至出现在拜伦勋爵的诗集《岛》(*The Island*) 之中。许多杰出的科学家都非常关注船蛸，其中包括理查德·欧文 (Richard Owen)、让-巴蒂斯特·拉马克 (Jean-Baptiste Lamarck)、约瑟夫·班克斯 (Joseph Banks) 和乔治·居维叶 (Georges Cuvier) 。许多人认为船蛸和快蛸应该被归为同一物种，这等于将贝壳和贝壳的制造者视为一类。意大利自然学家朱塞佩·赛维里奥·波利 (Giuseppe Saverio Poli) 在显微镜下观察了成熟期的船蛸，发现它们整个身体都嵌在一个小贝壳里，所以他认为船蛸不是寄生虫。

船蛸到底是不是寄生虫呢？这个问题最后由一位如今已被人遗忘的海洋生物研究先驱解决。在整个1830年代，她一直致力于揭开这种奇怪动物的神秘面纱。那是一段曲折的旅程，其中涉及一位公主的婚纱和一项突破性的技术，最终，她解开了船蛸的贝壳谜团。

让娜·维尔普勒 (Jeanne Villepreux) 是让娜和皮埃尔之女。1794年，她出生在法国西南部的瑞亚克镇，那里距离大海很远。她的家庭似乎相当富裕，父亲皮埃尔曾做过鞋匠、店主、地主，还是瑞亚克镇的第一位警察。让娜11岁的时候，母亲去世了，之后父亲再婚。让娜继母的年纪仅有皮埃尔的一半，她与让娜之间相处得如何目前并不清楚。17岁的时候，让娜离开家前往巴黎，并在那里开始了崭新的生活。

在表哥和一群奶牛的护送下，让娜走了将近300英里，终于来到首都巴黎。一般情况下，从瑞亚克镇到巴黎只需两周，但途中发生了一些事 (应该是表哥袭击了让娜)，导致让娜转到奥尔良的一家修道院寻求帮助。后来，她最终还是来到巴黎，并找了一份当裁缝的工作。显然，她在这方面表现出色，因为没多久她就参与进一场王室婚礼的准备工作中。

婚礼的新娘是意大利的公主——玛丽-卡洛琳（Marie-Caroline），新郎则是法国国王路易十八的侄子查理·斐迪南（Charles Ferdinand）。让娜被委托为新娘制作婚纱。

这场婚礼简直就是法国和意大利的名流聚会。让娜认识了詹姆斯·鲍尔（James Power），他来自多米尼加（英国在加勒比海地区的殖民地），通过在西西里岛经商而成为富豪。两年后，也就是1818年，让娜和詹姆斯在西西里岛完婚。之后，这对夫妻在东海岸的港口城市墨西拿定居，让娜终于有了一段闲暇时光。她不需要再为她人制作衫裙（虽然颇多贵妇希望她继续这么做），也不需要为跻身上流社会而忙碌不堪。相反，她卷起袖子，成了一名科学家。

让娜的新家面对着墨西拿海峡，正好处于西西里岛和意大利半岛之间，连接爱奥尼亚海和第勒尼安海。对水手来说，这可是个危险的地方，汹涌的潮水每六个小时就切换一次方向，呼啸着奔向南方或北方。自古典时代起，人们就对这里心存畏惧，海峡间的狂暴漩涡和险峻礁石仿佛希腊神话中的两只海怪——斯库拉（Scylla）和卡律布狄斯（Charybdis）。

斯库拉守卫在海峡的一侧，拥有6个头和鲨鱼般锋利的牙齿。在荷马史诗《奥德赛》中，英雄奥德修斯侥幸逃脱了斯库拉的吞噬，但他的同伴就没有那么幸运了。后来，奥德修斯划着木筏从海峡漂流回来，但他离漩涡卡律布狄斯太近了，后者将大量海水和可怜的奥德修斯一起吸进嘴中；奥德修斯紧紧抱住木筏，直到卡律布狄斯打嗝时才趁机逃脱，并随着漩涡一起越过海峡。在另一个古老传说中，伊阿宋和他的水手偷到金羊毛后，就驾驶着“阿尔戈”号穿过斯库拉和卡律布狄斯之间的危险水域。他们之所以能幸免，是因为伊阿宋说服了海上女神忒提斯为他们引路。在墨西拿定居后，让娜很向往传说中的海峡，不过她没有去寻找危险的怪兽，比如斯库拉或卡律布狄斯。相反，她开始着迷于那些居住在这片危险水域中的真实生物。

让娜对自然的兴趣指引着她在岛上开始了长达20年的探索。后来，她写了一本记录岛上野生动物的指南，其中主角包括毛毛虫、蝴蝶、海星、螃蟹，甚至是尖角江珧蛤。在书中，她表示自己看到过一只章鱼用一块石头撑开尖角江珧蛤的贝壳，然后吞食其中的软体动物。她还提出了一个很超前的想法：用放养鱼苗和淡水螯虾改善因过度捕捞而遭到破坏的河流生态。她还在家里驯养了一对松貂，以便对它们的行为进行观察；她在屋子里放了一棵树供松貂攀爬，还找来活鸟和松鼠供它们捕猎。之后，她遇到了一个神奇的海洋物种，这将引诱她开始一项革命性的研究。让娜意识到自己置身于一个完美的地方，可以回答一个古老的问题：船蛸的贝壳，到底是借来的还是偷来的，或者是自己制造的？她知道，想找到答案就必须做一些前人未曾做过的事情——她将在船蛸身上花费大量时间。

让娜可以轻松获得西西里岛附近海域的动物。渔民捕到船蛸会转交给让娜，她自己偶尔也会冒险去采集。现在，她要做的便是保证到手的这些动物一直活着，以方便她观察和做实验。为此，她设计了一系列新型观察仪器。

其中一个是个简单的箱子，后来被称为“能量笼”(Power Cage)。这个笼子宽4米、高2米、深1米，顶部有一扇可打开的门，还有两扇方便观察的玻璃窗户。箱子的四个角分别连接一个小锚，锚把箱子固定在海岸线附近的海底。箱子的墙壁由一道道木杆组成，木杆之间缝隙很小，这样可以保证海水能涌入但又不至于让船蛸逃脱。此外，让娜还在家里建了一个玻璃水族箱。这应该是世界上第一个水族箱，由此，她得以用前所未有的方式观察海洋。此后数年，她一直潜心观察和了解相关知识。

通过观察水族箱中的成年船蛸，她发现它们可以轻松地从贝壳里爬出来，并不是像其他软体动物（比如带壳的鹦鹉螺）那样永久固定在贝壳里。她观察到船蛸用带有吸盘的腕足抱住贝壳，发现它们不会抛弃自己的贝壳。

《海底两万里》中也有些描述船蛸的片段。阿龙纳斯教授告诉他的仆人孔塞伊，船蛸从来都不会离开自己的贝壳，即使它们有这个能力。孔塞伊则指出，尼莫船长不应该把他的潜艇命名为“鹦鹉螺”号，而应该是“船蛸”号，因为后者代表它能离开，只是选择了不离开。

让娜发现，船蛸与其他头足纲动物有很大的不同。当她把同属的章鱼放进水族箱中，发现它们会迅速吃掉送进来的任何食物，然后利用它们那赤裸、柔软的身体从箱壁间隙滑出，逃往开放水域。但船蛸从来没有这样尝试过，它们选择挂在贝壳上，所以会被箱壁挡在水族箱里。如果让娜拿掉那些轻薄的外壳，船蛸就会死掉。因此，让娜得出结论：如果船蛸的贝壳是借来的，那么它们肯定会尝试逃到水族箱之外，届时再重新找一个贝壳就行了。

让娜发现，如果船蛸的贝壳破裂了，它们是无法重新制造贝壳的，但它们知道怎么去修补。当贝壳破裂后，船蛸会用腕足末端的银色网状膜擦拭外壳表面，此时会分泌出一种粘稠的液体将壳缝重新密封起来。让娜对这些粘液进行分析，发现其中蕴含的碳酸钙成分与原壳的一致。

接下来，她试着打破贝壳并拿走一些碎片。在贝壳遭到进一步的损伤之后，船蛸花了几个小时在水族箱底搜索适合填补空隙的碎片；找到之后，它会把碎片粘到贝壳破裂的地方，就好像在玩拼图一样。

船蛸能修补贝壳这一发现有力地支持了让娜的论点——船蛸的贝壳不是简单地从别处偷来的，而是它们自己制作的。但想完全证实这个论点，还需要找到最后一样证据：观察到一只船蛸正在制作贝壳。

与朱塞佩·赛维里奥·波利的结论相反，让娜在检查还未孵化的船蛸卵时并没有发现壳的踪迹。随后，她仔细观察了船蛸孵化和长大的过程，发现船蛸宝宝在长到9毫米大小时（跟一个小指甲盖差不多），就会开始建造硬壳。随着船蛸的生长，它们的壳也会变大。

让娜的研究让其他科学家断定，船蛸的贝壳确实是自行建造的，而且其建造方式与其他软体动物都不一样：它们分泌形成外壳物质的部位并非外套膜，而是两只腕足末端的造壳腺体。

如果让娜没与外界通信或公开调查结果，那么这些发现很可能会丢失。原来，让娜和丈夫决定搬离西西里岛先去伦敦，再往巴黎，她将大部分论文和研究设备打包，经水路送往伦敦。他们自己则从陆路前往。然而，负责运送这些资料的船只，却在离法国海岸不远的地方遇到了风暴袭击并最终沉没，让娜的宝贵资料随之沉入海底。这件事或许也提醒了我们，应该定期进行数据备份，以免发生现代版沉船意外，虽然如今这种颇具浪漫主义色彩的灾难已经很少会给科学家造成麻烦了。

幸好，让娜在和伦敦自然历史博物馆研究院理查德·欧文通信时，经常分享她的研究数据和结果，而且还发表在各种科学期刊的论文和研究中。通过这些研究，让娜得以成为意大利、法国、比利时和英国的许多科研机构罕见的女成员，其中包括伦敦动物学会。然而，作为一位早期的女科学家，如今已经很少有人记得她的科研成就，更不知道她曾花费数年来观察、探索和讨论船蛸这些神秘而迷人的动物。

交配与移动

让娜在西西里岛开展相关研究时，人们也通过其他渠道了解船蛸及其生活方式。我们知道，船蛸以水生动物为食，包括鱼、水母和海蝴蝶；雌性船蛸通过在体内外分泌液体来制造外壳；没有两个船蛸的外壳是完全相同的，这使得我们很难仅通过外壳来辨别船蛸的种类；当很多船蛸聚集时，它们会一个紧贴着另一个，形成竹排的形状。没有人知道它们为何如此，不过，这倒是可以解释为什么有时候会在海滩上看到数百只船蛸一起搁浅。

我们还得知了很多关于船蛸古怪性生活的知识。让娜的研究显示，她只找到过产卵的雌性船蛸。那么，提供精子的雄性船蛸在哪里？她是第一位认为一种卡在雌性船蛸身体上的蠕虫状物质可能与雄性船蛸有关的科学家。乔治·居维叶看到这种奇怪的附属物时，认为它是一种寄生蠕虫，并在1829年将其命名为“交接腕”（Hectocotylus）。过了很长一段时间，随着让娜提出的质疑，人们证实那些附属物并非蠕虫，而是不起眼的雄性船蛸留下的重要纪念品。

毫无疑问，雄性在船蛸的两性关系中存在感不强。它们的大小是雌性的1/12，重量是1/600，比花生米还小。雄性船蛸不会制造贝壳，但它们也有令人印象深刻的秘技：它们的八条腕足中有一条是专门传送精子的管道，换句话说，它们有一条腕足的末端是阴茎；此外，雄性的生殖器是可分离的。

现在，交接腕特指许多雄性章鱼和鱿鱼用以传递少量精子给雌性的腕足。当章鱼的腕足和触须缠绕在一起时，雄性就会把一条腕足伸入雌性体内（船蛸的外套膜下有一个空腔，其他雌性章鱼的戳入部位则在眼睛下方）。雄性那条装有生殖器的腕足会扭动着从身上分离出来，腕足末端的吸盘会牢牢吸附在雌性身上。雌性船蛸经常会一次性收集和携带多位雄性的交接腕。

有些头足纲动物的雄性在拆除生殖器后还会长出新的，但船蛸不会，它们一生只能交配一次。所以雄性船蛸会希望找到一位雌性，把腕足分离下来放到对方身上，然后它们很快就会死去。不像它们的章鱼表亲那样，雌性船蛸则会一直生存下去，在剩余的生命里继续和其他年轻的船蛸交配。大多数雌性章鱼都会把卵产在海底的洞穴和缝隙中，然后长久地守护在周围，以免它们被其他动物吞食，并保证它们获得充足的氧气与干净的海水。最近，人们在加利福尼亚海岸的蒙特雷海底峡谷观察到一只深海章鱼守护受精卵长达53个月，直到小章鱼孵化出来。迄今为止，还没有发现其他动物有这么长的孵化期。在那之后不久，这只章鱼很可能会死去，就像大多数雌性章鱼那样。

如果雌性船蛸生活在开放水域，由于那里没有洞穴来容纳刚产下的卵，它们就会自己制作一个保护所来养育幼体，也就是贝壳。雌性船蛸的外壳不仅可以居住，还可以做其他事情。对水族馆中的船蛸观察一段时间后，有些科学家认为船蛸壳中的空气是一种负担，会导致船蛸方向感失灵，无法再停留在水面上。其他人则开玩笑说船蛸可以通过操纵壳内的空气来控制身体，就像操作潜艇那样。

直到2010年，墨尔本维多利亚博物馆的学者朱利安·芬恩（Julian Finn）在访问日本海时才发现船蛸贝壳的用途。朱利安在近海捕获了三只雌性船蛸，并把它们带到冲泊港（Okidomari Harbour）。他穿上潜水装备，带着船蛸小心翼翼地潜到海水之下。他刺激这些船蛸将壳室内空气排出，然后将其一个个释放，观察它们在相同的路径下有什么反应。

首先，船蛸会通过喷气的方式推动自己向上游动。到达水面后，它们会用力挤出一股水流让自己飞起来，然后尽可能多地向壳内吸入空气。接下来，它们重新调整出气口的位置并利用喷力，推动自己越发深潜。在这个过程中，因为还是会与周遭海水接触，并且贝壳也没有完全封闭，所以越往下潜感受到的压力就越大，壳内的气泡也会被挤压和收缩。最终，当船蛸下降到一定深度后，壳内空气的浮力会抵消船蛸自身的重量，由此进入平衡状态：既不下沉也不上浮，而是悬浮在水中。来到这个神奇的位置之后——一般位于水下七八米——船蛸便可以在水平方向高速游动，迅速离开朱利安及其助手所能观察到的范围。

看着它们从视野中消失，朱利安确定船蛸可以借助空气在浅水下快速游动，在那个位置它们不太可能被海浪打翻，或者被饥饿的海鸟抓住。这就解释了为什么精疲力竭的船蛸在被带到卡布利洛海洋水族馆后，会需要一个帮手将它带到水面来填充壳内空气以获得急需的浮力。

现代遗传研究确认了纸鹦鹉螺和珍珠鹦鹉螺是远亲。毫无疑问，船蛸是章鱼的一种，与墨鱼和鱿鱼同属鞘形亚纲。而鹦鹉螺是远古时期头足纲动物王朝中最后的几个幸存者，在过去的4亿年里一直在做自己的事情。

长久以来，这两种动物就像一种活化石，证明充气的贝壳可以帮助它们在海洋中移动。它们可能不像一些头足纲亲戚那样敏捷和迅速，但它们肯定也不像自己的“活化石”标签那样原始或过时。现在，我们都已经知道答案：鹦鹉螺死后确实会留下贝壳，但船蛸不会捡起并继续使用它们。

但人类会这样做。

第 8 章

搜寻奇珍

Hunting for Treasures

伦敦的维多利亚和阿尔伯特博物馆有一个银器展览馆，里面收藏了数千个闪闪发亮的高脚杯、皇冠、大浅盘和勺子，还有一只用珍珠鹦鹉螺的贝壳制成的鹦鹉螺杯。这只鹦鹉螺大约生活在400年前，死后贝壳被做成杯子。

贝壳的大多数红褐色条纹都被小心刮掉了，露出下面闪闪发光的珍珠层；杯子表面雕刻了很多老虎的形象，排列成漩涡状。闪闪发光的部分则雕刻了一群细节鲜明的动物，有蜘蛛、黄蜂、飞蛾和瓢虫。贝壳的底座是一座镀金银山，表面装饰有搪瓷做的花朵和藤蔓，还有很多昆虫。

1620年，荷兰人制造了这只鹦鹉螺杯。它可能从来没有被当作器皿实际使用过，而是作为珍宝被放在橱柜里展示。珍珠鹦鹉螺被视为大自然的杰作，但人们还可以对它们再稍加改造。正如尖角江珧蛤的海丝可以用于编织一样，博物馆的工作人员将完整的鹦鹉螺贝壳放在鹦鹉螺杯旁边，以鼓励来参观的人们思考大自然的原始杰作，以及艺术家们巧夺天工般的雕刻艺术。

博物馆还收藏了其他几只鹦鹉螺杯。16世纪法国人制造的伯利船形盆（Burghley Nef），是一只由鹦鹉螺贝壳制成的盐皿，被雕刻成一艘中世纪的帆船模样，底座为一条银质美人鱼；还有一只来自16世纪的英国的杯子，上面的金色海怪张开凶猛的下巴，正准备吞没约拿（原来的鹦鹉螺壳已经丢失，现在上面放了一个银质复制品）；还有一件藏品制作于1770年的波兰，鹦鹉螺贝壳被镶嵌在一座奢侈的金山之上，金山表面还镶嵌着雕花琉璃和各式宝石。

这些鹦鹉螺贝壳可能都是荷兰商人从印度尼西亚进口而来，而他们的同一批舰队也正从马尔代夫搭载着数十亿货贝前往西非交换奴隶。全球贸易航线满足了人们对遥远异国奇珍的强烈需求，其中就包括了许多种类的贝壳。

在18世纪的欧洲拍卖行，富有的收藏家们对贝壳有种奇怪的狂热，具体体现为他们愿意为罕见而美丽的标本支付高于市场的价格。到19世纪初，橱柜上收藏的贝壳珍宝逐渐被更常见、更系统化的物品所取代。相比于贝壳，人们更了解这些物品。大多数收藏家仅沉迷于收藏拍卖行的高价贝壳，不过，也有少数人渴望进行更伟大的冒险。大概与让娜·鲍尔研究船蛸及其贝壳同一时间，另一位被当今人们遗忘的自然历史学家，开始追求他的一个奇怪梦想。他便是休·卡明（Hugh Cuming）。此人赌上性命，花了好几年时间，在远洋和陆地上都进行了一系列冒险活动，只为收集更多的贝壳。在全球旅行的过程中，他带回了数千只贝壳，这些贝壳将重新定义自然界中物种多样性的界限。

贝壳收藏家

无论是当前还是将来，都有很多人渴望收藏贝壳，这是一个历史悠久的爱好。目前已知的最古老且著名的贝壳收藏故事发生在罗马时期的庞贝古城。公元79年，维苏威火山爆发，火山灰把整座城市连同居民一起活埋了。后来，考古学家在一栋房屋内发现了一些贝壳，它们来自遥远的海洋，很可能是红海，而人们收藏它们的原因似乎很简单——看起来很漂亮。

到过海滩的人可能都会花些时间观赏海岸线，透过海面上的漂浮物看看大海的样子。那些美丽的螺旋状贝壳无疑是海滨最重要的珍宝。它们对我们当中的收藏家，也就是那些喜欢拥有和收藏纪念品的人而言极具魅力。对他们来说，贝壳是珍贵的纪念品，可以帮助他们铭记彼时彼地曾经享受过一个有海风轻拂、沙子从趾间滑过的假期。

有些人则以更认真的态度收集贝壳，他们极度渴望搜寻新物品，然后记录物品的相关信息并进行打分。可能正是这种搜寻的快感，驱使着休·卡明踏上寻找贝壳的道路。

休·卡明在少年时期就开始收集贝壳了。他探索了位于英格兰西南角的德文郡海滩，那里正对着法国。1791年的情人节，休·卡明出生在一个名为Dodbrooke的小村庄，那里位于曲折的河道末端，距离大海仅八公里。他的父母是理查德和玛丽，有三个兄弟姐妹，分别是珍妮、托马斯、詹姆斯。除此以外，人们对他早年的家庭生活所知甚少。父亲去世时，卡明才一岁；少年时期，他给当地的一个修帆工人当学徒，修帆的手艺最终将引导他走到世界的另一边。但那个时候，卡明还没有远离家乡。他可能在那里遇到了三个住在附近的男人：一位是地方法官，一位是将军，还有一位鞋匠。这三个人都以自己的方式进行探险，如果你了解他们，就会发现他们都向卡明展示了世界的无限可能。

金斯布里奇是休·卡明家乡附近的一座小镇。那里有一位绅士，名为查尔斯·普莱德劳（Charles Prideaux），他一生的大部分时间都住在镇中心的一栋石屋中，屋外爬满葡萄藤。普莱德劳是一名地方法官，但就像他们那一代的许多人一样，他一心扑在探索自然的事业中。他是18世纪一个很有影响力的业余自然学家团体的一员。对那些终日忙忙碌碌的人们而言，收集大自然中的美丽物品是个再好不过的消遣。普莱德劳对带贝壳的动物情有独钟。他收藏了大量贝壳和螃蟹标本，他最喜欢的藏品是那些使用他人贝壳的寄居生物，例如寄居蟹。这些物种中还有几个是以他的名字来命名的。我们不知道卡明是否见过普莱德劳，但他很可能听说过这位热心的自然学家曾乘船到普利茅斯湾，将一架小型木制挖泥机放入深海然后带回罕见奇珍的故事。

卡明似乎与当地另一位博物学家保持着友好往来，他就是乔治·蒙塔古将军（General George Montagu）。蒙塔古退役后一直住在金斯布里奇，撰写了一些关于鸟类和软体动物的书，其中提及数百种他在英国首次发现的物种。我们从多方面发现，蒙塔古对年轻的卡明爱护有加，并鼓励他探索德文郡的海岸，由此开启他的首次贝壳收集之旅。

另一位居住在金斯布里奇的人是约翰·克兰奇，他可能也激励了卡明踏上异国探险之路。与前面那两位富有的博物学家相比，卡明与克兰奇拥有更多共同点。他们都在年轻时当过学徒，只不过卡明学习的是制造船帆，克兰奇学习的是制鞋；学徒生涯都刺激着他们踏上冒险之路。

约翰·克兰奇希望自己成为一名全职的博物学家。他在金斯布里奇努力经营制鞋生意，尽力做到收支相抵，并保证自己可以想出海就能放下生意立刻启程。他也常常协助蒙塔古进行河道的疏浚工作。他以自己的名字为新发现的物种命名，并将这些新发现整理成文章发表。

1816年，在朋友威廉·利奇——伦敦的大英博物馆工作人员——的举荐之下，克兰奇被聘为皇家海军的动物学家，参与寻找刚果河源头的远征行动。这次航行开始时并不顺利，“刚果”号军舰的蒸汽机重达30吨，拥有20匹马力，但仅以3节的速度行进，慢得犹如在海上散步。人们把桨轮和发动机拆了，“刚果”号才终于在船帆的助力下开始航行。在前往非洲途中，克兰奇收集了许多动物标本，包括后来以他名字命名的船蛸。

当他们最终到达现在的刚果民主共和国海岸时，这艘船仅向内陆行驶了几百英里，就遇到了不可逾越的瀑布和急流。船员们发现，想要寻找刚果河的源头，必须进行长距离的步行。于是，他们弃船上岸。在陆地行进过程中，很多船员感染了可怕的疾病，可能是黄热病。克兰奇也病倒了，十天后，他被绑在吊床上抬回“刚果”号，不久后就死去了。最后，这次航行有半数以上的船员丧命。

克兰奇遇难的消息传回英格兰之前不久，蒙塔古也染上了虽不罕见但同样致命的疾病。他踩中了屋子里一颗生锈的钉子，最终死于破伤风；对19世纪初的自然探索家而言，无论是留在家里还是探索远方，都一样的危险。至于休·卡明会选择这两种方式的哪一种，结果显而易见——他很快就踏上了自己的海洋冒险之旅。1819年，28岁的卡明第一次离开德文郡，坐船前往南半球的瓦尔帕莱索（Valparaiso）。那是一座位于智利中西部海岸的重要海港，是英国的新殖民地，岛上经济发展迅速，卡明成了那里的一名修帆工。

卡明在智利过得很顺利。他认识了玛利亚·桑托斯，虽然他们一直没结婚，但他们生了一个女儿，起名克拉拉·瓦伦蒂娜，以纪念卡明的生日。在闲暇时，卡明走遍了瓦尔帕莱索附近布满石头的海岸和水湾，开始收集一些从未见过的贝壳。工作和业余爱好让他接触到了形形色色的当地人，包括港口检查员、海关工作人员、官僚和收藏家等，在未来几年中这些人给予了卡明非常大的帮助。约翰·福莱布利（John Frembly）中尉是其中一位，1825年他向科学界介绍了一种新品种的石鳖，并宣布了休·卡明的成就。

福莱布利中尉写道：“我以我朋友卡明斯（Cumings）先生的名字，为这个物种命名。”他继续推测卡明“很快会大量扩充我们现有的收藏”。他或许拼错了朋友的名字，但他认为卡明将带来更多收藏这个预感倒没错。几年后，世界将会意识到卡明对贝壳收藏和科学作出了何等伟大的贡献。

在南美洲短暂停留的时间里，作为修帆工的卡明过得很好。1826年，他只有35岁，却积累了足以让他直接退休并追求宏伟抱负的大量财富。卡明建造了一艘小型木制帆船，并命名为“发现者”号。他往船上装了很多工具，并准备了足够多的存储空间，这可能是世界上第一艘专门用于科学研究的定制帆船。他聘请格里姆伍德担任船长，并于1827年10月28日向玛利亚和克拉拉挥手告别，开始向西航行，开启他们的发现之旅，包括尽可能多地搜集贝壳。

贝壳大发现

在卡明和格里姆伍德驶向太平洋之际，一个科学大发现的新时代正缓缓拉开帷幕。直到18世纪初，冒险家周游世界的主要目的仍是获取和扩张殖民地，并开辟新的贸易航路。政治和经济的野心从未消失，但随着探索科学的兴趣日益增强，越来越多科学家加入了航海队伍并担任科学顾问。欧洲的许多城市正逐渐形成专业的协会，它们也是许多伟大远征行动的驱动力量；科学家成为远洋航队中不可缺少的一员。

1768年，伦敦皇家学会雇用詹姆斯·库克船长，前往太平洋观察金星经过太阳表面的情况。与他一起登上“奋进”号的还有博物学家约瑟夫·班克斯和丹尼尔·索兰德（Daniel Solander），他们负责收集沿途遇见的动植物标本，包括诸多贝壳。索兰德是卡尔·林奈招募的17名年轻冒险家之一，这些冒险家前往世界各地收集标本并验证和扩展林奈新创的为物种命名的双名命名法（给物种的命名分为两部分，第一个是属名，然后是种名，比如智人［Homo sapiens］）。事实上，收集动植物标本并用林奈的新方法进行分类，是18世纪各类探险的主要目标之一，许多全球航行都带回了大量标本。1780年代起，法国的“罗盘”号（La Boussole）和“星盘”号（L'Astrolabe）开始进行远洋探索，希望完成库克的太平洋探险，但它们都在所罗门群岛失去了踪迹。许多航行都试图找到西北航道，据说这条航线连接了大西洋和太平洋；其他航行则沿着印度、中国和澳大利亚的海岸进行细致观察。

所有环球航行都帮助揭示了一条关于自然界物种多样性的简单而强大的真理：全球各地的生物模式各不相同。要找到动植物的新品种，只需去其他科学家以前没去过的地方仔细观察即可。新地方意味着新物种。

早期科学考察的发现，特别是库克船长的，给休·卡明提供了在太平洋探险中寻找未知贝壳的灵感。与其他探险队不同的是，卡明团队的规模很小，只有两人。他们没有补给充足的大型船只和船员，没有政府或科学协会的资金支持。这趟航行的资金来源于卡明的私人储蓄。而且卡明希望，回来之后，除了留出最好的一部分，其他的都将卖掉换钱。

卡明和格里姆伍德驾驶着“发现者”号在太平洋上航行了八个

月，一个岛一个岛地搜索。卡明把航行过程都记录在日记本上（他可能在回智利的路上写下了这些），其中有一份副本完整地保存下来。记录显示了他们的航行路线，还有一些收集贝壳以外的冒险经历。

他们花了一周航行了640公里来到此行的第一站——胡安费尔南德斯群岛（Juan Fernandez Islands）。该岛因漂流者亚历山大·塞尔柯克（Alexander Selkirk）被扣于此而著名，丹尼尔·笛福据此创作了小说《鲁滨逊漂流记》。不过，在卡明和格里姆伍德到来之前的100年，塞尔柯克就被救出去了。不像塞尔柯克在岛上孤独地待了3年，卡明小队只停留了一个星期。在那段时间卡明开始收集标本，他发现了一些不同于智利海岸见到的贝类。他还注意到此前到访该岛的水手和海盗留下了大量山羊，以及从智利引进的种类繁多的果蔬，包括"非常大的萝卜"。

接下来，"发现者"号来到复活节岛。在那里，卡明开始收集人工制品，用棉手帕交换当地人雕刻的小木偶。他还带了一些烟草、葡萄酒和彩色丝带，用来交换当地人的传统武器和乐器。在换来的物品当中，他最喜欢的是两个鼻笛。他详细介绍了岛上的服装和日常活动、建筑物和食物，我们可以明显地感觉到他对复活节岛的喜爱。另外，卡明还发现了更多贝壳，看到了巨大的摩艾石像，并在进入太平洋之前储备了新鲜的补给品。

12月，他们到达皮特凯恩岛（Pitcairn Island），拜访了约翰·亚当斯（John Adams），后者是"邦蒂"号（Bounty）最后一位叛徒，几十年前来到这座遥远的死火山避难。在皮特凯恩岛，他们过了几天平静的日子；之后便绕过太平洋中部，前往一连串美得如诗如画的棕榈岛和珊瑚环礁，这些地方如今吸引了无数追逐阳光的度假者。但卡明到那里的时候，岛上只有一些前往法属波利尼西亚的捕鲸船和偶尔路过的博物学家，以及来来去去的基督教传教士。

在探访各个海岛的过程中，卡明和格里姆伍德并非一直受到当地人和传教士的款待。在某些地方，他们被凶猛的战舞、令人毛骨悚然的吼叫和种种武器威胁。在位于土阿莫土群岛（Tuamotu Archipelago）东南边缘的特莫埃环礁（Temoe Island），一个笨拙的行为为卡明小队带来了灾难性后果。当时，卡明、格里姆伍德以及从附近岛屿雇用的四名船员驾驶着一艘小船划向海滩，遇到了两位当地岛民，对方手持长矛冲到水边盯着他们。此时，格里姆伍德提议对空开枪吓跑他们，但此举反而引来更多岛民，那些戴着羽毛头饰、身体涂成黑白色的男人跳起了战舞。

卡明小队在潟湖另一边发现了一道缝隙，他们试图从那里逃跑，但大面积的沙子和岩石挡住了去路。当时，他们唯一的选择是抬着船跑向开阔水域，此时岛民正在他们后面不断聚集。但即使他们到达开阔水面，前景也不乐观。一个波浪拍过来掀翻了船只，他们的东西全部散落在海面。卡明被抛入海中，船体压在他的腿上，导致他失去意识，沉入水底。

一名水手游入水底，把湿漉漉的卡明拖回水面。船员们把船体扶正，此时，卡明再次落水，然后又被救起。岛民则忘记了海上的骚动，忙着去捡那些从船上掉下来的帽子、夹克、船桨、收纳筐和瓶子。

卡明和格里姆伍德可能没想过会遇上特莫埃岛民此种野蛮行径，双方都被对方吓到了。当卡明小队用绑在船上的应急单桨笨拙地划着船离开时，两个岛民沿着海滩在后面追赶，还向他们挥舞刚捡到的船桨。接着，岛民把船桨扔进水中，格里姆伍德让一位很会游泳的水手跳下水去捞船桨。一个岛民也跳进水中，吓得那位水手马上掉头飞速游回船上。卡明狼狈地离开了特莫埃岛，身上只带了一只贝壳，那是他在一块石头下找到的，不知道为什么经历了多次落水，贝壳依然还好好地待在口袋里没掉出来。

1828年2月，卡明在南马鲁特阿环礁（South Marutea Island）的潟湖发现大量珍珠牡蛎。他在此休整了一个月，还在棕榈树下建了一栋小房子，雇了一队人下水去搜集珍珠。他在日记中还提到了另外几个潟湖，不过湖中的珍珠都已被人采光。最后，他的手下从南马鲁特阿环礁收集了40吨牡蛎，得到了2.7万颗珍珠，但这些珍珠个头不大，也不是很精致，所以没法在欧洲市场卖到很高的价钱。

“发现者”号驶向土阿莫土群岛周边的其他几个岛屿，包括图雷亚环礁、嫩奥嫩奥环礁、莫图通加环礁、阿纳环礁。这些砂质环礁都被清澈的潟湖和珊瑚礁环绕起来，每一个都为卡明增加了不少收藏品。

4月，卡明和格里姆伍德来到塔希提岛，受到了波马雷（Pomare）女王的热烈欢迎。这位年仅15岁的女王和她的母亲带着几位随从一起登上“发现者”号。他们在传教士吉普森的陪同下，优雅地品尝精美的智利葡萄酒，然后进行愉快的交谈，表现得十分守规矩。然而，在吉普森离开以后，场面马上变得热闹起来。酒喝了一瓶又一瓶，但客人完全没有离开的迹象。晚宴过后，女王喝醉了，倒在“发现者”号的一张床铺上睡到聚会结束。而护送她的随从则在甲板上耐心地等候，直到日落时分女王才悠悠醒转，然后平静地离开“发现者”号。第二天，返回岛上的王室成员从宿醉中彻底清醒过来，然后用丰富的热带水果招待了卡明和格里姆伍德，并同意他们的请求，把船只的停泊费从12美元减到6美元，理由是“发现者”号是一艘小船——实际上，“发现者”号的大小足以开一场规模不小的派对。

塔希提岛是卡明在此次太平洋之旅中到达的最西端，它被证明是一个贝壳天堂；卡明的日记中记录了98种其他地方没发现过的新物种。最后，他们调转船头准备返回智利，此行共计5000英里。在返途中，他们又停靠了更多岛屿，收集到更多标本。到1828年6月终于回到瓦尔帕莱索之时，他们已经访问过50多个岛屿，接触了数百名传教士和太平洋岛民，其间只遇到过一次风暴。卡明的收获奠定了贝壳收藏的基础，同时也将改变整个贝类学研究的世界。

卡明的探索步伐没有停止，之后还沿着太平洋海岸线到访中美洲和南美洲。不过，此次航行没有留下日记，因此具体细节鲜为人知。但是，如果你将他的信件拼在一起，会发现他有驾驶着“发现者”号随洪堡洋流（一股从智利南部的奇洛埃群岛到秘鲁的寒流）冒险的经历。他一路向北，到访了巴拿马、哥斯达黎加、尼加拉瓜和洪都拉斯，然后再次跟随洪堡洋流来到加拉帕戈斯群岛，比查尔斯·达尔文和“小猎犬”号还要早两三年。这两个人的航海路线未来还会相交。

与东太平洋之旅不同的是，卡明在后面的旅行中使用了拖网，可能是因为他从德文郡和导师蒙塔古那里受到了启发。在以前，卡明一般是人工收集海洋样品，有时候还要雇用一些当地的水手，但这一次，卡明在“发现者”号后加了一个小拖网，用来采集海底的样品。他在几年后曾写信给收藏家朋友埃德加·莱亚德（Edgar Layard）：“你用拖网时，还要带一只筛子、一只桶和一个大的椰子壳。”椰子壳用来舀出泥沙，筛子用来筛选贝壳，包括使用拖网时容易遗漏的小标本。卡明也说明了把贝壳运回家之前的准备工作：你应该将双壳纲软体动物丢进煮沸的水中，然后挑出里面的软体动物，再用绳子把剩下的贝壳穿起来；腹足纲动物可以放在玻璃罐里完好地保存一个月，这样可以防止它们的臭味散发出去。蜗牛的壳与身体能被完全分离，然后你再把它的身体洗干净，只留下外壳。

在拉丁美洲的航行中，卡明遇到了智利的官员并与之建立了良好的友谊。得益于这些官员撰写的推荐信，他获得了不少通行便利，还被免除了港口费和税费。然而，卡明还是在厄瓜多尔南部的及希皮哈帕（Jipijapa）遇到了麻烦——他被关进了监狱。原来，当地的官员将他的帆船当成了秘鲁的军舰，不久前秘鲁围困了厄瓜多尔的瓜亚基尔市。卡明冷静地解释他的帆船太小了，不可能是军舰，他此行的目的仅仅是收集软体动物的样本。最后，及希皮哈帕的官员将他们放了，但也表示无法理解卡明为什么会对软体动物如此热情。

1831年，卡明返回英国，他所收藏的标本开始展现真正价值。离开瓦尔帕莱索后，卡明再也没有回去过，尽管他的未婚妻为他生了一个儿子。回到伦敦后，卡明和其他绅士一起沉迷于研究贝类学。打从一开始，他就决定自己不撰写任何与他的贝壳标本相关的文字，也没有为自己找到的贝壳命名，他认为这些事情应该留给专家来做，他只扮演为他人提供标本的收藏家角色。

卡明的贝壳收藏对所有博物学家开放，只要他们有需要。他将一些贝壳标本寄给美国的专家，也欢迎访客到家里来参观，还和伦敦的几位知名绅士建立了长久的合作关系。

1832年2月，新成立的伦敦动物学会在某次会议上展示了卡明精选出来的一些贝壳。那些贝壳都附上了由乔治·布雷廷厄姆·索尔比（George Brettingham Sowerby）和威廉·布洛德里普准备的图片和文字描述，这两人将成为卡明最值得信赖的朋友。布洛德里普和索尔比（后来是他的儿子，然后是他的孙子）为卡明成千上万的贝壳标本命名，并配上文字描述和图片。仅在1832年的动物学会期刊上，就出现了247种新的软体动物，全部都来自卡明的收藏并由布洛德里普命名，此后的每年布洛德里普都会在期刊上发布数百种新品种。

在为第一批软体动物命名的几个月后，卡明被选为伦敦林奈学会（致力于自然历史研究和讨论的杰出机构）的成员。这位未受过任何教育的德文郡男孩终于获得了成功，但他的贝壳收藏冒险还远未结束。在伦敦停留的数年里，他将标本之外的贝壳都拍卖出去，并得到了一些自己没有的新藏品。之后，他克制不住心中的渴望，准备开启第三次伟大航行。

珊瑚礁三角区

卡明决定去菲律宾，那是一个在远西太平洋的群岛，博物学家刚刚开始对那里进行考察。那也是一个完美的目的地，虽然还没什么名气，但拥有众多不同的物种，许多还是当地特有的，其他地方都没发现过。

这些岛屿位于一个被称为“珊瑚礁三角区”(Coral Triangle）的地方。这是一个很不规则的三角区，从东边的巴布亚新几内亚和所罗门群岛开始，延伸到西边的巴厘岛、加里曼丹和沙巴，再向北延伸至菲律宾西北部。这是海洋生物多样性的中心地带，生活着全世界40%的鱼类和75%的珊瑚礁物种。在珊瑚礁三角区，1公顷的暗礁（与伦敦的特拉法尔加广场差不多大小）里拥有的珊瑚物种比整个加勒比海的都多，更不用说这里拥有世界上7个海龟种类中的6个，还有数十种海洋哺乳动物以及大量其他生物。如果有一张古董地图可以显示全部海洋生物的居住地，那么珊瑚礁三角区值得被明显标注出来，并注明“这里是大量野兽的聚居地”。

科学家如今仍在试图解释这里物种汇聚的特殊现象。他们有好几种理论，比如：珊瑚礁三角区可能是物种形成的“大熔炉”，相比于其他地方，这里拥有更多已经进化了的物种，或者说这里保留了更多其他地方可能已经灭绝的物种；在其他地方进化过的物种也许会在这里汇聚，它们要么是随着洋流漂移过来，要么是随着大陆板块漂移过来；另一种理论则认为，珊瑚礁三角区是印度洋和太平洋物种的重叠区，就像文氏图[①]的中间部分。我们不知道这些理论是否正确，或许原因并非单一性的，而是多种因素共同作用的结果。如今，即使我们可以通过遗传分析法等现代技术来研究物种之间的关系，但仍然难以解释为何珊瑚礁三角区会有多得吓人的物种。

卡明和格里姆伍德从智利出发向西航行，抵达太平洋之时，他们发现了这里的物种丰富程度：他们越靠近珊瑚礁三角区，就

① 文氏图，是在所谓的集合论数学分支中，用以表示集合（或类）的一种草图。——编者注

会遇到越多的物种。到达菲律宾后，卡明来到了物种多样性的中心地带，这里的海洋软体动物仅已知的便有大约3500种，再算上那些未发现的，浅水区的软体动物估计可达1.5万种，而深水区则可达2万种，还有数千种生活在陆地上。卡明想在这里找到有趣的软体动物新品种一点都不成问题。

1836年1月，卡明扬帆起航，准备前往马尼拉，但他驾驶的并非“发现者”号。在这次航行中，他是以西班牙政府贵宾的身份，在相对舒适的环境下进行的——当时西班牙正统治着菲律宾。岛上的西班牙人为他提供了住宿、大型船只，还找来了许多热情洋溢的学童，准备辅助他收集贝壳。

卡明在菲律宾生活了三年半，但中间细节人们知之甚少。他曾写过一本日记，但如今并没有遗存。不过，我们从他与欧洲朋友、科学家互通的信件以及旁人对他生活的记录中可以大致描摹出一些在菲律宾生活的片段。

正如他此前遇到的岛民那样，菲律宾当地的居民也对卡明的行为感到困惑。他们不知道为什么这位欧洲绅士要花钱雇人找贝壳，毕竟当时大多数白人都想从他们身上捞钱；为什么他可以为了给贝壳清洗、分类而废寝忘食。卡明曾多次解释其祖国同胞热衷于收藏自然物种标本，但没什么效果。在菲律宾，卡明看到贝壳在人类生活中扮演的另一个角色：把贝壳烧焦、磨碎，然后和槟榔混在一起，用叶子包起来咀嚼（槟榔是当时世界上使用最广泛的第四种药物，排在尼古丁、酒精和咖啡因之后，亚洲人用得尤其频繁；烧焦的贝壳能产生氢氧化钙，有助于提取槟榔中的活性物质）。最后，卡明屈服了，他告诉人们自己收集贝壳是为了卖给欧洲人，因为那些人也有嚼槟榔的习惯。

在菲律宾，卡明遇到了软体动物中的“超级巨星”，它就是海之荣光芋螺（Conus Gloriamaris）。这是一种巨大的芋螺，身体长达13厘米，壳上有精细的金棕色锯齿状花纹。其他数百种芋螺也很令人惊叹，但海之荣光芋螺最迷人之处在于其稀缺性。1777年，人们首次发现了少量海之荣光芋螺的标本。随后，海之荣光芋螺成为世界上最著名和最有价值的贝壳之一。

1824年，收藏家威廉·布洛德里普花了99英镑19先令6便士，差点就拍下一只海之荣光芋螺，但在最后一分钟被另一个收藏家以100英镑拍下（算上通货膨胀的因素，当年的100英镑相当于今天的8000英镑）。这个贵得有些离谱的拍卖传闻反映了人们对这种特殊贝壳的喜爱。还有传闻称一位丹麦收藏家在1792年拍下一只海之荣光芋螺，然后当着观众的面把它踩碎了，只为了让他已有的标本更有价值。我们姑且不考虑这些故事的真实性，但这确实向我们展示了人们对海之荣光芋螺的痴迷。

另一个常常讲到的故事向人们揭示了卡明在菲律宾发现这种罕见贝壳后发生的事情。在保和岛（Bohol Island）沿岸收集贝壳时，卡明翻起一块石头，发现下面藏有海之荣光芋螺，而且不止一只，是两只，甚至是三只。之后，卡明克制不住喜悦的心情，居然跳起舞来。

过了一段时间，卡明再次回到那个地方，却发现因为岛上经历过地震，那个海之荣光芋螺的栖息地已经沉入海底。在当时，那是唯一已知的海之荣光芋螺栖息地，可惜如今早已消失。菲律宾因灾难性地震而闻名，所以我们无法确定卡明的收集点是否真的消失了，也许那是发生在这些珍贵贝壳身上的另一个神秘故事。

1839年，卡明整理好所有收集到的标本，准备启程返回伦敦，此行预计将耗时6个月。在一封写给理查德·欧文的信中，他说自己采集了超过3000种软体动物的样本，其中500种来自森林和河流，其余则来自沿海水域。卡明可能是第一个成箱成箱地从菲律宾购买贝壳的人，但肯定不是最后一个。今天，菲律宾作为全球著名的贝壳贸易枢纽，年贸易额可达数百万美元。事实上，贝壳贸易兴起于1970年代，当时的菲律宾政府鼓励人们收集贝壳，将之出售给不停涌入的外国游客。

数以千计的软体动物被纳入菲律宾的贝壳贸易中。有些是作为原料批量出售，以制作螺钿和珠宝。其他的则是贝壳，特别是玛瑙贝，人们用来制作贝壳工艺品，例如项链、枝形吊灯、奇形怪状的贝壳雕像和装饰品等。还有一项针对那些被视为珍宝的罕见贝壳的特殊交易，世界各地挑剔的收藏家都希望通过种种渠道得到它们。对19世纪的欧洲收藏家而言，他们必须得等到像卡明这样的探险家返航，才有可能获得贝壳藏品。然而，如今的贝壳爱好者却可以轻松地在网站上浏览，挑出想要的贝壳下单，接着贝壳很快就会直接从菲律宾送到他们的家门口。

卡明收集的物种和标本有一个很大的遗憾。在写给欧文的信中，他承认自己没有找到外壳和身体都完整的珍珠鹦鹉螺样本。欧文对这些动物特别感兴趣。1832年，他发表了第一篇关于如何解剖珍珠鹦鹉螺样本的论文，名为《珍珠鹦鹉螺回忆录》(*Memoir on the Pearly Nautilus*)。这篇论文是基于英国自然学家乔治·贝内特（George Bennett）1831年送给他的一个样本写成的——贝内特曾花了几年时间去探索太平洋。卡明设法找到的几个鹦鹉螺都只剩下空空的贝壳。其实，如果他知道如何捕捉这种令人难以捉摸的鹦鹉螺，那他就可以从菲律宾带一个回来。

鹦鹉螺或将灭绝

其实，捕捉鹦鹉螺的方法很简单：用木头或铁丝做一个入口仅容许一只鹦鹉螺通过的陷阱，然后在里面放上猫粮或鸡肉碎作为诱饵，再将陷阱放到至少100米深的水下（该方法需要用到大量绳索）。饥饿的鹦鹉螺闻到食物气味后会前来一探究竟，一旦进入陷阱，它们就再也无法出去。第二天早上，人们就可以把陷阱拉上来收获猎物了。

如今，人们就是这样捕捉鹦鹉螺的，每年都会有成千上万的鹦鹉螺被杀然后进入贝壳贸易链条。现在虽然已经不再流行镀金的鹦鹉螺杯，但人们开始用带虎皮条纹的螺旋贝壳去装饰别的东西，比如灯罩和按钮，甚至还有人会食用珍珠鹦鹉螺。从2007到2010年，印度尼西亚向中国出口了2.5万只鹦鹉螺，以满足中国对螺肉的需求。

在鹦鹉螺贸易中，菲律宾占主要地位。不过，鹦鹉螺的出口量一直起伏不定。记录显示，2008年鹦鹉螺的贸易量约为5.4万只，次年这一数字翻了一倍，但到2010年，贸易量又下降到大约2.45万只（包括了所有的鹦鹉螺和异鹦鹉螺物种）。很多鹦鹉螺的最终流向地是美国，2006至2010年，美国进口了至少50万只鹦鹉螺，其中大部分是完整的。

菲律宾最先出现鹦鹉螺资源枯竭。一些记录显示，1980年代，内格罗斯岛和宿务岛之间的塔尼海峡已经找不到鹦鹉螺。从那时起，当地的鹦鹉螺资源就再也没有复兴。如果它们的产量有所恢复，那么渔民肯定会出手捕捞。

在2014年的一项研究中，人们用带鸡肉碎诱饵的摄像机对菲律宾渔场的鹦鹉螺进行拍摄，并与其他国家三个未被打捞过的地点进行比较。人们根据贝壳上的独特条纹来识别鹦鹉螺。澳大利亚拥有数量最多的鹦鹉螺，人们在鱼鹰珊瑚礁发现了68只，大堡礁则发现了92只；而斐济的贝卡海峡（Beqa Passage）和美属萨摩亚的塔埃那浅滩（Taena Bank）则分别发现了20只，这两个地方都未被捕捞过。相比之下，在菲律宾，水下摄像机只拍摄到6只鹦鹉螺活动的踪迹，即使把每台摄像机的浸泡测试时间计算在内，菲律宾的鹦鹉螺数量仍然远低于其他地方。有几个因素可以解释这些差异，例如栖息地环境的不同、拍摄技术的限制等，但最有可能的是，菲律宾的鹦鹉螺已被捕捞殆尽，而其他地方的则仍然保存完好。

考虑到鹦鹉螺的基本特征，这样的结果并不奇怪。它们至少长到15岁时才会性成熟；交配之后，雌性鹦鹉螺会花一年时间在壳中孵卵，直到孵化10或15只幼崽。与许多其他软体动物相比，鹦鹉螺在任何时候任何地方都不可能泛滥成灾——相反的结果倒有可能。

基于最新研究，鹦鹉螺的数量似乎远没人们想象的那么丰富，即使是在那些还没有被捕捞过的地区。数百年来，人们一直在收集和欣赏它们的贝壳，导致它们面临着巨大的生存压力。许多专家呼吁应该立刻停止全球范围内的鹦鹉螺贸易，以确保这个物种不至于灭绝。

没有名分的科学家

1840年6月，卡明回到伦敦。他的新家位于伦敦布鲁姆斯伯里的高尔街80号，距离大英博物馆只有几步之遥。他将在那里度过余生，并继续致力于增加贝壳藏品。有时候，他也会前往欧洲各地的拍卖行和博物馆，但再也没有到异国的遥远海岸探险。

他把从菲律宾收集来的大量标本送给了很多自然学家和收藏家，不仅仅是贝壳，还有成千上万的鸟类、昆虫、螃蟹和爬行动物，包括13万个干燥的植物标本。他希望这些能给一个人留下深刻印象，这个人就是即将被任命为皇家植物园——邱园——园长的威廉·杰克逊·胡克（William Jackson Hooker），他也是卡明多年来一直试图联系的人。

除了所有的植物标本，卡明还把自己在菲律宾逗留期间写的日记送给了胡克。在1841年5月的备注中，卡明把日记称为自己的“孩子”，并为其中的拼写错误和语法错误道歉，他希望胡克能够帮他将日记整理出版。不幸的是，卡明所托非人。在一生中，卡明受到许多人的喜爱，但也有几个科学家并不拿他当回事，胡克就是其中一个。

胡克拒绝了卡明赠送的标本，日记也被弄丢了，可能是胡克的大意，也可能是失望的卡明故意为之。随着日记的丢失，卡明希望自己科学家的身份得到大家认可的愿望终于破灭。也许是因为他缺少学术背景，又或许是他拒绝记录和描述自己的藏品，卡明的努力并没有得到所有贝类学家的重视。1909年，贝类学家查尔斯·赫德利（Charles Hedley）称卡明是一个“没文化的水手”，认为他并没有推动科学的发展。1939年，另一个贝类学家称卡明的收藏是一个“瘟疫般的贝类沼泽”。

许多人认为卡明没有明确记录贝壳的发现地，这恰恰是非常重要的科学信息。但这些指责相当不公平，因为在19世纪，人们习惯于只为标本附上简短的文字注释，而对发现地的描述常常是几个字眼概括了事，比如“中国南海”或“印度”。

相反，卡明本人就像是一本关于贝壳的百科全书，唯一的问题是他没有把脑海中的大部分信息写下来。有人称，卡明在工作时习惯先把标本放在桌子上，然后口述标本的相关信息，助理将之记录下来，而这一切仅靠他的记忆。

毫无疑问，卡明乐于分享他收藏的贝壳，有几十位科学家曾到他家去观察那些贝壳，其中一位是查尔斯·达尔文。在那几年里，达尔文和卡明有时候会互相通信甚至见面。达尔文从加拉帕戈斯群岛带回来的贝壳也请卡明鉴定过。卡明还和达尔文讨论过珊瑚礁是如何形成的，并借给后者许多标本，其中最重要的一个是纹藤壶（Ibla Cumingi），那是卡明从菲律宾带回来的。达尔文在其著作《蔓足亚纲的专述》（*A Monograph on the Sub-class Cirripedia*）中感谢卡明说服自己去观察藤壶；另外，他还提到，“卡明把他全部宏伟的收藏都向我开放”。卡明甚至允许达尔文解剖他的一些珍贵标本。在解剖一只巨大的雌性纹藤壶时，达尔文发现了夹在其中的小个子雄性藤壶（有点像雄性船蛸），这为他研究性别转换提供了重要线索。

但达尔文并不总是那么欣赏卡明。1845年，他曾写信给朋友查尔斯·莱尔（Charles Lyell），信中称卡明“很难坚持自己的工作”。然而，那个时候的卡明身体每况愈下，也许是长期在热带地区探险导致的，这也解释了为什么他没有太关注达尔文对他的负面评价。不久之后，卡明就中风了，此后似乎也没有痊愈。

1846年12月，大英博物馆收到一封信，那是身处病中的卡明写来的。在信中，卡明表示希望出售自己共计52789个贝壳标本，其中涵括了至少18867个物种。他的报价是6000英镑，相当于今天的50万英镑。

在得知卡明准备把藏品卖给博物馆之后，博物馆收到了几位著名动物学家的来信，包括理查德·欧文和威廉·布洛德里普的，他们敦促博物馆尽快收购卡明的贝壳，因为他们担心这些藏品可能会受到损坏或者流失海外，那样英国将失去一笔丰富的研究资源。然而，当时博物馆的负责人、动物学家约翰·爱德华·格雷（John Edward Gray）却兴趣缺缺，或许是出自他的授意，博物馆最终拒绝了卡明的报价。

尽管身体不好，但卡明还是继续活了20年，最后享年74岁。在此期间，他的女儿克拉拉·瓦伦蒂娜一直陪伴在身边。他还出资让年轻人去远洋探险，为他收集新鲜的贝壳样本，并且一直光顾当地的拍卖行。1865年4月，一位收藏家在考文特花园的贝壳拍卖场发现了卡明的身影，描述他是“一位身材结实、脸色红润、脾气很好的老人”。几个月后的8月10日，休·卡明在高尔街的家中去世。当时的他满头白发杂乱卷曲，皮肤因常年暴露在海水和太阳之下而长满皱纹，周围则环绕着他心爱的贝壳。

到那时为止，他收藏了大约8.3万只贝壳，终于实现了自己毕生的愿望。毫无疑问，这是现存的最大和最著名的贝壳收藏。这些贝壳都是他从非凡的冒险中搜集到的，他去了其他收藏家没有去过的地方。为了搜集贝壳，他踏上过很多岛屿，走过海底和河流，摇晃过树干，翻找过许多的树叶和岩石。虽然博物馆和其他收藏家最终肯定会收集到更多贝壳，但卡明的个人收藏无疑最令人印象深刻。遗憾的是，他最终没能亲眼看到自己的大量藏品在大英博物馆展出，那是他的遗愿。

博物馆欢迎你

那个房间里摆满了高大的红木橱柜，搞得我都不知道从哪里看起。伦敦自然历史博物馆的软体动物馆馆长乔恩·阿布利特为我选了一个。柜门打开之后，我首先看到了两排抽屉，每个都带有一个铜制铭牌。我小心翼翼地抽出一个抽屉，发现里面摆满了贝壳。那些贝壳都被密封在透明的塑料袋中，码放在一个个叠放着的托盘之上，整个托盘看起来像是巨型的火柴盒。乔恩拿出一个托盘，放在我面前的桌子上。

那其中有两个螺旋形的蜗牛贝壳，有几厘米高，奶油色的贝壳上环绕着一条棕色纹路。贝壳旁边有几张写满了娟秀字迹的小纸片。乔恩解释说，他们没有扔过任何标记；即使后来的专家确认这些标本是其他物种，他们也只是将专家的意见添加到原来的记录之上。

一张泛黄的正方形小纸片落到桌子上，上面写着两个字母MC，字迹已经有些褪色。“看到这些标记，我们就会知道这是卡明的藏品。”乔恩告诉我，MC代表“卡明博物馆”(Museum Cuming)，那是他为自己的贝壳藏品所起的名字。

卡明死后，大英博物馆终于同意了他之前的报价，以6000英镑购买了他的标本。如今，人们仍会谈起把卡明的贝壳运到博物馆那天发生的故事。那天天气晴朗，约翰·格雷的妻子正穿过庭院，把一盘盘贝壳搬运出去。突然之间，周围刮起风来，满院秋叶被卷起，还把贴在数百只贝壳上的标签都吹了起来。最后，这些标记了贝壳名字、收集地和其他信息的纸片都混在了一起。不过，彼德·登斯（Peter Dance）在其著作《贝壳收藏的故事》（*A History of Shell Collecting*）中表示这些故事都是杜撰的，格雷太太没有搬运贝壳，那些标签也没混在一起。这些传闻之所以传播，可能是为了抹黑卡明和他的贝壳藏品。

在博物馆里，乔恩和我打开了更多橱柜和抽屉，不断寻找更多标有 MC 字样的贝壳。其中有些标有编号，人们可以根据这些编号从博物馆浩瀚的目录中找到每一只贝壳的介绍；在过去，这种目录通常是手写的，如今的管理人员则会用更数字化的方式。通常情况下，每当有新的标本送到博物馆时，它会被分配到一个编号，但卡明的贝壳标本没有编号，因为他的标本实在太多了。相反，人们根据物种对它们进行分类。卡明的贝壳只有被拿出来研究，然后写下和发表相关文字时，才会被赋予编号。因此，博物馆中还有大量没有编号的贝壳，它们都还没有被登记在案。

“现在，人们还在辨别卡明贝壳中的新物种。”乔恩说。而那些已经被确认的贝壳，有许多以卡明的名字来命名，包括卡明玛瑙贝、卡明扇贝和卡明海菊蛤；还有各种各样以卡明命名的其他动物，包括海星、壁虎、甲虫和菲律宾攀树啮齿动物——云鼠。

我承认，原本我以为卡明的贝壳藏品都集中在同一个地方，但实际上我更喜欢它们被分散到这个生动且持续扩充的收藏当中。自然历史博物馆中大约有900万只贝壳，是世界上最大的软体动物收藏馆之一。事实上，没有人知道它实际上有多少只贝壳。博物馆每年会增加数千只新贝壳，乔恩和他的同事必须继续腾出更多空间以存放它们。

博物馆的藏品主要用于研究巨型软体动物的多样性和进化谱系。这些标本记载的时间和空间信息，可以帮助未来的人们回溯过去，去问一些未曾问过的问题，同时给出新解答。

人们总以为博物馆是个尘土飞扬、时间凝固的地方，但其实它们也在不断地改善和应用新技术。大多数博物馆中的软体动物标本都是空贝壳，因为这是收集它们的最简单方式，而且过去也没有从贝壳上提取生物遗传信息的方法。但是，随着 DNA 技术的不断发展，即使是残留在贝壳之中的少量软体动物碎屑，也能用于进行基因组测序。而保存在福尔马林中的完整标本能提供更多意想不到的信息。

乔恩告诉我，最近有一位叫贾斯廷·盖拉赫（Justin Gerlach）的研究员到访博物馆，他想找一些源自塔希提岛的蜗牛标本，这种蜗牛几十年前就已经绝种了。他们现在有一项蜗牛育种计划，并计划将现存的 Partula 蜗牛纳入其中，希望能够把这种蜗牛从灭绝边缘拯救回来。不过，这项计划进展得并不顺利；这个特别物种如今仅存 15 只，而且还面临着死亡威胁。盖拉赫希望可以通过解剖馆中的野生标本，找出这些蜗牛最后吃的食物，并确定是不是给蜗牛喂错了食物才导致人工繁殖失败。

利用这些收藏的不只是科学家，软体动物馆欢迎各种各样的人前来学习和交流。艺术家、设计师和工程师都曾穿过博物馆的大堂，到后面的房间了解这数百万贝壳标本，并从它们的外形、内部构造和美丽中寻求灵感。

艺术史学者也到这里来阅读贝壳的相关藏书。隶属于软体动物馆的图书馆藏有20卷巨大的图书，它们的书名和目录有金色的压花。

第1卷：芋螺属（Conus），侧凹螺属（Pleurotoma），厚壳蛤属（Crassatella）……

第2卷：抱蛤属（Corbula），魁蛤属（Arca），法螺属（Triton）……

……

第20卷：芒蛤属（Solemya），海螂蛤属（Mya），烟管螺属（Clausilia）……

这些书的排列顺序略混乱，其排列方式既非按字母顺序也非按分类顺序，但我们不能对一个花了三十多年才完成的项目有过多要求。我抽出第3卷，上面写着“骨螺属（Murex），宝螺属（Cyprae），鲍螺属（Haliotis）……”字样，我小心地翻开书。

书中有许多彩色的贝壳插图，画得十分生动、逼真，乍一看还以为书中摆满了真正的贝壳。闪亮的宝螺外形隆起，仿佛要从书中跳出来；一只比我的手掌还大的鲍鱼闪烁着五彩光芒。这一丛书名为《图像贝壳学》（*Conchologia Iconica*），作者洛弗尔·奥古斯都·李维（Lovell Augustus Reeve）是卡明最亲密的朋友和工作搭档。李维从1843年起开始创作此书，一直持续到1865年离世；随后，乔治·布雷廷厄姆·索尔比二世接替创作，并于1878年最终完稿。世界各地的博物馆和图书馆都有这本书的复本，你可以在生物多样性遗产图书馆中查看它的数字化版本。

《图像贝壳学》丛书中包含了约2.7万只贝壳的图解。插图后都配有物种的学名和相关描述，而且还备注了许多有趣的通俗名字。我在书中看到了绿玛瑙贝（Green Cowrie）、黄斑笋螺（Yellowish Terebra）、多刺豆螺（Bulimus）的介绍，还有一只有点扭曲的法螺；我还看到了一只咧着嘴笑的鸟蛤，一只有些模糊的骨螺，一只带红色斑纹的锥形螺，还有一只看上去很忧郁的帽贝，那样子看得我都不禁有点同情。

李维和索尔比所绘制和介绍的贝壳大部分来自卡明的收藏。书上还列出了贝壳的发现地和搜集者姓名等详细信息，其中卡明的名字出现得比谁的都频繁。

李维开始这一伟大创作之时，索尔比已经出版了一本5卷本的贝壳指南《贝类大辞典》(*Thesaurus Conchylorium*)。我在图书馆看过《图像贝壳学》这一系列书，因而理解为什么它会被单独摆放。《贝类大辞典》用的是蚀刻画，手工为黑色细线绘制出了颜色，这让它们看上去更漂亮。与真实的贝壳相比，它们的视觉感受更丰富。书中的大多数绘图都比真实的贝壳要小很多。相比之下，《图像贝壳学》的插图则是等比例甚至更大一些，这也是它会有20卷的原因之一（当然，李维也希望能记录所有当时已知的贝壳）。两本书都是用平版印刷术印刷的，这种方式可以更好地展现贝壳的线条和阴影。在彩色摄影技术发明之前，这可能是世界上最好和最准确的贝壳书籍。

《图像贝壳学》的图片详细而准确，我们甚至可以根据图片，直接在博物馆中找到李维或索尔比绘制时使用的实际标本。我也想再看一次卡明收集的贝壳。

在长廊尽头的一个小房间里，乔恩把我带到一个存放着芋螺的橱柜之前，我打开柜中的几个抽屉，大海的荣耀——海之荣光芋螺便出现在我眼前。

有一段时间，人们都以为海之荣光芋螺已经灭绝了。从1896年起，已经有60年没发现过它们的踪迹。显然，这个物种一开始就很少，也许是因为贪婪的收藏家搜刮完了浅水处仅剩的野生资源。随着海底拖网和潜水技术的发明和使用，人们开始从海洋更深处获得更多标本。如今，海之荣光芋螺已经相当常见，因而也不再像以前那样价值不菲了。线上的拍卖网站有数以百计的海之荣光芋螺正在出售，你用以前价格的零头就可以买到一只。

我专心地欣赏那几只海之荣光芋螺，这是我第一次近距离地观察它们，我的同事巴德·厄门特劳特和乔治·奥斯特等人曾在电脑上对它们进行过复杂的模拟和标记。我继续观察，然后发现了两只比其他贝壳更小的芋螺。它们只有几厘米长，上面潦草地写了两个字母MC。我把它们拿在手上，开始理解人们为何会对它们产生尊敬甚至神圣的感觉，因为它们确实能让你联想到某些特定的人物、地点和时间。

即使是自然历史博物馆这样一种建立在科学和理性基础上的机构，馆长们也很清楚某些藏品是非常特殊的。穿过入口走进大厅，博物馆高耸的天花板和彩色的玻璃窗，使人有种走进了一座宏伟教堂的肃然感。我们经过达尔文的雕像，走到楼梯尽头，便来到了一个小展馆前，这里展示了22件特殊藏品，它们是从博物馆7000万件标本中精心挑选出来的，每一件都有着精彩的故事。

其中有一些是来自威廉·史密斯的菊石化石，这些化石曾帮助他发现地层的排列方式；还有一只17世纪发掘于荷兰的鹦鹉螺贝壳，它是汉斯·斯隆那奠定大英博物馆基础的40万件藏品中的一件；这里还有一块狮子头骨，它来自700年前生活在伦敦塔的一头狮子，伦敦塔曾是皇家动物园的一部分；还有一些用玻璃制作的复杂的浮游植物和水母模型，它们由利奥波德（Leopold）和鲁道夫·布拉施卡（Rudolf Blaschka）创作于19世纪中叶，他们开创了一种全新的雕刻技术，但该技术后来失传了。这些不仅仅是一些古老的化石、贝壳、头骨和玻璃工艺品，它们背后都有着丰富的历史内涵和人类心血。

我从博物馆中挑选了一些珍宝，其中包括部分休·卡明的贝壳（地下室里还有几千只）。卡明或许不是一位能以某种理论解释世界运转原理的伟大科学家，但他对贝壳的巨大热情却为人们展示了一个前所未见、令人惊叹的自然世界。

《图像贝壳学》的第1卷第6部分所描述的海之荣光芋螺，是卡明在菲律宾保和岛浅水处的珊瑚礁上找到的。作者李维表示，他只录入了卡明的一小部分发现，因为这部分贝壳有更丰富而详细的标记。他继续写到，在同一天，卡明发现了另一种更小的贝壳，“全长几乎不超过3.8厘米”。但他承认那个贝壳的图案太精细了，以至于人们看到他绘制的贝壳图时会觉得真不如原物精致。

试想一下，175年前的卡明正站在菲律宾那炙热的热带海滩上，双手抬起一块岩石，然后看到了我手中握着的这些贝壳时——那样的情景是多么奇怪。

我很想知道当时他是否真的高兴到起舞。

第 9 章

贝类的启示

Bright Ideas from Molluscs Behaving Badly

千百年来，人们一直将软体动物及其贝壳当作性和死亡的象征，它们可以是宝石、工艺品和食物，也可以是乐器、钱币、织物原料，以及其他用来收藏和观赏的标本。现在，人们也在对软体动物进行研究，并发掘了它们更强大而新颖的用途。地球上的许多软体动物有过一些令人惊讶的行为，后来人们证明那些行为隐含了一些有价值的信息。有些软体动物生活在极度恶劣的条件中，那些地方可能比我们想象的可怕得多。总之，这些软体动物为人类提供了很多灵感和创意。如今一些极具开拓意义的创新就来自一群动作缓慢的海螺，被它们盯上的猎物应该马上逃走，远离它们。

海洋杀手

芋螺白天不怎么活动，它们会藏在珊瑚礁的缝隙中或埋在沙子底下，仿佛要把它们那烙印在贝壳上的复杂图案隐藏起来。只有在黄昏降临之时，这些猎人才会出来寻找晚餐。

芋螺种类达到700种，如此庞大的数量导致芋螺科很可能成为海洋中最多样化的动物。它们中的大多数都进化成只捕捉某一种动物的专业猎手，有些捕食蠕虫，有些捕食蜗牛，有些捕食其他芋螺，还有些学到的技能似乎更不可思议——它们可以捕食鱼类。

芋螺从藏匿处爬出来后，会独自在水里巡逻，它们以吻部搜索周围，试图找到一条睡着的鱼。它会悄悄地挪向毫不知情的目标，然后射出一枚装满毒液的飞镖。芋螺的毒镖一旦刺入体内，鱼就会立刻丧失行动力。随后，芋螺用毒镖尾部附带的细线将猎物慢慢拖过来，再用大得恐怖的吻部一口吞下猎物，然后慢慢消化掉这顿丰盛的晚餐。几个小时后，芋螺会缓缓吐出一堆鱼骨和鳞片。

芋螺捕食鱼类的另一种策略是往水中释放一些含镇静剂的物质，然后把自己的吻部变成一张巨网，把猎物网罗进来令其窒息。有时候，芋螺能一次抓到整个浅滩上的所有小鱼。一旦这些小鱼进入巨网范围，芋螺便会依次向它们射出毒液，彻底卸掉猎物的挣扎和逃跑能力。

芋螺狩猎之所以如此专业，秘密隐藏在它们的毒镖中。这些武器是一些带倒钩的中空臼齿，能够牢牢地卡在猎物的身体上。每枚毒镖可长达1厘米，但只能使用一次，就像一次性皮下注射器。毒镖能储存毒液，就像等待发射的箭头。猎物进入射程范围后，毒牙就会受到毒囊——毒鳞茎（venom bul，一种刺激肌肉收缩的酶，也能刺激扇贝、鱿鱼迅速逃窜）——的挤压，从吻部末端飞速射出。

除了小鱼，芋螺也会猎杀人类，比如粗心的渔夫或贝壳收集者。当然，它们不会故意尾随并吃掉人类，芋螺猎杀人类通常是为了保护自己。当它们感觉受到威胁时，便会发射准备就绪的毒镖。芋螺的吻部很长，可以触碰到身体的所有部位，因此芋螺身上并没有什么可供人类安全捡起的下手处。

18世纪早期，荷兰博物学家格奥尔格·埃伯哈德·鲁姆菲乌斯（Georg Eberhard Rumphius）在为荷兰东印度公司工作时，记录了一起芋螺致人死亡的案例：一个印度尼西亚女孩捡起一只贝壳后发现手很痒，没多久就去世了。自那以后，大约有30起芋螺致死事故被记录在案，他们的死因几乎都是心脏病发作和膈膜麻痹导致的窒息。芋螺刺伤的严重性取决于芋螺种类。大多数芋螺的毒液不足以杀死人类，但被刺的感觉肯定不舒服，麻痹或者局部麻痹的情况会持续几周。不管如何，你千万不能触碰地纹芋螺(Geographic Cone Snail)，因为它们致死的概率达70%。

如此小的动物能让成年人丧失行动能力，这种情况显然很不寻常，这也是为什么科学家会对它们感兴趣。在很长一段时间里，人们想知道芋螺为何以及如何成为化学大师，还把自己训练成强大的杀手的。

第一个问题，也许可以追溯到5000万年前以蠕虫为食的芋螺发生的第一次进化。人们认为当时芋螺捕猎蠕虫的毒素相对温和，就像今天的许多蠕虫捕猎者一样。然而没过多久，芋螺迎来了竞争对手——同样以蠕虫为食的鱼类，后者抢走了它们的晚餐。芋螺戳刺对手使之产生刺痛感，以此来赶走它们。起初这在一定程度上阻止了鱼类，但同时也使得鱼类变得更有攻击性，因此，芋螺也开始进化，其毒素变得更致命。最后，它们的毒素对阻止鱼类抢夺食物很有效，而且还把鱼类变成了它们的食物。为了捕食鱼类，芋螺的毒素必须一击即倒，如果毒素需要几秒钟才能起作用的话，鱼类就会有机会逃走或躲藏起来，而芋螺可能永远都追不上它们。这些强大的毒素显然是非常有效的狩猎工具，对芋螺家族进化树的重建表明它们的捕鱼技能是在至少三种不同的情况下进化而来的。之所以会一次次地发生进化，是因为它们的猎物跑得越来越快，芋螺的毒液也要变得越来越致命才行。

更重要的问题在于芋螺的毒液如何变得如此强劲，这是一个困扰研究人员数十年的难题。1956年，耶鲁大学的艾伦·科恩(Alan Kohn)首次观察到芋螺捕猎鱼类的现象，并开始琢磨它们如何发现猎物。科恩小心翼翼地把芋螺放进水族箱中，发现它们会把自己埋在沙子底下，只露出眼睛。随后，他往水族箱中放进各种食物，其中一种是活鱼。活鱼进箱后马上引发了芋螺的狩猎行为，它们从沙子中冒出来，然后搜索周围。相比之下，它们对死鱼完全不感兴趣，却会被水族箱中几滴水引发的动静所吸引，那正是活鱼游过的地方。即使那里没有任何东西，芋螺也会进行搜寻。通过这些实验，科恩认为芋螺是通过嗅觉来发现猎物的。后来，他成为芋螺研究的权威并执教于华盛顿大学。芋螺科的种类几乎都以他的名字命名。

1970年代，昆士兰大学开始研究芋螺毒液的活性成分。因为大堡礁就在昆士兰大学不远处，可以提供现成的芋螺资源，因而鲍勃·恩迪安（Bob Endean）及其同事可说是拥有极大的便利。他们首次发现毒液是一种包括了几种化合物的混合物，然而当时没人怀疑芋螺毒素的复杂性。

另外的芋螺毒液相关研究则来自1980年代巴尔多梅罗·奥利维拉（Baldomero Olivera）的团队。奥利维拉是菲律宾人，在美国主要从事DNA和生物酶方面的学习和研究。学成归国后，他在条件简陋的大学里继续从事分子研究并发现了芋螺毒素。奥利维拉孩提时代就喜欢收集贝壳，因此清楚地知道芋螺能杀人。他想用实验鼠测试一下芋螺毒液，这种技术并不需要太高级的仪器。

奥利维拉先从一个简单的实验装置开始。他让小鼠倒挂在一面水平的金属丝网上，然后给它们注射不同的芋螺毒液提取物（他将毒液分解成大小不一的分子），然后记录每种提取物生效所需时长。小鼠麻痹后，它们会松开丝网摔下来，这就是“摔落时长”。早期的类似实验表明，一些毒液提取物可以麻痹小鼠，但不是所有提取物都有这样的效果。所以，奥利维拉的下一个目标是研究毒液中非麻痹成分的作用。

后来，奥利维拉在美国犹他大学的新实验室中获得了突破性进展。在那里，他得到了一些聪明学子的帮助，其中一位名叫克雷格·克拉克（Craig Clark），他提出可以试试将毒液提取物直接注入小鼠的神经系统。奥利维拉承认，当时他并不认为这会起作用，但克拉克还是行动了。几名学生进一步完善这一实验，小鼠开始表现出一些奇怪行为。不同的毒液提取物效果也不尽相同，有些会令小鼠不可控地颤抖或挠伤自己，有些会令小鼠陷入长达24小时的恍惚状态，有些会让小鼠在笼子里疯狂乱窜甚至撞墙。

显然，芋螺毒素以不同的方式影响着实验鼠神经系统的不同部位。到了1990年代，世界各地的研究小组已经认识到芋螺及其毒液在研究神经和大脑方面的巨大潜力，甚至有可能研发出新药。不久后，这些芋螺成了最常见的海洋实验动物之一。

从化学武器到救命药

如今，人们已经了解了大量有关芋螺及其毒液的信息。芋螺毒素是由多肽混合物构成，大多数由10—30个含大量二硫键的氨基酸组成，二硫键可以让分子结构变得坚固、稳定。每一种芋螺毒素都包含有50—200个多肽，它们都藏在芋螺的毒腺之中。芋螺的毒液管上分布着一些间歇性起作用的基因，导致形成特定的多肽混合物，像特调的鸡尾酒一样，这些混合物可以沿着毒液管一滴滴流到尽头的中空毒镖。芋螺甚至可以根据情况来调整相应的毒液配方，比如是狩猎还是防御。

目前还不知道世界上到底有多少种芋螺毒素。仅已知的700种芋螺就能合成不一样的混合毒素，因此芋螺毒素很可能有成千上万种。芋螺毒素基本没有什么万能解药，因为要清除毒素，就必须中和掉每一个毒肽。迄今为止，人们只对一小部分芋螺毒液进行了研究，不过这也已经能揭示芋螺那些复杂的化学武器的秘密了。

芋螺毒素是通过封闭或抑制游走全身的神经信号来中断神经冲动的通道。一般情况下，离子的进出会产生或消除电荷，从而使神经活跃起来。而携带电荷的离子是钠、钙、氯和钾。神经膜上分布许多由蛋白质构成的离子通道，通过通道的打开或关闭可以控制每个特定离子的运动。这些离子通道有许多种类，最常见的有两种，一种由化学物质控制，一种会对电荷起反应，以此增强或抑制正在进行的活动。控制离子通道的化学物质必须与通道上的受体结合，以决定是打开还是关闭离子通道，其工作原理就像一把开锁的钥匙。这些化学物质主要有在神经细胞之间传递信号的神经递质，它们通过大脑处理信息，并与身体的其余部位通信。所有离子、离子通道、受体和信号分子一起控制身体各部位的神经冲动以及许多其他复杂的细胞进程。芋螺毒素进入神经系统后，会像信号分子那样与离子通道结合，随时通知它们打开或关闭通道从而干扰目标的行为。

根据毒液的不同作用，可以把芋螺毒素分成不同的组合，巴尔多梅罗·奥利维拉及其同事戏称其为“毒素集团”。就像颠覆政权的秘密组织一样，芋螺毒素也会结盟对付目标猎物。毒素集团的协同作用首先在紫芋螺（Purple Cone Snail）中发现，这种芋螺会释放两种毒液来攻击鱼类。首先，它们会释放“闪电打击集团”，这种毒液能让猎物的神经不受控制，仿佛遭受了强力电击。其作用原理在于，芋螺毒素的协同作用令离子通道关闭，导致大量钠离子涌入，另一种则堵塞钾通道，阻止钾离子离开，因而使鱼类变得肢体僵硬、无法行动。

这为第二个毒素集团生效赢得了时间，“运动集团”阻止神经和肌肉之间的信号传输，这比“闪电打击集团”所需时间稍长，因为芋螺毒素要到达神经纤维的末端才能起作用。一旦“运动集团”起作用，受害者就会完全瘫痪、丧失行动能力，而且这种情况还是不可逆转的。两个毒素集团的协同进攻足以锁定大部分猎物，因此紫芋螺捕猎的时候根本不需要动用鱼叉和钓线。

芋螺毒素或许是地球上最复杂的毒药，其他致命生物则往往只依赖一种强大而单一的毒素。而想达到芋螺毒素那样的致命效果，你需要集合起多种其他危险生物：你不仅要舔箭毒蛙（Poison Arrow Frog）的皮肤（箭毒蛙毒素），还要吃河豚的肝脏（河豚毒素），再被梭状芽孢杆菌（Clostridium）感染（肉毒杆菌毒素），最后再被眼镜蛇咬伤（眼镜蛇神经毒素）。这些天然毒素都含有致命剧毒，而且各不相同，极其复杂，它们之中的很多已经被用于生物医学研究，但没有一种像芋螺毒素那样吸引了如此多的注意力。不过，芋螺毒素最令神经科学家倾倒的地方不在于它们能杀死鱼或者人类，而在于它们精准的特异性。尽管芋螺毒素只由一小串氨基酸分子组成，但它们对能与自己结合的离子通道极为挑剔。

动物的神经系统周围分布着一系列令人眼花缭乱的离子通道和神经受体，每种离子通道和受体都有自己特定的形状，每种芋螺毒素都只会与一种特别的通道相结合。所以，每一种芋螺毒素都是一把特异性很强的钥匙，只能打开一把特定的锁。因此，芋螺毒素成了一种很强大的研究工具，它们让神经科学家得以在动物的神经系统内精确地选择想打开或关闭的通道，从而帮助研究神经、大脑和身体内部的运作。

在数千项研究中，芋螺毒素帮助科学家了解生物的基础运行，让人们可以更深入地了解肌肉如何收缩、血压如何调节以及肾脏、视网膜等如何工作。芋螺毒素正在揭示人体到底有多少种受体，并展示了人类大脑的复杂性。研究人员正在研究每一种受体在各种神经性疾病（比如帕金森症、阿尔茨海默症和酒精中毒）中扮演的角色。除了帮助了解各种疾病，芋螺毒素也有助于建立一个治疗这些疾病的药物宝库。在已经过去的5000万年里，芋螺一直在进化和完善其毒素的精度。最近，生物化学家一直在挖掘这个巨大的宝库，试图发现对人类神经系统有特殊治疗作用的芋螺毒素。受到芋螺毒素的启发，目前已经有几十种药物正在研发当中，它们将会被用来治疗各种各样的疾病。

1980年代，奥利维拉的团队发现，从地纹芋螺中提取的芋螺毒素可以让实验鼠进入睡眠状态。这种“睡眠肽”是芋螺往水中释放的使猎物昏迷的镇静药物之一，这种活性成分后来被鉴定为“G型芋螺睡眠肽”(conantokin-G)，存在于被称为“涅槃阴谋”的芋螺毒素中，它能阻断针对神经递质谷氨酸的离子通道型受体。目前，有关科学家正在做临床试验，希望检测出芋螺毒素是否可以帮助缓解难治性癫痫患者高度活跃的神经。它还能阻止阿尔茨海默症和帕金森症患者的神经崩溃。其他芋螺毒素也被尝试着用于治疗心脏病、多发性硬化症和注意缺陷多动障碍（ADHD）。

芋螺毒素被用来治疗慢性疼痛已经有十多年历史。齐考诺肽

（市面产品名为Prialt，是吗啡等止痛药的主要替代品）是一种人工合成物，其原料正是从芋螺体内提取的毒素。Prialt可以阻断神经细胞上的钙通道，让疼痛信号无法从神经传递到脊髓，最后到达大脑中枢。它的止痛效力是吗啡的1000倍，而且没有上瘾的风险。它的主要缺点在于必须用微量注射泵直接注射到脊髓液中，这是一种侵入性手术。昆士兰大学的一个研究小组正在研究芋螺毒素药片。为了研究出这种药片，戴维·克雷克（David Craik）及其同事正在合成和测试环状芋螺毒素，希望能让它们的性状变得更稳定，并安全通过人体的消化道。

受芋螺启发而开发的新药并非只有芋螺毒素这一种。事实证明，芋螺的武器比人们想象的更为复杂。2015年，巴尔多梅罗·奥利维拉所在的犹他大学团队有了惊人的新发现。这项由海伦娜·萨法维-赫马米（Helena Safavi-Hemami）领导的研究发现芋螺使用了一种含胰岛素的镇静药物，可以让鱼类迅速陷入昏迷。肽激素会引起低血糖休克，从而使鱼类失去意识。

形形色色的胰岛素正是地纹芋螺和郁金香芋螺（Tulip Cone）的“涅槃阴谋”毒素的组成部分，与软体动物的激素相比，它们的结构更接近于鱼类激素。这是胰岛素武器化的首个已知案例，为人们研究胰岛素如何工作打开了新窗口，尽管可能还需要一些时间，但未来肯定能够研究出治疗糖尿病的新药。

研究人员经过长时间观察海螺如何捕猎，发现了它们令人惊叹的捕鱼技能。受此启发，人们获得了很多新知识和新药物的研发灵感，这其中最有益的启发是鼓励我们去思考未知。显然，芋螺以及它们的武器还有很多东西值得我们探索。到目前为止，科学家只对6个芋螺物种的大约100种芋螺毒素进行了系统研究，这个数字意味着芋螺这种化学大师还有很多知识可以教给人类。

贻贝生物胶水

在海岸之下，有些带壳软体动物常常躲在一些不可思议的地方。贻贝就是其中之一，它们在波浪的无情击打之下，仍把自己牢牢地粘在潮湿、光滑的岩石上。几十年来，科学家一直好奇它们到底是怎么做到这一点的。水下强力胶水便是从这种软体动物身上获得的最新灵感之一。

赫伯特·韦特（Herbert Waite）是第一批揭晓贻贝粘性秘密的科学家之一。1970年代，韦特从哈佛大学毕业，开始到康涅狄格州的长岛湾北岸收集贻贝。回到实验室后，他检查了贻贝用来附着于岩石之上的足丝纤维，而撒丁岛的织工则用这些纤维来编织金色丝线。他将这些足丝分解成单独的成分，在其中发现了一种名为左旋多巴（L-dopa）的罕见氨基酸。

现在，左旋多巴已为人熟知，它广泛存在于各种植物、动物和人体，是神经递质多巴胺的前体，可以用来开发治疗帕金森症和其他疾病的药物。1990年上映的电影《无语问苍天》(*Awakenings*)讲述了一个真实故事：脑神经病学专家奥利弗·萨克斯（Oliver Sacks）如何用左旋多巴来唤醒患紧张症长达几十年的患者。

韦特是第一个明确贻贝胶中左旋多巴作用的人。他发现，贻贝的足丝腺体能够分泌出一种液体蛋白质，这种蛋白质可以在海水中硬化并附着于合适位置，而蛋白质中的主要成分便是这种氨基酸。基于他的发现，人们后来发现了更多不同的蛋白胶，它们被统称为“贻贝粘着蛋白”(Mussel Adhesive Proteins，MAPs)，其中都含有左旋多巴。

目前，包括赫伯特·韦特及其在加利福尼亚大学圣芭芭拉分校的实验室在内的许多科学家都在研究 MAPs 的作用原理。他们的实验过程尚未正式发表，但有一个重要的因素已经确定下来。左旋多巴的侧链上有一个儿茶酚结构，可以直接粘附在岩石、船体以及其他东西的表面。

目前，人们正在开发含左旋多巴或儿茶酚的合成胶，这种胶水具有许多潜在用途，其中最直接的应用可能是在人体之内。有种贻贝胶水可以直接应用于血管，血液可以安全地流过它们，这将在外科手术中起到很大帮助。例如，包裹着胎儿的胎膜很难缝合，因此给胎儿做手术相当困难，但如果有了贻贝胶，手术就容易多了。

此外，人们也可以把贻贝胶水注射进动脉粥样硬化和血栓患者的动脉中，帮助他们预防心脏病和中风。目前，人们用支架或球囊成形术来扩大血管时要用到抗炎药物，但流动的血液会带走大约95%的药物，而生物胶似乎可以改善药物的损耗情况。

在未来，贻贝生物胶水也可以用来治疗糖尿病，患者将不再需要注射胰岛素，而是通过给他们移植健康的胰腺细胞，让他们自行产生胰岛素。目前治疗糖尿病时，医生会通过手术把胰腺细胞移植到肝脏中，但这些胰腺细胞只能工作几年。而如果用贻贝生物胶把胰腺细胞粘在肝脏的其他地方，比如外表面，这样或许就不至于引发炎症，从而延长移植来的胰腺细胞的寿命。

赫伯特·韦特实验室最近还在研发一种合成聚合物，这种聚合物表面覆盖富含儿茶酚的蛋白质，它有助于帮助人体愈合伤口。

这种新材料的潜在应用包括生产髋部和膝盖的替代物，而且这种替代物几乎不需要手术来进行后续维护；它还可用于弥合骨质疏松造成的细小裂纹。受贻贝启发而制成的聚合物，未来甚至能用来做可自我修复的冲浪板。

除了用于修复人体和制作冲浪板，软体动物生物胶水还有一个让人意想不到的用途。MAPs 可用于阻止软体动物粘附。污损生物简直就是海洋中的杂草，常常出现在一些不该出现的地方。当软体动物和藤壶粘附在船体上时，它们会增加船只行驶的阻力，推高燃料成本。如今许多船体都是金属或玻璃纤维制成，但对木质码头和趸船而言，船蛆仍然是很大的威胁。

多年以来，人们已经研究出一些方法来阻止污损生物粘附在船底，但有些也有很大的副作用。2008年，全球禁止使用船舶防污涂料三丁基锡（TBT）——船体等固体表面涂上这种东西可以阻止污损生物粘附，但也会导致各种生态问题。海洋生物学家斯蒂芬·布拉伯（Stephen Blaber）发现英国海岸附近的雌性荔枝螺长出了雄性生殖器，这就是生态污染问题的预兆。这些雄性生殖器会堵塞雌性荔枝螺的输卵管，最后导致雌性不育。所以如今，生态学家常常测量野生雌性荔枝螺的雄性生殖器长度以评估环境受污染的程度。海运行业仍在寻找 TBT 的替代品，而贻贝胶很可能是最佳选择。

超强挖掘机

正当贻贝将自己粘附在岩石上时，另一种双壳纲贝类则化身物理大师，用一种看似不可能的方式开疆拓土。竹蛏（Razor

Clam）是长而扁的双壳纲动物，大部分时间都生活在沙质、泥泞的海岸。它们用双锚系统挖掘泥沙：它们会打开双壳，把身体架在沉积物上，然后把强健的足部插入沉积物中。紧接着，竹蛏会把血液泵入足部，使其膨胀起来作为支撑身体的第二锚点，然后把双壳拉入沉积物之下。

根据竹蛏的形状、大小和力量，人们发现它们在卡进泥浆和沙子之前只能挖掘很短的距离。研究人员制作出竹蛏模型，并推入沙滩中进行测试。然而，测试的贝壳仅插入沙滩之下几厘米。相比之下，直剑蛏（Atlantic Jackknife Clam）则挖到了约20厘米之下，远超其肌肉和贝壳所允许的范围。竹蛏已经进化出一种非常节能的方式，比如用相当于日常5号电池的能量，就可以挖掘约500米的深度。事实证明，它们挖掘技能的关键在于形成流沙坑。竹蛏通过反复打开和关闭贝壳，让周围的沉积物塌方，继而让水渗入沉积物内部，使其流沙化。这样就能够减少阻力，挖掘所需的能量也可节约大概90%。

阿莫斯·温特（Amos Winter）团队制作了一个竹蛏机器人，用来探索快速挖掘流沙。温特和麻省理工学院的同事花了大量时间，让竹蛏机器人在马萨诸塞州格洛斯特的泥滩上进行测试。

受自然选择的启发，温特得出一种算法。他用这种算法改造竹蛏机器人，使其尽可能高效地进行挖掘。这种方法模拟了生物进化，可以让竹蛏模型产生数百个随机动作（通过小活塞运动提供动力），并测试哪种方法最有效。结果显示，竹蛏机器人可以像真正的竹蛏那样进行有效挖掘。温特设想，未来竹蛏机器人还能发展成小型、低功率的挖掘系统，从而大大降低锚泊船的成本。更令人兴奋的是，工程师目睹了国际互联网的巨大流量，因而开发了传输互联网流量专用的海底高速通信设施，这种通信方式比卫星传输便宜得多。竹蛏机器人在未来可能被用于固定各大洲之间的光纤电缆，从而连接起整个地球。

挖掘流沙池并非竹蛏成为挖掘专家的唯一技能，它们还要依赖不会折断的双壳。就像所有带壳的软体动物一样，它们的贝壳强壮得惊人。

超级坚硬的珍珠层

从本质上而言，贝壳的化学成分与粉笔的相同，因此它也应该像粉笔那样容易粉碎。如果你试过将一根粉笔掰成两段，你就会理解我的意思。然而，不管你是挤压、摔打、用锤子砸或者其他方式，大部分软体动物的贝壳都不那么容易破裂。这导致了另一个长期困扰科学家和工程师的问题：为什么贝壳那么难弄碎？

为了回答这个问题，研究人员将目光放到贝壳的内部构造中，深入小到不可思议的纳米世界。在这个层面上，软体动物已经进化出一套完美的方案以防止外来力量的冲击，也是从这个小小的构造里，科学家找到了打造人类盔甲的灵感。

在过去的几年里，科学家和工程师都对珍珠层充满了兴趣。珍珠层是贝壳内部的光泽层，也叫珍珠母，是分泌并形成珍珠的东西。众所周知，寄生虫或碎屑进入双壳纲软体动物体内，受到刺激的软体动物就会分泌出光滑的珍珠层，将这些异物包裹起来以保护柔软的身体，这便形成了珍珠（珠宝商人一般不会承认这个事实）。材料科学家一直在研究珍珠层，但他们的兴趣点不是让物体变得闪亮，而是怎样使物体变得坚硬。

成熟期的软体动物，其外壳通常由文石组成。这是一种很有韧性的碳酸钙，能有效阻止蟹爪、鱼颚甚至同类的钻刺。然而，碳酸钙容易断裂，外壳表面出现裂缝后很容易就会扩散开来。奇怪的是，裂纹扩散到珍珠层后便会停止。

人们通过电子显微镜发现，贝壳的珍珠层由无数菱形晶体构成，它们像砖块一样彼此堆叠，其中95%都是文石。珍珠层厚度为300—500纳米，恰好允许可见光进入并形成反射，从而赋予珍珠层光泽。这些文石晶体由更薄的几丁质（即从昆虫和甲壳类动物外骨骼中提取的蛋白质）黏合，当外壳的裂缝扩散到珍珠层时，裂纹能量就进入了这些微型砖块缝隙之间的路径。在这里，裂缝能量得到释放，裂缝会被阻止在这些路径中。砖块彼此滑动时，几丁质蛋白扩散，从而进一步抑制裂纹蔓延。

珍珠层的排列构造也有点扭曲，这似乎能让它们更好地对抗裂纹。麦吉尔大学的穆罕默德·米尔克哈拉夫（Mohammad Mirkhalaf）和弗朗索瓦·巴塞拉（François Barthelat）通过模仿珍珠层的纳米结构，证实了这些扭曲形状的重要性。他们用激光在一小块玻璃板上蚀刻出波浪线，然后用力刮擦玻璃板，结果发现玻璃板变得更坚韧了，正好与我们的经验相反。

近年来，几个研究小组已经成功合成出珍珠层。曼彻斯特大学和利兹大学的联合研究团队用碳酸钙、聚苯乙烯来制造具抗裂功能的陶瓷，这种陶瓷将来有可能成为建筑材料和骨骼的替代物。劳伦斯·班德尔（Lorenz Bonderer）和苏黎世联邦理工学院的一个团队模仿珍珠层的构造，在壳聚糖表面（一种源自虾壳、螃蟹壳的材料与氢氧化钠的混合物）喷涂氧化铝，从而制造出可用于生产飞机和航天器的复合材料。2012年，剑桥大学的一个团体首次用自然方式制造出珍珠层：亚力克斯·芬尼莫尔（Alex Finnemore）和乌利·施泰纳（Ulli Steiner）带领的团队模仿软体动物制造珍珠层的步骤，将碳酸钙插入蛋白质的缝隙之间。这种人造珍珠层无论外观、手感和性能，都跟真的没什么区别。

接下来，科学家期待可以在人类世界应用软体动物仿生材料。摩托车头盔和太空头盔的面甲正在研制当中，其仿真材料基于一种名为“海月”的牡蛎。这种牡蛎目前数量还比较充足，它们以往常被镶嵌在亚洲传统建筑的窗户之上，现在已被制成各种各样的装饰品，例如灯罩、烛台和圣诞灯笼（一种被称为paról的星形灯笼）。因为被大量出口，这种牡蛎在菲律宾几近枯竭。贝壳不仅有装饰和透光的功能，它们的硬度也令人难以置信。

麻省理工学院的李令（Ling Li，音译）和克里斯廷·奥尔蒂兹（Christine Ortiz）对海月贝壳进行过研究，发现它们的成分99%是方解石，其纳米结构与珍珠层类似，都是细长的六角晶体。李令和奥尔蒂兹用带金刚石尖的锤子用力敲打贝壳，然后在显微镜下观察被砸过的地方。他们发现，这些晶体表现出各种复杂的性能，包括所谓的纳米级裂化、粘塑性拉伸和纳米晶结成。可以肯定地说，这些晶体阻止了外来冲击的扩散，并建立起一个裂缝无法跨越的缓冲地带。这意味着贝壳与人造陶瓷很不同，受到外力冲击时，它们能保持大体完好，依旧晶莹剔透。所以，用海月牡蛎仿生材料制作的头盔即使破裂了，宇航员也依然能清楚地看到外面的东西。

复合陶瓷，这种受深海牡蛎启发而制作的材料，有一天也可能用在军用防弹衣和防弹车上。印度洋脊两千米之下有一个名为

Kairei的热液喷口区，人们在那里发现了鳞角腹足蜗牛（Scaly-Foot Snail）。这种蜗牛得名于它身上的奇怪覆盖物，那是一种富含铁元素的鳞片，看起来像寒武纪的生物威瓦亚虫背上的鳞甲。从现代软体动物来看，这种构造相当奇怪，但更奇怪的是它们的鳞片是铁质的，外壳也是。目前还没发现过有其他生物的骨骼是包裹在铁中的。

鳞角腹足蜗牛的外壳有三层，比其他软体动物都多。最外面的是硫化铁硬层，最里面的则是碳酸钙层，而中间的则是一种像海绵一样绵软的有机质层。克里斯廷·奥尔蒂兹的研究小组在麻省理工学院的实验室研究分析了这些铁甲外壳，他们用锋利的针戳刺，然后将其浸泡在热酸之中，再用计算机模拟捕食者对它们发动攻击。最后他们发现，这些外壳的每一层都有独特作用，可以保护内部的蜗牛不受挤压。

和所有软体动物一样，鳞角腹足蜗牛最内层的碳酸钙提供了坚硬但容易断裂的支撑结构，中间的有机质层则能有效减轻外来冲击。在野外，被螃蟹抓住的鳞角腹足蜗牛常常会遭受持续几天的挤压攻击。此外，有机质层能保护碳酸钙层免受深海热泉的高温灼烧和酸性水质腐蚀。最外面的硫化铁（实际上是一种被称为“硫复铁矿”的化合物）具有类似珍珠层的纳米级结构，可以阻止外壳的裂纹蔓延，也能减轻蟹钳的挤压力度。

卷管螺（Turrid Snail）是另一种生活在深海火山口的软体动物，它们是芋螺的近亲。鳞角腹足蜗牛在遭到卷管螺攻击时，它们那富含铁的外层鳞片能让它们存活下来。卷管螺像芋螺那样向鳞角腹足蜗牛射出毒镖，后者把足缩进铁甲中躲避卷管螺的箭雨。与芋螺相比，人们对卷管螺毒液的了解还很少，这些微小的软体动物身体里可能隐藏着更大的药物宝库，正等待着人们去发掘。

2008年，奥利维拉与一个规模庞大的团队合作，前往菲律宾收集小型螺类。团队中的罗梅尔·赛罗内（Romell Seronay）测试过一种有效而简单的工具，那是两张打满结的破旧渔网。他们来到菲律宾中部巴里卡萨岛的清澈水域，把渔网绑在重物之上，然后放到水下40米处静置6个月。

这种捕鱼技巧是菲律宾人发明的（被称为lumun-lumun），专门为了满足某些客户的特殊需求。有些贝壳收藏家（主要是日本人）喜欢用显微镜观察发育期的贝类。渔民发现，把破旧的渔网放在特定海域中可以收集到很多小型软体动物。对漂流中的软体动物幼虫来说，破旧的渔网就是它们的临时栖息地，它们聚集到这里定居、发育。其他成熟的小型软体动物也会聚集到打结的网格上寻求庇护。

赛罗内和团队成员耐心地等了几个月，然后拉起渔网。他们惊喜地发现，里面有超过200种未知的软体动物，可能都是新物种。此外，网中还有5只新品种的芋螺和30只卷管螺，身长都不足0.5厘米。

研究团队解剖了其中一种名为Clathurella Cincta的常见卷管螺。他们对卷管螺毒腺内的物质进行DNA测序，发现了两种类似芋螺毒肽的基因，这些多肽可能也具有某种神经毒性。这一项目证明菲律宾人的lumun-lumun捕鱼技术为人们探索深海药物宝库打开了新窗口。

芋螺、卷管螺的抗裂珍珠层，深海螺的铁鳞甲，贻贝的生物胶，充分证明我们很有必要保护海洋生物。就算是为了人类自身的利益，我们也应该保护海洋生态系统的健康和完整性。在未来，它们或许能帮助人类解决很多问题。

然而，这个结论也可能存在潜在悖论：如果太多人想得到这些价值庞大的物种，那该怎么办？最令人担心的是芋螺：目前，由于全球各地的实验室对芋螺的需求日益增长，很多人开始大规模采集芋螺。

在过去，人们想获得芋螺毒素，必须抓到活的芋螺，然后切下其毒腺。因此，热带地区的渔民会专门捕捉芋螺，以满足人们对芋螺毒素的需求。目前芋螺毒腺的交易量尚不明确，但有一个美国实验室声称他们曾一次性购买过1千克的毒腺，这大概需要1万只芋螺。

后来，技术有所发展，人们在获取芋螺毒液的同时能保证芋螺存活下来。奥利维拉的一名学生首次用充气的避孕套摩擦金鱼，然后将它放在芋螺面前。受到刺激的芋螺对避孕套发动攻击，几秒钟后，避孕套表面沾了芋螺的毒镖，之后芋螺就摇晃着掉了下来。最近，基因测序技术取得进展，人们得以在实验室里用微量样品的DNA进行扩增，然后合成多肽。由此，人们终于不用看到一堆堆被分解的芋螺碎片了。然而，芋螺还面临着很多其他威胁。

2013年，一项针对全球632种芋螺的评估报告揭示了它们在自然界的生存现状。一方面，约75%的芋螺生存状态似乎还不错：它们分布广泛，数量丰富，目前还没有灭绝的风险。但由于缺乏数据，仍有超过87种芋螺尚未得到评估，它们的状态也就无从得知。此外，还有67种芋螺——大约占已知物种的10%——面临着灭绝的风险。如果我们想要继续研究那些芋螺以及它们复杂的芋螺毒素，就必须保护好它们。

芋螺受到威胁的一个原因是其生存范围严重受限，有些种类的芋螺只能生存在某个特定岛屿附近，甚至只生存在某一海湾当中。就像菊石灭绝的原因那样，生存范围较小的物种往往更容易灭绝，特别是当它们的栖息地处于危险之中时。下面的这些案例听起来就让人感到熟悉而悲哀。佛罗里达州正在建设公寓和旅游度假村，生活且仅生活在这里的两种芋螺正在失去它们的栖息地；加勒比海的一些岛屿，比如巴哈马群岛、马提尼克岛和阿鲁巴岛，都生活着一些特殊芋螺，收藏家的大量需求让这些芋螺陷入了困境。总体来说，大多数濒危的芋螺都集中在东大西洋、佛得角群岛和塞内加尔首都达喀尔附近的海岸，这些地方的沿海城市正在急速发展，污染情况日益严重，因此很多芋螺的生存也面临着巨大风险。

由于很多地方性的芋螺仅生活在某一栖息地，所以这些物种未来能否继续生存取决于当地采取的措施。全球所有芋螺和其他海洋软体动物也面临着灭绝的风险，因此需要全球性解决方案。然而当下的情况却是，人类的碳排放量巨大，大气组成发生巨大变化，某些海洋软体动物可能很快就会从地球消失。

第 10 章

海蝴蝶效应

The Sea Butterfly Effect

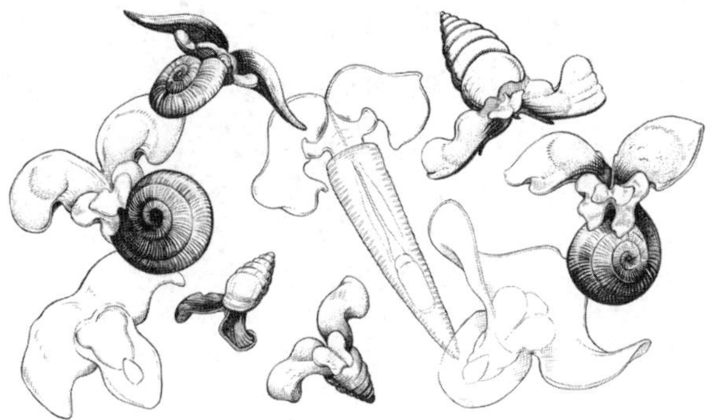

会飞的蜗牛

有一只海蝴蝶振“翼”游过。它那螺旋状的贝壳是半透明的，像是用玻璃雕刻而成。在它体内，我看到了一团细胞随着心跳而颤动、收缩。小翅膀从贝壳的喇叭形开口伸出，然后急速扇动，通过在水中划圈来推动身体向前游。现在，它停了下来，好像是在喘气。我屏住呼吸静静地看着，不仅是为了不惊吓到它，也是因为这是我见过的第一只海蝴蝶，我几乎不敢相信自己的眼睛。

它再次抖动翅膀并逃离了我的视线。我端坐在实验室的工作台前，看着面前的浅盘培养皿。在那里面，我只能看到一个在旋转的小黑点，只感觉自己就像是漫游奇境的爱丽丝，正通过一扇小门窥探另一个世界。

那天早上早些时候，海蝴蝶一直在大加那利岛（Gran Canaria）附近清澈的深水中游泳。这片炎热的火山岩位于非洲大陆以西100公里处，与摩洛哥和西撒哈拉之间的沙漠边缘处在同一纬度。我去见了西尔克·利施卡（Silke Lischka），她是一名海蝴蝶专家。我希望找到一只海蝴蝶，这是一种美丽而特殊的软体动物，西尔克表示很乐意帮我这个忙。相比之下，海蝴蝶更像是存在于小说家脑海中的神奇动物。我很想亲眼看看海蝴蝶以确认它们的存在，而且还想尽快看到它们，因为它们的时间可能已经不多了。这些脆弱的动物在未来的某一天可能会从海洋消失，它们是气候变化的第一批受害者，它们的消失也意味着一种麻烦即将来临。

我们登上一艘黑色、充气的科研考察船，然后发动引擎，渐渐远离海岸。海面像泳池一样平静，轻柔的微风吹起了阵阵涟漪。我们找到了一个很好的观察点，然后关闭发动机，把浮游生物取样器投入海水中。我在一旁观察，看见绳索被放出15米甚至更多，就像一把上下颠倒的细长降落伞，白色的网沉进了深深的海水中。在返回海面的过程中，网过滤了海水，捕获了一堆体积大于细砂粒（70微米，即0.07毫米）的东西。西尔克将网拖回甲板上，小心地取下收获颇丰的取样器，并将里面的东西（大约半升水）倒入一个带螺旋盖的小桶中。我望进去，看到了大量螺旋状的生物，然后开始想象到底捉到了什么东西。

西尔克再次把网撒下去，接着又拉上来，带回更多细小的宝贝。她这样重复了六七次，直到认为捕到了足够多的浮游生物。返回陆地的过程中，我们遇到了飞鱼，它们用奇异的翅膀掠过干燥的空气，最后又回到属于它们的地方。

回到加那利群岛海洋平台测试场的实验室后，我们开始聚精会神地研究捕到的浮游生物。我们先倒出一些海水，通过放大40倍的显微镜来检查浮游生物的种类。显然，我们逮到了一个充满活力的大家族：其中有大量桡足亚纲的小型甲壳动物，它们的身体形似泪滴，有些还长着一只红色的眼睛；它们用几对带须的附肢划水，并不停地追着它们的尾巴一圈又一圈地快速旋转。一簇簇带绒毛的蓝绿藻像风滚草一样漂移过去，我仔细观察了一些会发光的夜光藻（Noctiluca scintillans）。在显微镜下，这些夜光藻看起来就像是透明的桃子。晚上，数百万发光的夜光藻会把海洋变成一场闪亮的灯光秀。我们的收获中还有一只脑袋很小、尾巴扭动的海鞘幼体。想象一下这多么奇怪啊：海鞘幼体在适当的时候附着于海底，然后吸收它的脑袋，退化成像植物一样的海鞘成体。我还看到了放射虫，它们就像是精美的多角星；还有跳动着的水母幼虫，以及身体盘成螺旋状且带隔间的有孔虫（这种体型会让人误以为它们是微型菊石）。但其中最奇妙的，绝对是那些有着小翅膀的腹足纲动物。

翻找了好一会儿，我们都没发现海蝴蝶。我不禁开始担心自己错过了时机，现在这个时候确实太晚了，大西洋的海水已经变得很冷，海蝴蝶很难找到食物，以至于无法继续停留，但我们还是集中注意力继续忙活。终于，西尔克咯咯地笑出声来，她让我过去看看。原来，她发现了一只小小的胖蜿螺（Limacina inflata，海蝴蝶的学名）。这只胖蜿螺的出现似乎打破了海蝴蝶的隐身咒，紧接着我们发现了更多。西尔克表示，这是只种类特殊的海蝴蝶，它们的贝壳不是螺旋状的，而是精致的圆锥管状。我仔细寻找，也发现了一只海蝴蝶，而且这只更特别——我是第一个见到这种特殊生物的人。

“它们看起来就像小飞贼。”西尔克轻笑着说。J. K. 罗琳在作品中写过魁地奇球赛，霍格沃茨魔法学校的学生坐着飞天扫帚，追着一只长有翅膀的金色小球“金色飞贼”(哈利·波特抓过它好多次，甚至还吞下过它）。这种描写可能就是受到了海蝴蝶的启发。我目不转睛地盯着它们不停地旋转，它们是在检查这片属于它们的缩小版海洋，就好像有什么重要的地方要去一样。

很快，我就发现自己是天生的海蝴蝶观察家。我观察到幼体海蝴蝶比成年的小很多，它们像豌豆和葡萄柚似的一个挨着一个。幼体还没有长出翅膀，只能用两只被蠕动的毛发覆盖的瓣足急速地划圈旋转，就像一架工业用地板磨光机。这些精力充沛的幼体不停地划动，使得它们周围的海水闪着微光泛起涟漪。接着，我发现了另一只微型软体动物，它也有螺旋状的贝壳，外观看上去和其余的颇为相似，但唯有一点不同。我把它拿给西尔克，她微笑着抬眉看我，那是一种表扬。原来，这只软体动物是海蝴蝶的远房亲戚，是翼足目动物，腹足纲的另一个分支。不同于贝壳左旋的海蝴蝶，它的贝壳是右旋的。

海蝴蝶也被认为是翼足目动物，“足背部有一对翼状鳍”，就像翼龙是一种长着翅膀的蜥蜴一样。但海蝴蝶不像是腹足纲动物，它们用翼足取代腹足，在开阔的海洋里游动，占据着地球最广阔的生存空间。它们的种类繁多、数量庞大，但几乎没人听说过它们。

其他翼足目动物也能在水下飞行，例如海天使，但它们都已失去贝壳。为了保护自己，海天使体内充满了有毒化学物质，捕猎者都知道要避开它们。它们的化学防御很有效，以至于一种端足目的小型甲壳动物学会了诱拐海天使，然后把它们带在身边四处转悠，以充当个人保镖。海天使是海蝴蝶的近亲，但不要被它的天使面庞欺骗，它们其实是一种强悍的猎手，专门捕食海蝴蝶。在和海蝴蝶的激斗中，海天使通过敏锐的视觉来锁定猎物的位置，然后快速划动翼足追赶猎物，再用吸盘般的触手捉住猎物，将其从贝壳中扯出来。

海蝴蝶用非常优雅的方式捕食。它们分泌粘液制成网来诱捕猎物，就像蜘蛛那样。被它网到的猎物往往是甲壳纲和腹足纲动物的幼体（也包括它们自己的幼体）、浮游植物，还有叫作砂壳纤毛虫（Tintinnid）的瓶状动物。一旦捕食网设置好，海蝴蝶就能轻松捕到很多东西，然后就可以享用自己的丰盛晚餐——它们还会把网也吃掉。

人们很难看到它们蛛丝般的网，但在1970年代和1980年代，两位海蝴蝶专家找到了一种观察方法。罗纳德·吉尔默（Ronald

Gilmer）和理查德·哈比森（Richard Harbison）是马萨诸塞州伍兹霍尔海洋研究所的研究人员，他们花费大量时间在全球海域追踪这些微型生物，观察它们在栖息地的行为（许多种类的海蝴蝶得在成年后才可以被观察到）。他们带着一瓶深红色的染料，喷洒到海蝴蝶所在的海水中，这样它们的网就会显现出来。海蝴蝶结成网后，会一动不动地悬挂在水中，既不上升也不下沉。这让吉尔默和哈里森想到，或许海蝴蝶是用捕食器官来保持在水中漂浮的状态，就像雌性船蛸通过操纵壳内的空气来保持悬浮那样。

潜水人员悄悄靠近海蝴蝶，温柔地推了推它们，想看看海蝴蝶的反应。果然，海蝴蝶迅速抛弃了自己的网，要么愤怒地离开，要么扑腾着翼足沉入深水中。海蝴蝶是游泳健将，但游泳还是会消耗大量能量。在有许多负浮力的情况下，它们必须持续游泳，否则就会下沉。显然，从那些能浮在水中的网那里，它们可以获得很多好处。这些网就像微型降落伞那样，让它们得以在不断游动的过程中稍作休息。

海蝴蝶如何在开放的海洋世界遨游，我们对这个问题仍然知之甚少。西尔克播放了一段视频，内容是一只从北极海域捕来的海蝴蝶在巨大的玻璃瓶中游动的情景。它轻轻地搅拌海水，然后停止拍动翼足，转而把翼足僵硬地举在头顶上，似乎准备随着水流漂浮，就像一只鹰搭乘上升的热气流飞翔一样。

海蝴蝶的繁殖方式让人好奇。有些海蝴蝶是雌雄异体，它们会在交配过程中抓住彼此的贝壳，一起在水中盘旋、游泳。在此过程中，雄性会将精子转移到雌性体内。然后，雌性会产下一串串受精卵。它将受精卵粘在自己的贝壳上，带着它们到处游弋，直到幼体孵化并游走。有些海蝴蝶是雌雄同体，它们刚出生时是雄性，过了一段时间就转换性别，变为雌性。产卵季节开始时，这种海蝴蝶只有雄性，它们会彼此互相配对。成功配对的雄性会交换精液，然后将对方的捐赠物保留下来，等待自己转变为雌性。接着，变为雌性的它们会利用之前获得的精子和自己的卵子结合，使之受精。这样的事情听起来似乎很奇怪，但考虑到在如此浩瀚的海洋里找伴侣不是件容易的事，这样处理似乎也就合情合理了。通过性别转换，然后利用这种不同寻常的结合方式，海蝴蝶找到合适伴侣的概率就增加了。

翼足目并非唯一放弃附着于海底生活的腹足纲动物。海蜗牛（Janthina）是一种外表呈鲜艳紫色的海螺，它们那螺旋状的贝壳浮在海面之上，借助浮囊在潮流中漂浮移动。大西洋海神海蛞蝓（Glaucus atlanticus）是一种没有贝壳的腹足纲动物，也被称为“海燕”，它们也占据着这个二维空间。它仰躺在海面之上，就像池塘里的划蝽一样，用包含了大量刺细胞的露鳃末端寻找它最喜欢的食物——僧帽水母。西班牙舞娘（Spanish Dancer）是另一种没有贝壳的腹足纲动物，它们经常被发现在珊瑚礁上爬行，其游动时身上“艳丽的斗篷”，看起来就像西班牙跳弗拉门戈舞的舞娘快速旋转的裙子。

这些漂流在海洋之中的软体动物都在悄悄发生变化，它们中的很多都察觉到了海洋环境的恶化，特别是那些有着微小、脆弱贝壳的海蝴蝶。

西尔克·利施卡来大加那利岛不是为了带我找海蝴蝶，而是参加一个为期两个月的专业考察项目，该项目旨在了解更多关于这些纤弱动物和其他微型海洋生物未来的情况。尽管考察任务繁重，但西尔克还是拿出宝贵的一天来帮我找海蝴蝶。那之后，她便不得不回去研究恶劣水体对海蝴蝶产生的影响了。

海洋酸化

从200多年前开始，人们从地下挖掘了很多古老的黑色原料，然后用它们生产光、热能和食物，大力改善人类的生活水平。然而，这些煤和石油燃烧后产生了巨量二氧化碳和其他污染物，它们一起进入大气中，像给地球盖了一床厚厚的毯子。这些气体可以吸收太阳辐射，导致气候发生变化，进而带来各种各样的影响。然而，并不是所有化石燃料产生的温室气体都保留在大气中，其中有1/3的二氧化碳会被海洋吸收。

如果不是海洋占地球面积的70%，那么今天气候变化引起的问题将严重到难以描述。海洋每小时能吸收100万吨的二氧化碳，不到4个小时就可以吸收相当于一个煤电站一年的二氧化碳排放量。因此，我们必须感谢海洋。

但是，问题在于二氧化碳并不只是低调地存在于海洋之中，它们也会产生实际影响。二氧化碳与海水结合产生化学反应，海水的pH值会降低，导致海洋酸化。测量结果显示，从工业革命开始至今，海洋的pH值已经下降了30%。如果人类还像以前那样肆无忌惮地排放二氧化碳，那么，在21世纪末，海水的pH值会下降150%。这是一个无可争辩的化学问题。

2003年，肯·卡尔代拉（Ken Caldeira）和迈克尔·维克特（Michael Wickett）在《自然》杂志发表了一篇论文，首次提到"海洋酸化"这一术语。他们通过计算得出，如果人类继续燃烧剩余的化石燃料，海洋将会持续酸化，其酸性将远超过去3亿年的任何时候。我们不知道结果是否真的会像预测的那么糟糕，但有一点是毋庸置疑的：海水确实已经发生化学变化。

相比于其他气候变化导致的威胁而言，海洋酸化受到的关注太少了。目前，我们听到的都是关于气温上升、海平面抬高等威胁。然而，在媒体关注焦点之外，科研工作者正致力于解决一个重要而困难的问题：海洋动物如何应对海洋酸化？

事实上，海洋的酸性还没达到一经接触就会腐蚀皮肤的程度。现在，表层海水仍呈弱碱性，平均pH值为8.1，而200年前这个数字是8.2（pH值计算可用对数表示，从8.2下降到8.1意味着发生了30%的变化）。纯净水的pH值约为7，这是中性。而酸性物质的pH值比纯净水低，像牛奶的pH值为6.5，柠檬果汁的pH值为2，胃酸的pH值为1。pH值的另一端末尾则是强碱，像家用漂白剂的pH值就超过12。

到2100年，海水的平均pH值会降到7.8，这个数字和人类血液的pH值差不多，还没有达到胃酸的水平。然而，许多海洋动物适合生活在pH值相对稳定的环境中，海水pH值的轻微变化都可能导致它们发生混乱。

研究人员在实验室里研究pH值下降对海洋生物的影响，并且得到了丰硕的成果，有些还超出了预期。当海水中充满二氧化碳时，小丑鱼的幼体会失去嗅觉和听觉，因此很容易撞上捕食者或无法返回珊瑚礁家园。《海底总动员》这部电影如果是在未来上映的话，那么电影中很可能不会出现小丑鱼，因为它们已经永久地消失了。其他鱼类则会随着海水pH值的降低而更加焦虑不安，例如，饲养在酸性更强的水箱中的加利福尼亚岩鱼会表现得畏畏缩缩，大多数时间都躲在阴暗处以躲避阳光。

海洋酸化也会以某种方式使海洋变得更加有害。在北欧，海蚯蚓（Lugworm）生活在充满沙子和淤泥的洞穴里，它们是涉禽类和鱼类的重要食物。平时你很难看到海蚯蚓，但退潮后它们偶尔会在海滩上留下独特的粪便，就像是含沙的牙膏。最近的研究结果表明，在酸化的海水中，铜污染对海蚯蚓幼体的危害更大。当pH值降低时，溶解了铜的海水会杀死海蚯蚓幼体，破坏海蚯蚓精液中的DNA，减慢精子的游动速度，降低其受精机会。

海水酸化对海洋生物的微妙影响是难以预测的，科研工作者不得不倒推研究，找出发生这些变化的原因。然而，对某些海洋动物而言，海洋酸化的影响比较明显，也更可预测。

钙化生物是海洋生物的混合体，它们会产生碳酸钙，作为外骨骼或贝壳。钙化生物广泛地存在于海洋食物链当中，从进行光合作用的浮游生物到海胆、海星和珊瑚，还有甲壳动物和蠕虫；当然，还有所有带壳的软体动物。这些碳酸钙的制造者都深受海洋酸化影响。

钙化生物的问题始于碳酸钙会在酸性海水中溶解。把一只鸡蛋（鸡蛋壳的主要成分是碳酸钙）放进食醋中，一段时间以后，你会发现这样的事实：鸡蛋壳完全溶解，只留下一个由一层薄膜包裹着的裸鸡蛋。当让娜·鲍尔在西西里岛研究工业革命早期的船蛸时，她还没想到要去测试pH值对船蛸贝壳的影响。2013年，澳大利亚悉尼大学的肯尼迪·沃尔夫（Kennedy Wolfe）做了一些试验。他发现，当海水的pH值下降到7.8时，船蛸的外壳就开始溶解。原来，雌性船蛸外壳的主要成分是高镁方解石，这是一种很不稳定的碳酸盐，在pH值较低的海水中容易溶解。船蛸贝壳也少了一种有机质层，这种有机质层是一种海绵状的厚蛋白硬层，可以保护软体动物免受酸性海水侵蚀，让它们得以在海底火山周围存活下来。

我们不知道活着的船蛸在 pH 值下降的情况下会作何反应，因为可以用于试验的活体船蛸太少了，而且它们很难圈养，所以基本没人做过这种实验。让娜观察到活体船蛸会用网状膜来修复受损外壳，如果它们的贝壳在酸性海水中溶解、变薄，那么还能修复吗？也许能，但有一个额外的问题：除了使软体动物的外壳更容易溶解，海水酸化还会增加软体动物制造和修补外壳的难度。

二氧化碳与水发生反应，不仅会释放氢离子，导致 pH 值下降，还会降低碳酸根离子的浓度（它们与氢离子结合形成碳酸氢盐）。钙化生物的问题在于，碳酸根离子是它们用来生产贝壳的主要材料。很多动物需要在海水充满碳酸根离子时，才能生产足够的碳酸钙来形成外骨骼和贝壳。碳酸根离子浓度的下降，会导致海水变得欠饱和，钙化生物必须消耗更多能量，泵送离子至全身上下，以维持贝壳的制造。另一些软体动物必须将碳酸根离子集中到外套膜和贝壳之间的缝隙处，以生产新的造壳物质。这样一来，它们从事其他重要活动（比如繁殖、发育）的能量就会遭到削减。

对具壳软体动物而言，更糟糕的是，二氧化碳也会经由海水进入它们的身体，主要是通过鳃。如果海水酸化的情况不加以改善，那么，这些软体动物体液的 pH 值也会下降，继而影响体内各种重要机能的运行，比如导致酶无法正常工作。这种蛋白质控制全身的反应，它们在某个 pH 值范围内可以很好地工作，一旦超出这个范围，酶的功能就会下降甚至完全停止。为此，一些生物已经进化出复杂的平衡机制，以保持自身体液的 pH 值稳定。假设某个生物是一个房间，酸性氢离子是通过一个窗口大量涌入的网球；为了阻止网球填满整个房间（pH 值不断降低），你必须把它们扔出去。生物发展出了各种各样的方法来保持 pH 值的平衡，但这些方法需要消耗更多能量。

很多科学家做过钙化生物如何应对 pH 值和碳酸根离子浓度下降的相关研究，珊瑚礁是这些研究的焦点。珊瑚礁是一个重要的热带生态系统，包括硬珊瑚（这是形成珊瑚礁的基石，其主要成分是碳酸钙）和能将珊瑚礁粘合在一起的珊瑚藻。珊瑚也许能适应逐渐酸化的环境，但人们对珊瑚礁的未来仍持悲观看法。考虑到过度捕捞、沿海污染、海水酸化和全球变暖（这会导致珊瑚藻死亡，令珊瑚礁失去艳丽的颜色，恢复原来的白色，甚至导致珊瑚虫最终死亡）等综合因素，许多专家认为：珊瑚礁可能会在21世纪末大规模消失。

软体动物也是海水酸化危害研究的主角。部分原因在于，如果可食用的软体动物消失，价值巨大的海鲜产业就会崩溃。科学家把蛤蜊、贻贝、海螺、扇贝、牡蛎和更多软体动物从海水中捞出来，放进实验室的水族箱中，再通过调整水族箱中海水的 pH 值和二氧化碳含量，来观察这些生物到底会发生什么变化。最初，研究人员大多通过往水中添加无机酸来模拟酸化海水，但现在他们更倾向于往水中充入二氧化碳，这样可以更准确地模拟真实的海水环境。在大多数研究中，随着 pH 值不断下降，软体动物遇到了各种麻烦。

当这些海水的 pH 值较低、二氧化碳含量较高时，置身其中的软体动物的钙化率（产生新的外壳材料的速度）会降低，出现脆弱和畸形贝壳的几率大大升高。贻贝的足丝会失去粘性，许多软体动物的免疫系统会被抑制，继而引发一连串疾病。研究人员观察到，在酸性海水中，软体动物的游泳和爬行速度都变得更慢，它们的胚胎和幼体变得特别脆弱，其发育时间可能更长，而且死亡率很高。

由于生物的活动依赖于能量供给，因此软体动物一般会通过摄入更多能量或提高代谢率来应对海水酸化。它们生长、修补破损贝壳、努力保持体内 pH 值稳定等行为都需要能量。对很多动物来说，这些能量需求会加重它们的负担。不过，情况也不总是这样。在某些动物身上，海水酸化的研究结果出人意料，甚至与预期相反。

有些软体动物似乎丝毫不受海水酸化影响，甚至活得更滋润了。这种现象似乎与它们的家园有关。蓝贻贝就很令科学家困惑。科学家对来自不同地方的蓝贻贝进行研究，发现它们在酸化海水中存在不同表现：某些地方的蓝贻贝活得很好，而另外一些则过得很糟糕。这表明，它们对海水酸化的适应能力不同，不同地方的海水 pH 值也会不一样，因此某些地方的贻贝种群总比其他地方的活得更好。

履帽贝（Slipper Limpet）是另一种让科学家感到困惑的物种，它们能在二氧化碳浓度达900ppm 的水中愉快地生活——当前大气的二氧化碳浓度是400ppm。普通乌贼可适应的二氧化碳最大浓度为6000ppm，在这种环境下，某些个体几乎不受影响，甚至比在正常环境下活得更好。把乌贼放在二氧化碳浓度极高的条件下6周，其骨骼（成分主要是碳酸钙）会变得更粗、更重。人们普遍认为，就体内平衡机制而言，包括乌贼在内的头足纲动物比其他软体动物更好。某些情况下，它们也可以提高身体的新陈代谢率，这也部分解释了为什么乌贼能在极端条件下活得很好。然而，仍然存在很多疑问。

从实际情况来看，很难预测具壳软体动物在酸化海水中将会如何。一些动物或许能坚持到底，而另一些则会遭遇不幸。不过，海蝴蝶的前景就不太乐观了。

海蝴蝶的预警

海蝴蝶可以反映海水酸化严重性，就像是煤矿里的金丝雀一样。这些敏感的生物成了可以提前预警的哨兵。20世纪上半叶，在下井之前，矿工会先把鸟儿放到井内检测是否存在有毒气体，主要是一氧化碳；如果鸟儿昏厥或死亡，矿工们就知道该带上呼吸面具快速逃离。对处在酸化海水中的海蝴蝶来说，矿井的比喻更具反讽意义，甚至还带有某种诗意的凄凉，因为煤炭正是海洋酸化的起因。

海蝴蝶有着优雅而轻薄的外壳，因此被归为敏感的软体动物并不会让人感到惊讶。它们没有太多的外壳可供折腾，所以在面对酸化的海水时显得尤其脆弱。预测表明，大片的海洋可能会提前几年失去海蝴蝶。

极地海洋的情况可能更严重，人们认为那里的海水酸化程度更加迅猛、剧烈，因为冷水能储存更多二氧化碳。预测显示，在未来几十年里，南北极部分海域的表层海水中的碳酸根离子会呈现不饱和状态，那些没有外壳和骨骼保护的物种将直接被腐蚀。而这些寒冷海域也正是海蝴蝶的重要栖息地。

很难估算海蝴蝶对pH值降低和二氧化碳含量上升的敏感程度，因为它们各方面的状态都很不稳定，因而在圈养状态下极难存活。没有人知道怎样养殖海蝴蝶，它们也无法运往世界各地的实验室，因而想研究它们就必须到它们的野外栖息地去。

为了搜寻海蝴蝶，西尔克·利施卡深入北极圈。在这样的旅途中，她又一次在几乎全黑的北极度过了整个冬天，好在不时会出现绚烂的极光。她也去了位于挪威和北极之间的斯瓦尔巴特群岛(Svalbard Archipelago)，那里的康斯海峡有一座特殊的研究站，可供科学家在边远地区生活和工作。到那之后，西尔克总能轻易地找到海蝴蝶。大量海蝴蝶涌进海峡中，而且恰好就在观察站前的水域徘徊。有时候，西尔克随意把桶丢到海里就能轻松捞到海蝴蝶。不过，通常情况下，她都是乘船到峡湾的深水处收集样本。

鯱螺 (Limacina helicina) 是我们在大加那利岛发现的螺旋状海蝴蝶的近亲。这个品种特别罕见，在北极，它们的数量一只手就能数得过来。鯱螺在夏天孵化出来后就迎来了漫长、黑暗而饥饿的冬天，等到大地回春它们才算真正成熟，可以交配并产生下一代。

西尔克小心翼翼地把海蝴蝶幼体带回位于峡湾海岸的实验室，把它们饲养在一系列室温和二氧化碳浓度皆不相同的环境中，包括21世纪末的模拟环境。她用显微镜观察它们的贝壳，看是否有损坏的迹象。

与在正常环境中饲养的海蝴蝶相比，随着二氧化碳含量的升高，海蝴蝶的透明贝壳会产生更多磨损、孔洞和伤疤；在二氧化碳含量极高的环境中，海蝴蝶的体形会相对小一些，这说明它们没有发育好。而在二氧化碳含量高、室温也高的环境中，海蝴蝶一般很快会死去。

西尔克用空贝壳做了一次相同的实验。她发现，活着的海蝴蝶能一定程度地抵抗海水酸化，而空贝壳则受损严重。毫无疑问，为了加固被海水溶解的家，它们必须生产更多碳酸盐，海蝴蝶能量有限，因此面临着巨大压力。如果这种情况发生在野外，幼体海蝴蝶可能无法熬过冬天。

其他科学家对海蝴蝶进行研究后也发出了未来海蝴蝶会死亡的悲观预测。克拉拉·曼诺（Clara Manno）在挪威北部海域研究海蝴蝶。她的研究显示，pH值较低和二氧化碳含量较高会导致海蝴蝶的贝壳溶解，整体重量减轻，同时揭示了淡水的混杂效应。随着温室效应加剧，冰块和冰川不断融化，表层海水的含盐量也会下降。在克拉拉的实验水箱里，随着pH值和盐度的下降，海蝴蝶扇动翼足游泳的速度变慢。这让克拉拉意识到情况有些不对劲。

在斯瓦尔巴特群岛研究觥螺的斯蒂夫·科莫（Steeve Comeau）也发现了类似结果。他曾冒险前往北极，进驻一个位于海冰之上的临时科研基地。斯蒂夫把浮游生物采样网放进冰洞里收集样品。回到实验室后，他发现当海蝴蝶暴露在模拟2100年的二氧化碳水平的环境之下时，其钙化率下降了约30%。

斯蒂夫对一种生活在地中海的海蝴蝶幼虫进行了研究。他发现，随着pH值的降低，幼虫会变得越来越小，贝壳也越来越畸形。当pH值低于7.5时，这些海蝴蝶幼虫根本无法形成外壳，但它们也没死。在实验室里，没外壳的海蝴蝶似乎也能活得很好，但在野外是否也如此就不得而知了，目前科学家还没在海洋中发现不长外壳的海蝴蝶。不过，一个科研团队发现了另一件令人担忧的事：野生海蝴蝶的贝壳似乎已经开始溶解了。

在部分海域里，冷风吹过海面，导致冰冷的深层海水涌上浅滩，这些海水富含二氧化碳和不饱和的碳酸根离子。尼娜·贝德纳舍克（Nina Bednaršek）领导的研究小组对两个上升流海域的海蝴蝶进行了研究。第一次是2008年在斯科舍海（Scotia Sea），该地位于美洲南端的火地岛和亚南极区的南乔治亚岛之间。第二次研究是2011年在美国的西雅图和圣地亚哥之间。尼娜发现，这两个地方的海蝴蝶都出现外壳腐烂、身体损坏的迹象，这与暴露在酸化海水中的实验体情况相似。她的研究结果预示了某种危险正在迫近。

海蝴蝶从海洋中消失会有什么影响？它们活动范围的缩减或变化会给开放的海洋生态系统的其他部分带来变化吗？

研究显示，海蝴蝶数量的减少确实会产生影响，因为它们在碳从表层海水沉降到深海从而净化大气这个过程中发挥一定作用。具体说来，它们主要是通过粪便将碳转化为有机物，然后沉降到深海中。

克拉拉·曼诺是第一个认出海蝴蝶粪便长什么样的人。这些粪便是紧凑的青褐色颗粒，呈椭圆形。了解其形状后，你就能轻易认出这些粪便。克拉拉统计出一只海蝴蝶每天会产生19个单位体积的粪便，这些粪便会跟随水流迅速下沉。她筛选了从南极洲罗斯海收集到的沉积物样品，计算出有近20%的有机碳注入了深海，基本都是通过翼足目动物粪便实现的。此外，海蝴蝶分泌的粘液捕食网以及它们因自身贝壳重量而坠入深海的尸体，林林总总地加起来，意味着海蝴蝶甚至能把总量50%的有机碳沉入深海。如果海蝴蝶因南极和北极的海水酸化而消失，很难预测未来会发生什么事。也许会有其他浮游生物取代海蝴蝶在生态系统中的位置，也许没有。如果碳进入深海的数量减少，那么气候变化将变得更加严重，继而引起更多问题。

海蝴蝶的消失，会导致出现很多饥饿的海天使，因为它们几乎只捕食海蝴蝶。海鸟和一些鱼也以海蝴蝶为食（尽管不是专门的），它们自身也被更大的鱼、鲸鱼和海豹所捕食，因此，海蝴蝶也是包括人类在内的食物链的至关重要的一环；简而言之，这条食物链从浮游生物开始，到海蝴蝶到鲑鱼，最后到人类。如果海蝴蝶灭绝或调整栖息地范围，那么那些以海蝴蝶为食的动物可能也会跟着迁移，不然就是以其他食物替代，或者直接饿死。海蝴蝶作为其他动物的食物到底有多重要？没有海蝴蝶，海洋生态系统是否会崩溃？这些问题的答案尚不清楚，我们仍需进行更多研究。

在某一区域，如果海蝴蝶的数量很多，那么它们所在区域的物种就会很丰富，要不然就是什么都没有。西尔克向我描述了她在斯瓦尔巴特群岛目睹的一个场景：一大群海蝴蝶涌入峡湾；接着，等在海边的数百只三趾鸥和暴风鹱愉快地开始了它们的盛宴。其他研究者则统计出1立方米的海水里有1万只海蝴蝶，但如此高的密度只发生在海蝴蝶经常出现的区域。

未来，海洋酸化的研究将会面临一个重大挑战：如何从对单一物种的研究出发，开拓新的研究疆域。我们已经知道某一物种暴露在酸化海水中会出现的问题，但当成千上万的生物相互作用，互相捕食，互相争夺生存空间时会发生什么情况呢？大部分科学家都同意一个观点：海洋酸化造成的影响极其复杂，而其中最复杂的是预测庞大的生态系统的反应。对此，有研究者找到了一些方法。

KOSMOS 生态系统

从大加那利岛的拉斯帕尔马斯机场的候机室俯瞰机场跑道，会发现跑道一直往大西洋延伸。2014年夏末，如果乘客从机场的星巴克咖啡店往外看，他们也许会窥探到科技取得巨大发展的些许端倪。

9个橙色的建筑物在水面上轻轻颤动。它们都是环形的漂浮管道，朝空中竖起，支撑着下方的一个管状塑料袋；塑料袋有2米宽，15米长，底部浸入海水之下。它上方还有保证它不被淋湿的雨伞，以及阻止鸟类停留或排泄的一排排钉子。海水之下的海床镶嵌着大量铁质火车轮，它们是固定这些设备的锚。这些建筑物其实是一些巨大的试管，专门用来测试海洋酸化造成的影响，它们的实验对象也并非只有一个，而是整个海洋生态系统中的所有生物。

这些试管里有一个智能系统，名为 KOSMOS。[①] 一开始，这个 KOSMOS 系统是便携式的，可以被拆分运往世界各地做实验。在瑞典，这些 KOSMOS 系统的试管被冰冻住了；在前一年春天，大加那利岛的 KOSMOS 试管还被风暴引发的巨大波浪拍成碎片。

KOSMOS 系统试管也因其体积巨大而受益颇多。在陆地上做一个这样的装置肯定劳民伤财，因为这个实验需要建造巨大容器，抽取大量海水，这一过程又对微小的海洋生物造成未知影响。相比而言，把 KOSMOS 系统试管放在其所研究的生态系统中影响较

① Kiel Off-Shore Mesocosms for Ocean Simulation，基尔海洋模拟近海中型实验生态系统，即一个压缩的微型海洋世界。

小。这个巨型塑料袋的每一面都被小心地放入水中，可以容纳5.5万升海水以及海水里的所有东西。在本次案例中，研究人员通过往管道注入不同浓度的二氧化碳来模仿海水酸化的环境。

当上述步骤完成后，研究人员会每隔1—2天就对试管里的内容物取样一次。他们从试管中提取水样，而放置在试管底部的捕捉器会捕捉下沉颗粒，再用浮游生物采集网将其捞起。在亚热带令人眩晕的阳光下，对9根试管进行全部取样要花数小时。然而，真正艰难的工作才刚刚开始。

回到加那利群岛的海洋平台实验室，研究者对样品进行分类，然后放到各种分析仪器、恒温箱和显微镜下观察。我拜访他们时，这个多达40人的KOSMOS团队已经花了几个星期来整理他们的实验项目结果。不过，整个项目仍然运转得很好。

团队中的每个人都知道自己要做什么，每个环节都在井然有序地进行，就像他们也是这个生态系统的一部分。更重要的是，不管天气有多热，工作时间多长，也不管是否会在走廊处的咖啡机喝到问题咖啡，他们都面带微笑。团队里的大多数人每天都在重复同样的事情，例如统计海蝴蝶的数量，他们甚至都做到麻木了。

西尔克·利施卡和助手伊莎贝尔负责对KOSMOS试管底部的沉积物捕捉器收集到的残骸进行分类，做完这些工作后她们还要洗刷浮游生物采集网。尽管如此，她们的工作还是有条不紊地进行。她们用透明树脂制成的仪器来盛放样品，这些仪器中都有一道长而窄的凹槽，宽度刚好和显微镜的视野匹配。细长的水流流过凹槽，她们统计其中游动的海蝴蝶，就仿佛站在月台上看缓慢驶过的火车，然后统计火车里的乘客；与站在池子边上统计“人头涌动”的海蝴蝶相比，这样的操作可以更好地避免漏数或重数。统计海蝴蝶的计数器是一个带数字键盘、略有些过时的机械式计数器，按一下就会发出“啪”的一声，统计到100时会发出“叮”的一声。

统计所有样品需要花费数小时，她们要一直盯着显微镜，有时候还得熬通宵。但我从她们身上感受到了一种强烈的信念，尤其是西尔克。她们知道自己所做的一切都是值得的。她们都在为一个庞大而复杂的任务贡献自己的力量：探索从顶层到底层的生态系统，研究这一系统中营养物质的摄入、利用，气体向大气层的释放，以及各类病毒和浮游动植物。实验进行到何种程度？海蝴蝶和生态系统的其他物种对不同浓度的二氧化碳有何反应？目前谈论这些问题还为时尚早。不过，KOSMOS 项目即将结束，团队在经过大量的数据分析后，将会根据这些数据去追溯隐藏于其中的无形联系。

人们已经在北极区的海洋和斯堪的纳维亚沿岸进行过类似研究，但把 KOSMOS 系统布置在开放的海域中，这还是第一次。这里是大陆架的边缘，海水清澈、湛蓝、缺乏营养，事实上，全球2/3的海水皆是如此。为了预测海洋物种会对海水酸化作何反应，搞清楚这里的情况非常重要。

KOSMOS 实验的负责人是来自德国基尔亥姆霍兹海洋研究中心的乌尔夫·黎贝赛尔（Ulf Riebesel）。我和他见面的时候是清晨，他刚刚结束彻夜进行的最新研究试验。这一试验是模拟定期发生的上升流事件，也就是从北方涌入的洋流与岛屿周围的尾流相遇，激起漩涡，从而将深层海水带到表层。乌尔夫的团队用巨大的塑料袋在距离海岸11公里、650米深的海里抽取了8万升、重达80吨的海水；人们花了3个小时才把塑料袋送上海面，它被捆绑起来，活像一只肿胀的鲸鱼。抽水泵坏了，团队因此耽搁了一天，之后才将深层海水注入 KOSMOS 试管，一切也才终于按计划进行。现在，乌尔夫团队正在焦急地等待着，看到底会出现什么样的结果。他们期待富营养化的深层海水能刺激浮游植物大量繁殖，继而引发一场席卷整个生态系统的进食狂潮。

乌尔夫在描述上升流事件时表示“那就像在沙漠里下了一场大雨”。我们坐下来谈论这个项目，刚结束彻夜实验的他仍然十分清醒，而且充满激情。我特别想问他一件困扰了我许久的事：时间的流逝。

海洋的自我修复

大多数海洋酸化研究都只持续几个小时或几天，像 KOSMOS 这样的研究则持续几个月。然而，在真实情况下，海洋的 pH 值达到极低水平可能还需100年。那么，在那个时期，海洋生物能适应周围的缓慢变化吗？

这就是大多数海洋酸化研究受到的限制。批评者认为实验时间太短，无法真正模拟海洋酸化的过程。一些长期研究表明，海洋生物的适应空间是存在的，但也许只是在一定程度上。乌尔夫的团队对一种叫作颗石藻（coccolithophores）的浮游植物进行人工繁殖，让它们在二氧化碳浓度相当高的条件下繁殖了1800代。这些微藻平时都被包裹在簇状碳酸钙颗粒（被统称为“颗石球”）之中，因而很可能是海洋酸化的受害者。随着碳酸根离子的饱和度升高和 pH 值的降低，一段时间之后，实验室的颗石藻反而更健康了。

实验就像是进行了人工选择。高浓度的二氧化碳减缓了某些颗石藻的繁殖速度，可能是因为它们需要消耗更多能量来维持并制造新的碳酸钙外壳。同时，它们之中的一些变得更强壮，不仅能正常繁殖，而且速度还加快了。这些颗石藻迅速繁殖，然后把基因传给下一代。渐渐地，实验室里的颗石藻适应了酸化了的海水。

那么，颗石藻发生了怎样的生理改变呢？人们依然不得而知。不过，随着世代的更替，它们更擅长提高代谢率，也更懂得从周围获取碳酸根离子来维持 pH 值的稳定。此外，或许还存在其他机制能让它们继续生存下去。

其他钙化物种能像颗石藻这样适应不断酸化的海水吗？如果实验对象是其他任何比颗石藻寿命更长的物种，那么实验的时间会大大延长，因为颗石藻一天就能繁殖一代，研究1800代颗石藻花了人们5年时间。海蝴蝶繁殖一代需要一年，所以它们无法进行这样的实验。另外，众所周知，与那些需要花费漫长时间来发育、繁殖的物种相比，迭代周期短的生物进化速度更快，因为这些物种的基因复制得更频繁，而且偶尔出现的小错误会被迅速记录在 DNA 上，从而积累更多遗传变异。颗石藻的数量很庞大，1升海水里有多达1000万只。这意味着与像海蝴蝶那样更大、更珍贵的生命相比，颗石藻更容易适应环境的变化。同斯蒂夫·科莫实验中的无壳海蝴蝶一样，最大的未知数是耐碳颗石藻能否生活在海洋里，毕竟那里还有大量其他物种，它们会竞争生存空间和资源。

颗石藻虽然可以改变生活方式以适应二氧化碳浓度更高的世界，但最终结果很可能还是消失。随着海水的持续酸化，浓缩碳酸根离子以及产生骨骼、贝壳的代价也将上升，直到钙化物种再也负担不起建造家园的代价。

“存在着一个你无法克服的明确限制。”乌尔夫告诉我。

虽然这些短期研究都旨在预测未来，但实际上海洋酸化的过程极其漫长和缓慢。真正了解海洋会作何反应的唯一方法，是回溯过去并实时观察整个过程，但这样的研究很难实现。与动不动就历经千年的气候变化事件（这些事件在人类诞生之前就已经开始了）相比，如今正在进行中的海洋酸化的速度，就像是海蝴蝶轻轻拍打了一下翼足。怀疑论者指出，人类诞生之前并没有排放有害气体，但彼时空气中二氧化碳的浓度已经很高了。那时候没死掉的物种如今依旧健在，比如珊瑚、浮游生物和带壳的软体动物。它们过去没有被溶解掉，那么为什么如今要担心会发生这种情况呢？

不过，现在的情况确实有所不同。如果有足够的时间，如果碳富集的过程足够慢，那么海洋就可以自行应对酸化问题，并能想办法减轻影响。如今，海底之下埋藏着大量碳酸钙沉积物，它们都是钙化生物的化石，大部分是颗石藻和有孔虫。这些化石已经生灭了数百万年。在过去，大气中的二氧化碳含量也像现在这样上升，彼时虽然没有人类排放有害气体，但也存在其他影响因素。表层海水的 pH 值下降，在几个世纪里，那部分表层海水向下沉，直至与深层的碳酸盐沉积物结合，继而导致沉积物溶解并释放出碳酸根离子。这意味着大气中的二氧化碳是从海水中的饱和碳酸根离子中解离出来的；然而，大气中二氧化碳含量的上升，并不会降低碳酸盐的饱和度。

从本质上来说，海洋自身具备缓冲酸化问题的机制，这也解释了为何如此多具有碳酸钙骨骼的生物能在过去的气候变化中幸存。钙化物种因为先辈——更早之前的钙化物种，如今仍然沉积在海床上——的保护而逃过了被酸化海水腐蚀溶解的厄运，但如今这一联系被破坏了。海洋自身的平衡机制需要上千年甚至更久才能发挥作用，因为这正是表层海水沉积为深层海水所需的时间，而当前的问题是，我们没有1000年了。

人类活动使气候变化得更迅速，与地球此前遭遇的其他事件相比，海洋的反应速度跟不上人类碳排放的步伐，海洋吸收的二氧化碳总量已经超出它所能应对的范围。目前，二氧化碳含量和碳酸根离子饱和度都处在不断恶化的过程中。海洋已沦为大气的奴隶。

酸化研究的意义

气候变化的一个主要关注点是，专家们在多大程度上认同这一事实，这也是怀疑论者的攻击点。全球各地有越来越多的科学家站出来，表示他们认同气候变化是即将到来的全球性问题的首要原因。那么，专家是否也承认海洋正在酸化呢？2012年的一项针对专家的调查表明，他们已趋于达成共识，至少在一些重大的问题上。

法国维尔弗朗什海洋研究所的研究员让-皮埃尔·加图索(Jean-Pierre Gattuso)，基于一张列有各种陈述的清单，对53名海洋酸化研究专家进行了一项调查，以了解他们对清单上所述内容的赞同或反对的程度。几乎所有专家都同意，海洋酸化正在以可衡量的速度发生，而最主要原因就是海洋吸收了人类所排放的二氧化碳；同时，也有多位专家表示，沿岸海水存在的诸如富营养化之类的污染，也会影响整个海洋的 pH 值。

出于科学家的职业特权，许多受访者认为清单的措辞存在问题，比如“你用‘最’是想表达什么?”“‘对钙化物种带来不利影响’是指什么?”

在许多情况下，他们强调缺乏确定性、缺乏长期研究以及不同生物体的不同回应。如果没有更多数据出现，那将很难确定海洋酸化会对食物链和渔业造成何种影响。但专家们也承认，最可能受影响的海洋生物是那些有着碳酸钙骨骼和外壳的钙化物种。

专家们普遍认为，海洋—大气系统是具有动力惯性的。即使未来人们可以解决碳排放这个问题，海洋仍然会继续酸化。正如一位专家所言：“物理化学就是如此运行……我不认为还有其他的可能性。”这是否意味着 KOSMOS 项目之类的海洋酸化研究的意义仅仅在于预测了一个全球性问题，而无论他们发现什么或者人类在未来几十年采取何种行动，海洋酸化问题都无法解决？如果海洋酸化真的无法停止，那么对其严重程度的预测可能也是无意义的。也许我们不了解情况会更好。

我不这么认为。既然海洋酸化已经无法避免，那么唯一能避免灾难性结果的方法就是立即采取行动，减少目前仍在逐步上升的碳排放量。全球政治家必须知道，即便在最好的技术下，海洋酸化仍会对未来世界造成影响，这样他们才会知道我们正在失去什么，以及为何要采取行动。不只是政治家，其他人也要了解这些事情。目前，大多数人都对海洋的受难情况视而不见。事实上，有很多理由让他们关注那些至关重要的隐秘世界。

在那个树脂制作的透明世界里，海蝴蝶和其余浮游生物悠然游动，丝毫不在意我的观赏。每当我凝视着它们时，总有一种受到优待的感觉，就仿佛我被允许窥探海洋最隐秘的世界，谁知道它们还能继续存在多久呢？在更温暖、酸性更强的海水中，那些不停地游动、旋转的小生命，有些会死去，有些会活下来。但真正可怕的事情在于，海洋的问题不只是碳。与过去相比，我们在更深的海里捕鱼，掠夺野生物种，破坏脆弱的海洋栖息地。死亡区正在不断增大，垃圾堆积如山，开放的海洋沦为一锅漂浮着无数塑料的毒汤。诸如此类的麻烦彼此作用，导致问题更加严重。坏消息持续不断，我们都快被淹没了，变得不知所措。

然而，这些问题并非远在天边。我们每个人决定做什么、吃什么、买什么以及扔什么垃圾都会有影响，我们有能力减轻对蓝色海洋的不良影响。如果我们每个人都尽力控制自己，就能给海洋带来休息、复原的机会，也有助于抵抗气候变化造成的影响。

如果我们现在就开始行动，那么未来海洋仍有望保留丰富的财产：人类仍然可以吃到大量营养丰富的蛤蜊和易于处理的生蚝；芋螺还会偷偷接近睡着的鱼；科学家也能从海洋身上得到灵感；鹦鹉螺也会在夜里从深海浮上来，就像它们亿万年前的先辈所做的那样；海蝴蝶会在开阔的海洋中“飞翔”，它们可以吐出网来捕食猎物，也会被没有壳的海天使捕食。海滩上也仍然会有美丽的贝壳，人们可以捡起来并展开一段段浪漫的遐想。

后 记

2014年夏天，菲利普·布歇带领了一支研究队伍，到巴布亚新几内亚海岸外的纳戈岛（Nago）寻找软体动物。这座岛屿位于俾斯麦海和太平洋之间的潟湖，里面布满了珊瑚礁；而且正好位于珊瑚三角区的东端——珊瑚三角区拥有全世界最丰富的海洋物种。多年以来，布歇和来自全球几十个国家的同事一直在瓦努阿图、马达加斯加、菲律宾和其他地方进行科学考察，采集技术也有了很大的进步。潜水员的潜水作业不分日夜，唯恐错过喜欢在夜间活动的物种；他们将采样装置放到水下不同深度处，发现了各种各样的动物碎片；他们在潮汐地带搜索，还检查了海胆的脊柱和海星的管足，以寻找那些吸食棘皮动物体液的寄生螺。现在，研究小组也开始从动物的残余组织提取DNA，然后根据遗传图谱来鉴定物种。

得益于这套缜密而科学的方法，采集人员比以往更深入地了解软体动物的世界。他们探索到了一个庞大得无法估量的微型软体动物群，这些微小的生命是海洋的秘密宝石。它们拥有五颜六色的斑点和条纹，看上去就像一罐果冻豆一样。在这些动物中，有伸出粉红色触须的小蛤蜊；有贝壳像透明的玻璃一样的大蜗牛，你能看到它们体内的奇怪构造；还有像腹足纲一样爬行的双壳纲动物，它们的贝壳是五颜六色的。然而，我们对这些动物几乎一无所知，我们不知道它们吃什么，猎食者是谁，身体中会有哪些奇怪分子，或者它们在软体动物家族中处于什么位置。很少有专家对这些微小生命进行专门研究，布歇和队员收集来的样品大多会在标注后就长期冷置于博物馆的架子上无人问津。分类学家则将这些被忽视的生命称作“孤儿”。那些生活在海洋深处的软体动物或许还隐藏着更多的奥秘，但至今没人知道如何抓住它们。

在纳戈岛外的俾斯麦海，布歇团队的潜水员下潜到水下1000米处，沿着珊瑚礁收集软体动物。潜水员在凹凸不平的珊瑚礁里发现了许多从未见过的贝壳，大小几乎都在1—5毫米之间，而且其主人都已离开。无论多么仔细和努力，他们都找不到任何一只负责制造这些神秘贝壳的活的软体动物，那些动物可能就躲藏在这个高耸的珊瑚礁的缝隙之中。唯一能证明这些生物存在的理由是科学家手中的贝壳，但我们无法亲眼见证它们在那里的样子，只能在脑海里大概描摹一番。

毫无疑问，只有那些拥有专业技能和设备的专家团队能找到这些软体动物。不过，有不少有趣的具壳软体动物，即使没有潜水装备、显微镜或深潜器也可以遇到。下次你去海滩或在海里游泳，或在远离海洋的地方漫步时，只要稍微留意一下周围，总能看见一些贝壳；如果你细心观察，还能读到贝壳背后的故事——留在不同地方的线索会告诉你贝壳制造者的生活。

你拥有的贝壳，在它还是幼体时会有多大？沿着腹足纲贝壳内部的螺旋向中间仔细看，最里面的螺旋往往是最光滑的部分，其边缘会有明显的线条，这就是幼螺刚孵出来时的壳。而双壳纲贝壳的内侧，你也可以看到一个光滑的部分，就在两扇贝壳连接处的旁边。

你拥有的贝壳，它的旋向是怎样的？握住贝壳并把螺塔一端朝上，就可以观察到你的贝壳是常见的右旋螺还是罕见的左旋螺了。一般情况下，左旋螺可能会在生活和交配上出现一些尴尬问题。

你拥有的贝壳，其上的斑点、褶皱、条纹和棘刺的形状都会讲述软体动物的过往；也许它是躺在海床上的扁平蛤，也许是挖掘泥沙的螺旋状腹足纲动物，又或者是不是曾用足丝将自己固定在沙子里以防被水冲走？

贝壳上的图案都是软体动物写下的日志，帮助它们标记制造贝壳过程中付出的努力。你可以仔细观察这些图案，它们是否有不符合规律的地方？贝壳外表是否有损伤或是被攻击过的痕迹？它逃过一劫之后是否修补过伤口，并最终带着修整完好的螺旋重归队列？

那些软体动物在活着的时候，或者在腾出自己外壳之后，是否会捡起其他旅行者的贝壳？在它们的螺管里，你可能会发现藤壶或苔藓虫（它们以前都被认为是软体动物），或者像微型冷杉的水螅虫以及蠕虫。

你可能会发现腹足纲的贝壳下方会有一道长长的缺口，供虹吸管伸出以探测海水、寻找猎物。它们也曾经是捕猎者，你甚至能找到它们的受害者。化石贝壳上被钻出的整齐孔洞证明了许多软体动物狩猎和饮食的演变过程，同时，它们也确实存在同类相食的现象。有些贝壳上可能有一个圆状凹痕（而非孔洞），那就是外来攻击突然中断的标志。

读完这些故事以后，或许你仍然会对贝壳无动于衷，或许会捡几只带回家，作为海滩或树林漫步的纪念品。如果你足够幸运的话，就能亲眼见到那些仍有软体动物居住的贝壳。退潮时你可能会发现荔枝螺的卵。在潮间带的水坑里，你可能会看到一只正用管足攻击帽贝的海星，或者一对正在争夺贝壳家园的寄居蟹。在海域的浅水中，你或许会看到一只像响尾蛇一样游过的扇贝，一只在海底曳行的鸟蛤或一只飞快地钻到沙子底下的竹蛏。也许你会遇到一只海螺或陆生螺，在把它们放回栖息地之前，你可以让它沿着你的手指爬行一会儿，看看它是如何用腹足沿着银色路径滑行的。

贝壳收集指南

如果你想买贝壳，特别是漂亮且有光泽的贝壳，你应该知道，它们都是活生生地从软体动物身上取下来的，而非软体动物丢弃在海滩上的空贝壳。软体动物会因疾病、年老、被捕食或其他原因而死亡，它们死了之后会留下贝壳，但这些贝壳不会永远保持美丽。波浪的吞噬，其他生物的占据，都会令贝壳失去光泽，变得不再适宜出售。但是，如果是从软体动物身上直接剥取，那么，得到的贝壳就有可能是闪闪发光的。因此，采集活生生的软体动物，然后将其杀死，再把它们的贝壳拿到市场上出售，这就是那些漂亮且有光泽的贝壳的来源。

杀死动物（尤其是软体动物）以满足人类需求，这种现象一点都不新鲜。问题是，与我们平常可以享用到的软体动物相比，我们对那些贝壳会被做成装饰品的软体动物所知甚少；在世界各地的交易场所，你可以看到大量从热带珊瑚礁采集来的漂亮贝壳，还有一些装饰性小贝壳以及其因体内珍珠而被采集的贝壳。事实上，因缺少数据，我们并不知道每年进入交易场所的贝壳到底有多少。一般认为，人类用到的贝壳至少有5000种，而我们并不清楚这种占有会造成什么影响。不过，贝壳爱好者和销售者的行为确实会影响野生软体动物种群的数量。许多生活在肯尼亚、坦桑尼亚、印度和菲律宾的软体动物，其贝壳的尺寸都变得比以前的小了，这足以证明软体动物存在生存问题，大一些的贝壳都已经消耗殆尽。由于当地供应量减少，商人不得不从其他地方进口贝壳，你在夏威夷或佛罗里达买到的贝壳很可能来自墨西哥或亚洲。

大多数软体动物不会仅仅因为贝壳贸易就灭绝。不过，也有少数软体动物已经在原栖息地绝迹，例如印度洋—太平洋某些地区的巨蛤和法螺。在菲律宾的西维萨亚斯群岛，当人们开始用疏浚机械和铲耙从海床采集贝壳时，窗贝就开始走上了灭绝之路；如今菲律宾的窗贝装饰品，其原料大多来自印度尼西亚。

与其他海洋生物的大规模贸易（比如作为煲汤材料的鱼翅和作为亚洲传统药物的海马）相比，装饰性贝壳的贸易所获关注甚少。然而，贝壳的收藏行为确实会对自然界造成一定的伤害。

1980年代，稀有贝壳投资服务公司提出了“贝壳会越来越少”的假设，他们公然宣称：“投资一种正在消失的稀有产品很少会出错。”他们认为未来这些物种将变得稀有、罕见，因而鼓励投资者踊跃投资，并引发收藏家的收藏热情。如今，这家公司早已倒闭，但确实有迹象表明，有些贝壳的价格在不停地攀升，但另外一些则因为标本的增加而价格下跌，例如海之荣光芋螺。

如果你想保护野生物种，而非从它们身上榨取利润，那在要购买贝壳时，真的很难作出选择。与可食用的软体动物的贸易相比，装饰性贝壳的贸易往往缺乏良好管理。有些国家会立法保护濒危物种，但这些法律不一定执行到位。装饰性贝壳基本都不是通过大规模养殖获得的，包括巨型蛤蜊（这些蛤蜊的购买方一般是水族馆，或者那些想增加珊瑚礁数量的机构）。所有巨型蛤蜊的贸易都受到《濒危野生动植物种国际贸易公约》(*CITES*，*Convention on International Trade in Endangered Species of Wild Fauna and Flora*）的严格管控，因而，合法合规地采集和销售它们应该不会对野生种群造成伤害。如果你想买一只巨型蛤蜊，不管是贝壳还是软体动物本身，都应该在购买之前确保它有必要的许可证。

尽量不要购买鹦鹉螺和其他大型贝壳。因为一般情况下，体形更大的动物，其寿命往往更长，生长速度更缓慢，也更容易被过度捕捞，鹦鹉螺就是如此。一般人很难知道交易中的贝壳是不是合法捕捞的，没有标签可以证明装饰性贝壳是可持续获得的。因此，除非你平时很关注贝壳，否则你最好抵制诱惑，不要购买那些相对罕见的贝壳。

至于在海滩上找贝壳，因为情况都在你的掌控之内，所以事情相对简单。你所要做的就是遵守当地的规定，在捡贝壳之前仔细询问相关的人员，因为有些海滩可能会限制采集太多或太大的贝壳，采集一些特定物种可能还需要得到许可证。另外，保护区或自然保护区通常禁止游客收集贝壳。

收集贝壳时，你应该尽量避免给环境造成影响：在翻开岩石寻找贝壳之后，你应该把岩石恢复到原来的样子；不要践踏脆弱的物种栖息地；不要拿走一个栖息地的所有贝壳；不要带走任何活的软体动物。以上行为对生态保护至关重要。

另外，为了健康着想，不要碰芋螺。

专业名词

双神经亚门（Aculifera）：动物界软体动物门之下的一个仍未有共识的亚门级支序（包括除单壳动物之外的所有动物），如石鳖、沟腹纲和尾腔纲。

菊石（Ammonite）：一种已经灭绝的头足纲动物，大多有卷曲盘旋的贝壳，主要生活在三叠纪、侏罗纪和白垩纪。它们首先在泥盆纪出现，并进化成为菊石类群的一部分。它们的化石通常被称作“蛇纹菊石”。

人类起源的（Anthropogenic）：人为造成的或由人类生产的，例如“人为气候变化”。

文石（Aragonite）：一种主要成分为碳酸钙的矿物质，其溶解性是方解石的1.5倍。大多数成年软体动物的贝壳都是文石构成的，还有一些是方解石，另外一些是两者都有。

箭石（Belemnite）：一种已经灭绝的头足纲动物，体内有子弹状的贝壳。它们的化石被称为“雷电之石”。

深海底的 (Benthic)：所有属于海底的东西。

双壳纲 (Bivalve)：软体动物门的一个纲，有两片贝壳（通常大小相当），包括蛤蜊、贻贝、鸟蛤和扇贝。

足丝 (Byssus)：15世纪以来使用的一个术语，指那些由双壳纲动物从足上分泌出来以固定到岩石或海底的蛋白质纤维，其质地坚韧，富有弹性，纤维末端有一个黏力很强的垫子。足丝经过清洁、梳理后，可以被制成一种被称为"海丝"的金色丝线。

方解石 (Calcite)：一种比文石更稳定的碳酸钙形式。

碳酸钙 (Calcium carbonate)：由钙、碳和氧组成的白色固体，是软体动物的贝壳和骨骼的主要成分，主要有两种形式——方解石和文石。

尾腔纲 (Caudofoveate)：软体动物门的一个纲，是一种像蠕虫、无壳动物那样生活在软沉积物中的动物，也被称为"毛皮贝纲"。

头足纲 (Cephalopod)：一个包括章鱼、鱿鱼、乌贼、船蛸和珍珠鹦鹉螺的软体动物纲。大多数头足纲动物都已经失去贝壳。

石鳖 (Chiton)：一种背部有八块壳板的软体动物。它们一般都紧紧地夹在岩石上，会卷起身体以防御外来攻击。

鞘形亚纲 (Coleoid)：软体动物谱系中的一支，主要包括身体柔软的头足纲动物，例如章鱼、鱿鱼、乌贼和已经灭绝的箭石。它们最早出现在距今大约4亿年的泥盆纪。

有壳亚门 (Conchifera)：拥有贝壳的软体动物，包括腹足纲、双壳纲、头足纲、掘足纲和单板纲。

贝类学 (Conchology)：收集或研究软体动物贝壳的学科。

腹足纲 (Gastropod)：拥有单一贝壳的软体动物，其贝壳通常是螺旋状的，包括螺类和蛞蝓。

有害藻华（Harmful algal bloom）：能产生有害毒素的浮游植物密集地聚在一起的现象。滤食有害藻华的双壳贝类，会导致食用它们的人或其他动物出现各种贝类严重中毒症状，甚至致死。有害藻华曾被称为“赤潮”，但它们也可以是绿色、紫色或棕色的。

软体动物学（Malacology）：研究软体动物的动物学分支。

外套膜（Mantle）：覆盖在软体动物身上的软组织。具壳软体动物的外套膜可以分泌物质，形成贝壳。

单板纲（Monoplacophoran）：一种生活在深海的软体动物纲，体形多数较小，也不甚著名。它们具有类似鲎的壳和径向对称性，体内有多对内脏器官。1950年代之前，人们一度以为单板纲已经灭绝。

形态种（Morphospecies）：基于形态特征而区别于其他物种的物种类别，但尚未正式被鉴定为同一物种。

珍珠层（Nacre）：软体动物贝壳的闪光层，通常处于贝壳内侧，也被称为“珍珠母”。

鹦鹉螺（Nautilid）：一种有壳的头足纲动物，首次出现在距今4亿年的泥盆纪，其进化品种——珍珠鹦鹉螺存活至今。

裸鳃亚目动物（Nudibranch）：一种没有贝壳的海洋腹足纲动物，也被称为“海蛞蝓”。

海洋酸化（Ocean acidification）：二氧化碳溶解到海水中导致海洋 pH 值降低的现象。在过去的200年里，海洋的 pH 值比之前下降了30%。

远洋的（Pelagic）：任何属于公海的领域。

角质层（Periostracum）：覆盖在软体动物贝壳表面的蛋白质。

门（Phylum）：生物界的主要类别，包括软体动物、节肢动物和环节动物。传统上，每个门还可以划分为纲、目、科、属和种。

浮游生物（Plankton）：漂浮在水中的微型生物，包括浮游植物（植物和藻类）和浮游动物（动物）。

翼足目（Pteropod）：属于腹足纲，是被壳翼足目和裸壳翼足亚目的非正式名称。在深海中，它们用类似翅膀的足部飞行。

齿舌（Radula）：大多数软体动物的口器。齿舌有各种形状和排列方式，让软体动物得以食用不同类型的食物。

囊舌目（Sacoglossan）：一种没有壳的海蛞蝓，专门吸食藻类和植物的汁液。

掘足纲（Scaphopod）：一种没有壳的软体动物，也被称为"象牙贝"。它们看起来就像是小小的象牙，一般隐藏在海底的沉积物之中。

骨片（Sclerite）：某些软体动物身上的骨质毛片，例如石鳖、沟腹纲、尾腔纲和已经灭绝的威瓦亚虫。

沟腹纲（Solenogastre）：一个较为模糊的软体动物分类。和尾腔纲一样，沟腹纲动物长得像蠕虫，也没有外壳，一般生活在淤泥或珊瑚礁表面。

蚝仔（Spat）：对部分双壳纲幼虫的称呼，尤其是牡蛎和贻贝。

海菊蛤（Spondylu）：双壳纲的一个属，一般呈深红色、橙色或紫色，身上长有棘刺，以吸引海藻等结壳类生物聚居，也被称为"多棘牡蛎"。

分类学（Taxonomy）：一个科学分支，主要对物种进行鉴定和命名，同时整理出物种之间的关联。

威瓦亚虫（Wiwaxia）：生活在距今约5.2亿年的寒武纪，其化石发现于伯吉斯页岩。有专家认为威瓦亚虫是早期的软体动物，它们没有外壳，但有鳞片和骨片。

部分参考文献

第1章

Bouchet, P., Lozouet, P., Maestrati, P. & Heros, V. 2002. Assessing the magnitude of species richness in tropical marine environments: exceptionally high numbers of molluscs at a New Caledonia site. *Biological Journal of the Linnean Society* 75: 421–436.

Johnson, S.B., Warén, A., Tunnicliff e, V., Van Dover, C., Wheat, C.G., Schultz, T.F. & Vfrijenhoek, R.C. 2014. Molecular taxonomy and naming of five cryptic species of Alviniconcha snails (Gastropoda: Abyssochrysoidea) from hydrothermal vents. *Systematics and Biodiversity* 1–18.

Kocot, K.M. 2013. Recent advances and unanswered questions in deep molluscan phylogenetics. *American Malacological Bulletin* 31: 195–208.

Ponder, W.F. & Lindberg, D.R.R. 2008. *Phylogeny and Evolution of the Mollusca*. University of California Press, Berkeley.

Smith, M.R. 2014. Ontogeny, morphology and taxonomy of soft-bodied Cambrian 'Mollusc' Wiwaxia. *Palaeontology* 57: 215–229.

第2章

Boettiger, A., Ermentrout, B. & Oster, G. 2009.The neural origins of shell structure and pattern in aquatic mollusks. *PNAS* 106:

6837–6842.

Clements, R., Liew, T.-S., Vermeulen, J.J. & Schilthuizen, M. 2008. Further twists in gastropod evolution. *Biology Letters* 4: 179–182.

Gong, Z., Matzke, N.J., Ermentrout, B., Song, D., Vendetti, J.E., Slatkin, M. & Oster, G. 2012. Evolution of patterns on Conus shells. *PNAS Early Edition* DOI: 10.1073/pnas.1119859109

Hoso, M., Kameda, Y., Wu, S.-P., Asami, T., Kato, M. & Hori, M. 2010. A speciation gene for left-right reversal in snails results in anti-predator adaptation. *Nature Communications* DOI: 10.1038/ncomms1133

Meinhardt, H. 2009. *The Algorithmic Beauty of Seashells*. Springer, Dordrecht, Heidelberg, London & New York.

Raup, D.R. 1962. Computer as aid in describing form in gastropod shells. *Science* 138: 150–152.

Thompson, D'Arcy Wentworth. 1917. *On Growth and Form*. Cambridge University Press, Cambridge. Reprinted 1992.

Vermeij, G.J. 1995. *A Natural History of Shells*. Princeton University Press, Princeton.

第3章

Bouzzouggar, A., Barton, N., Vanhaeren, M., d'Errico, F., Collcutt, S., Higham, T., Hodge, E., Parfi tt, S., Rhodes, E., Schwenninger, J.-L., Stringer, C., Turner, E., Ward, S., Moutmir, A. & Stambouli, A.2007.82, 000-year-old shell beads from North Africa and implications for the origins of modern human behavior. *PNAS* 104: 9964–9969.

Claassen, C.1998. *Shells*. Cambridge University Press, Cambridge.

Gaydarska, B., Chapman, J.C., Angelova, I., Gurova, M. & Yanev, S.2004.Breaking, making and trading: the Omurtag Eneolothis Spondylus hoard.*Archaeologia Bulgarica* 8: 11–33.

Hogendorn, J. & Johnson, M.1986. *The shell money of the slave trade*. Cambridge University Press, Cambridge.

第4章

Diaz, R.J. & Rosenberg, R. 2008. Spreading dead zones and consequences for marine ecosystems. *Science* 321: 926–929.

Glibert, P.M., Anderson, D.M., Gentien, P., Granéli, E. & Sellner, K.G.2005.The global, complex phenomenon of Harmful Algal Blooms. *Oceanography* 18: 136–147.

Potasman, I. & Odeh, M.2002.Infectious outbreaks associated with bivalve shellfish consumption: a worldwide perspective. *Clinical Infectious Diseases* 35: 921–928.

Richter, C., Rao-Quiaoit, H., Jantzen, C., Al-Zibdah, M. & Kochzius, M.2008.Collapse of a new living species of giant clam in the Red Sea. *Current Biology* 18: 1349–1354.

For online advice on making better seafood choices: Monterey Bay Aquarium Seafood Watch, www.seafoodwatch.org Marine Conservation Society Fishonline, www.fishonline.org Australia' s

Sustainable Seafood Guide, www.sustainableseafood.org.au

第5章

Beck, M.W., Brumbaugh, R.D., Airoldi, L., Carranza, A., Coen, L.D., Crawford, C., Defeo, O., Edgar, G.J., Hancock, B., Kay, M.C., Lenihan, H.S., Luckenbach, M.W., Toropova, C.L., Zhang, G. & Guo, X. 2011. Oyster reefs at risk and recommendations for conservation, restoration, and management.*Bioscience* 61: 107–116.

zu Ermgassen, P.S.E., Spalding, M.D., Grizzle, R.E. & Brumbaugh, R.D.2013.Quantifying the loss of a marine ecosystem service: filtration by the eastern oyster in US estuaries. *Estuaries and Coasts* 36: 36–43.

Haires, D.2013. The flame shells of Kyle Akin. *Mollusc World* 32: 15–17.

Kirby, M.X.2004.Fishing down the coast: historical expansion and collapse of oyster fi sheries along continental margins. *PNAS* 101: 13096–13099.

Laidre, M.E., Patten, E. & Pruitt, L.2012.Costs of a more spacious home after remodelling by hermit crabs. *Journal of Royal Society Interface* DOI: 10.1098.

Lewis, S.M. & Rotjan, R.2009.Vacancy chains provide aggregate benefits to Coenobita clypeatus hermit crabs. *Ethology* 115: 356–365.

第6章

Hendricks, I.E., Tenan, S., Tavecchia, G., Marbà, N., Jordà, G., Deudero, S., álvarez, E. & Duarte, C.M.2013. Boat anchoring impacts coastal populations of the pen shell, the largest bivalve in the Mediterranean. *Biological Conservation* 160: 105–113.

Maeder, F.2008.Sea-silk in Aquincum: first production proof in antiquity. *Purpureae Vestes.II Symposium Internacional sobre Textiles y Tintes del Mediterráneo en el mundo antiguo*(eds C.Alfaro & L.Karali), pp. 109–118.

McKinley, D. 1998. Pinna and her silken beard: a foray into historical misappropriations. *Ars Textrina* 29: 9–223.

Project Sea-silk website: www.muschelseide.ch/en

第7章

Broderip, W.J. 1828. Observations on the animals hitherto found in the shells of the genus *Argonauta. The Zoological Journal* 4: 57–66.

Finn, J.K. & Norman, M.D.2010. The argonaut shell: gas-mediated buoyancy control in a pelagic octopus. *Proceedings of the Royal Society B*: *Biological Sciences* 277: 2967–2971.

Hewitt, R.A. & Westermann, G.E.G.2003.Recurrences of hypotheses about ammonites and argonauta. *Journal of Paleontology* 77: 792–795.

Kruta, I., Landman, N., Rouget, I., Cecca, F. & Taff oreau, P.2011. The Role of Ammonites in the Mesozoic Marine Food Web Revealed by Jaw Preservation. *Science* 331: 70–72.

Landman, N.H., Goolaerts, S., Jagt, J.W.M., Jagt-Yazykova, E.A., Machalski, M. & Yacobucci, M.M.2014.Ammonite extinction and nautilid survival at the end of the Cretaceous. *Geology* DOI: 10.1130/G35776.1

第8章

Barord, G.J., Dooley, F., Dunstan, A., Ilano, A., Keister, K.N., Neumeister, H., Preuss, T., Schoepfer, S. & Ward, P.D. 2014. Comparative population assessments of Nautilus sp.in the Philippines, Australia, Fiji, and American Samoa using baited remote underwater video systems. *Plos ONE* 9: DOI: 10.1371/journal.pone.0100799

Dance, S.P. 1986. *History of Shell Collecting*. E.J. Brill, Leiden.

De Angelis, P. 2012. Assessing the impact of international trade on chambered nautilus. *Geobios* 45: 5–11.

Reeve, L.A. & Sowerby, G.B. 1843–1878. *Conchologia Iconica, or Illustrations of Shells of Molluscous Animals*. Lovell Reeve, London.

第9章

Finnemour, A., Cunha, P., Shean, T., Vignolini, S., Guldin, S., Oyen, M. & Steiner, U. 2012. Biomimetic layer-by-layer assembly of artificial nacre. *Nature Communications* 3: DOI: 10.1038/ncomms1970

Kohn, A.J. 1956. Piscivorous gastropods of the genus Conus. *Zoology* 42: 168–171.

Li, L. & Ortiz, C. 2014. Pervasive nanoscale deformation twinning as a catalyst for efficient energy dissipation in a bioceramic armour. *Nature Materials* 13: 501–507.

Mirkhalaf, M., Dastjerdi, A.K. & Barthelat, F. 2014. Overcoming the brittleness of glass through bio-inspiration and microarchitecture. *Nature Communications* DOI: 10.1038/ncomms4166

Olivera, B.M. & Cruz, L.J. 2001. Conotoxins, in retrospect. *Toxicon* 39: 7–14.

Peters, H., O' Leary, B.C., Hawkins, J.P., Carpenter, K.E. & Roberts, C.M. 2013. Conus: first comprehensive conservation Red List assessment of a marine gastropod mollusc genus. *Plos ONE* 8: DOI: 10.1371/journal.pone.0083353

Seronay, R.A., Fedosov, A.E., Astilla, M.A., Watkins, M., Saguil, N., Heralde III, F.M., Tagaro, S., Poppe, G.T., Aliño, P.M., Oliverio, M., Kantor, Y.I., Concepcion, G.P. & Olivera, B.M. 2010. Biodiverse lumun-lumun marine communities, an untapped biological and toxinological resource. *Toxicon* 56: 1257–1266.

Winter, A.G., Deits, R.L.H., Slocum, A.H. & Hosoi, A.E. 2014. Razor clam to RoboClam: burrowing drag reduction mechanisms and their robotic adaptation. *Bioinspiration & Biomimetics* 9.

Yao, H., Dao, M., Imholt, T., Huang, J., Wheeler, K., Bonilla, A., Suresh, S. & Ortiz, C. 2010. Protection mechanisms of the iron-plated armor of a deep-sea hydrothermal vent gastropod. *PNAS* 107: 987–992.

第10章

Bednarsek, N., Feely, R.A., Reum, J.C.P., Peterson, B., Menkel, J., Alin, S.R. & Hales, B. 2014. *Limacina helicina* shell dissolution as an indicator of declining habitat suitability owing to ocean acidifi -cation in the California Current Ecosystem. *Proceedings of the Royal Society* B: Biological Sciences 281.

Caldeira, K. & Wickett, M.E.2003. Anthropogenic carbon and ocean pH. *Nature* 425: 365.

Comeau, S., Gorsky, G., Alliouane, S. & Gattuso, J.-P. 2010. Larvae of the pteropod Cavolinia inflexa exposed to aragonite undersaturation are viable but shell-less. *Marine Biology* 157: 2341–2345.

Gattuso, J.-P. & Hansson, L. 2011. *Ocean Acidification*. Oxford University Press, Oxford.

Gattuso, J.-P., Mach, K.M. & Morgan, G. 2013. Ocean acidification and its impacts: an expert survey. *Climatic Change* 117: 725–738.

Gazeau, F., Parker, L.M., Comeau, S., Gattuso, J.-P., O’Connor, W.A., Martin, S., Pörtner, H. & Ross, P.M. 2013. Impacts of ocean acidification on marine shelled molluscs. *Marine Biology* 160: 2207–2245.

Lalli, C.M. & Gilmer, R.W. 1989. Pelagic Snails: *The Biology of Holoplanktonic Gastropod Mollusks*. Stanford University Press, Stanford.

Lischka, S., Büdenbender, J., Boxhammer, T. & Riebesell, U.

2011. Impact of ocean acidifi cation and elevated temperatures on early juveniles of the polar shelled pteropod Limacina helicina: mortality, shell degradation, and shell growth. *Biogeosciences* 8: 919–932.

致　谢

对我来说，把注意力从只有大约40个物种的种属，转移到一个有成千上万个物种、范围覆盖全球的动物门是一个大胆的举动。与探索海马世界相比，讲述贝壳和软体动物的故事是一种完全不同的经历。幸运的是，我在这个过程里遇到了许多先行者，他们引导着我在这个广阔的动物王国里漫游。

我非常感谢这些研究人员，他们和我一起分享了对软体动物的热情和想法，回答了我的问题并帮助我减少犯错机会。我必须强调一下，本书中出现的任何错误，都是我个人造成的。非常感谢菲利普·布歇、马丁·史密斯、鲁本·克莱门茨、刘福生、巴德·厄门特劳特、细将贵、比塞卡·盖达斯卡、丹·哈里斯、费琳娜·楚埃姆加森、皮埃罗·阿迪斯 (Piero Addis)、薇姬·佩克 (Vicky Peck)、尼娜·贝德纳舍克、朱利安·芬恩、肯·麦克纳马拉 (Ken McNamara) 和巴尔多梅罗·奥利维拉。

作家协会的作者基金为本书颁发了“罗杰·迪金奖”(Roger

Deakin），我对此深感荣幸。该基金让我得以接触那些我最喜爱和怀念的自然作家，并让我的一系列研究之旅成为可能。亚历山德罗·斯皮加（Alessandro Spiga）和西尔维娅·梅索里（Silvia Messori）热情欢迎我到访她们的家，带我潜到深海观察尖角江珧蛤，介绍我认识基娅拉·维戈，由此我才能在撒丁岛见到海丝，并得到如此多的乐趣。我还要感谢安纳莉丝·哈根（Annelise Hagan）和埃莱奥诺拉·曼卡（Eleonora Manca），他们把我介绍给圣安蒂奥科岛的人们；感谢丽贝卡·刘易斯担当我的翻译，陪我一起冒险；感谢基娅拉给我观看她的作品。感谢善良且学识丰富的菲利斯塔斯·马埃德尔（Felicitas Maeder），在她的帮助下，我才知道海丝的故事，很感谢她把我介绍给圣安蒂奥科岛的 Archeotur 组织。伊格纳齐奥·马罗库、朱斯蒂诺、帕特里齐娅·扎拉（Patrizia Zara）、朱塞平娜·佩斯和阿苏缇娜·佩斯邀请我到她们的家中拜访，并向我展示了海丝编织技艺，非常感谢。

我很感谢乌尔夫·黎贝赛尔邀请我加入他在大加那利岛的行程，以及 BIOACID 团队的其他成员，他们带我到甘多湾参观 KOSMOS 中型实验生态系统以及他们的实验室。我还要特别感谢西尔克·利施卡，她当时正迫切需要睡眠，以弥补因艰苦的研究工作而耗损的体力，但她仍热情地协助我寻找海蝴蝶并分享她对这些微小生命的知识。

非常感谢大法螺的爱好者、我的同事安迪·伍尔默，他向我展示了曼博斯墩周围的一切，以及他对牡蛎、海螺、蛤蜊、贻贝和其他生物的看法；他还说服我首次品尝海螺的味道。感谢乔恩·阿布利特向我展示了伦敦自然历史博物馆的藏品，感谢彼得·登斯与我讨论了好几年的休·卡明，分享他收藏的卡明档案，并请我吃最好吃的泰国蛤蜊。感谢法托·詹哈和冈比亚 TRY 牡蛎妇女协会的所有女性。如果你准备访问冈比亚，记得尝尝那里的红树林牡蛎。

如果没有布鲁姆斯伯里的吉姆·马丁（Jim Martin）——他是本书（英文版）的编辑和软体动物爱好者——就不会有本书的出现。非常感谢他分享我对贝壳的痴迷。本书（英文版）的封面和插图的灵感来自我在阿伦（Aaron John Gregory）的网站上发现的一幅鹦鹉螺画像。阿伦不仅是一位有才华的艺术家，还是一位像我一样的海洋“极客”，他是我的理想伙伴。非常感谢他的耐心和辛勤工作，以及他为软体动物赋予的辉煌生命。

最后，我想感谢所有鼓励我进行贝壳冒险的亲朋好友、本书的读者，以及在各方面鼓励我继续前进的人。我要特别感谢安娜·佩瑟里克（Anna Petherick）、里阿姆萨拉·纳普（Riamsara Kuyakanon Knapp）、埃克里·德鲁里（Eric Drury）、马修·威尔金森（Matthew Wilkinson）、斯纳登夫妇、彼得·沃瑟斯（Peter Wothers）、乌穆特·杜尔孙（Umut Dursun）、科纳·贾米森（Conor Jamieson）、利亚姆·德鲁（Liam Drew）、约书亚·德鲁（Joshua Drew）、德鲁·贝德纳尔斯基（Drew Bednarski）和梅根·斯特朗（Meghan Strong），凯特·拉西（Kate Lash）。最后，我还要感谢我的父母（Di and Tom Hendry），我妈妈为本书的副书名提供了灵感，我爸爸在他繁忙的哲学博士就读期间仔细阅读了本书手稿。还有伊万，我永远的生活和精神伴侣，他给我讲笑话，帮我更好地讲述书中故事，并且让我生活中的所有事情都变得更美好。